普通高中国家课程项目式教学实践研究丛书

白刚勋　总主编

PUTONG GAOZHONG GUOJIA KECHENG
XIANGMUSHI JIAOXUE ZUZHI
SHISHI YANJIU

普通高中国家课程
项目式教学组织实施研究

白刚勋　主编

山东科学技术出版社

图书在版编目（CIP）数据

普通高中国家课程项目式教学组织实施研究 / 白刚勋主编. —济南：山东科学技术出版社，2020.11
（普通高中国家课程项目式教学实践研究丛书 / 白刚勋总主编）
ISBN 978-7-5723-0406-4

Ⅰ. ①普… Ⅱ. ①白… Ⅲ. ①课程—教学研究—高中 Ⅳ. ①G633

中国版本图书馆CIP数据核字（2020）第135144号

普通高中国家课程项目式教学组织实施研究
PUTONG GAOZHONG GUOJIA KECHENG XIANGMUSHI JIAOXUE ZUZHI SHISHI YANJIU

责任编辑：李宝艳 刘 瑶
装帧设计：孙 佳

主管单位：山东出版传媒股份有限公司
出 版 者：山东科学技术出版社
地址：济南市市中区英雄山路189号
邮编：250002 电话：（0531）82098088
网址：www.lkj.com.cn
电子邮件：sdkj@sdcbcm.com
发 行 者：山东科学技术出版社
地址：济南市市中区英雄山路189号
邮编：250002 电话：（0531）82098071
印 刷 者：青岛新华印刷有限公司
地址：青岛市城阳区仙山东路12号
邮编：266107 电话：（0532）87872799

规格：16开（184mm × 260mm）
印张：16
版次：2020年11月第1版 2020年11月第1次印刷
定价：58.00元

《普通高中国家课程项目式教学组织实施研究》
作者名单

主　编　白刚勋

编　委　逄淑萍　王振敏　李洪忠　付立金　张树峰
　　　　邢瑞斌　丁　宁　白晓歌　郑天鸣　苗　涵
　　　　王媛媛　赵乙丹　张　锐

序一

邓云锋

教育是国之大计、党之大计，是功在当代、利在千秋的德政工程。

普通高中教育是连接基础教育与高等教育的重要枢纽，是国民教育体系中承上启下的关键一环。推进教学方式方法改革，对于提高高中教育教学质量，促进高中多样化有特色发展，满足不同性格禀赋、不同兴趣特长、不同素质潜力学生的教育需求，让每个学生都有人生出彩机会具有重要意义。习近平总书记在全国教育大会上强调，要推进教材、教法改革，探索形式多样、行之有效的教学方式方法，切实在素质教育上取得真正的突破。山东省深入学习贯彻习近平总书记关于教育的重要论述，认真落实全国全省教育大会精神，根据新的普通高中课程方案和课程标准，努力推进育人模式改革，支持和鼓励各地各学校创新教育教学方式方法，取得了明显成效。一大批学校在实践探索中形成了值得推广的成功经验和典型做法，青岛三十九中就是其中的佼佼者。

多年以来，青岛三十九中依托中国海洋大学等几十家涉海单位，探索形成了基础课程 + 拓展课程 + 实践课程“三位一体”的海洋教育课程体系，启动实施了每周一次专家讲座、每月一次实践考察、每学期一项课题研究、每年一次海上科考的“四个一工程”，让学生在深钻细研过程中体验学习乐趣、丰富文化知识、开阔眼界视野、提升综合素质，取得了良好育人成效。学校从中认识和发现了项目式教学对学生发展核心素养的意义和价值，并由此决定开展基于国家课程的项目式教学研究。

从2017年起，青岛三十九中与北京师范大学合作，实施了“基于项目式教学促进学生核心素养发展的课程整合及课堂教学改进实践研究”，以学生为主体，引导学生在真实的情境中自主探究、合作学习；以实践为导向，培养学生科学精神、提高学生创新能力。经过3年多实践，学校有40多名教师开设了项目式教学省级公开课，20多名青年教师凭借项目式教学成果通过硕士学位答辩，57名教师在教育类专业期刊发表项目式教学论文，项目式教学的经验做法得到广泛认可和推广，仅历史学科就有4个项目式教学案例被北京师范大学历史学院本科生和研究生教材引用。学校2020年被确定为新课程新教材实施国家级示范校。

为总结3年多来的实践经验，青岛三十九中组织编写了“普通高中国家课程项目式教学实践研究丛书”，目前已完稿付梓。该丛书共10册200余万字，全面展现了青岛三十九中探索实施项目式教学的历程，并对普通高中教育教学方式方法改革进行了理论探索，是一套理论与实践相结合、指导性和可操作性较强的教学研究丛书。

相信更多的学校能够从该丛书中得到启示，在落实立德树人根本任务、健全人才培养体系、优化育人模式等方面，进一步解放思想、更新观念，大胆改革、积极创新，坚守“为党育人、为国育才”的初心使命，真正走出一条适应新时代要求、符合学校实际的教育教学创新之路，努力培养更多堪当民族复兴大任的时代新人。

我在青岛工作期间，就比较关注青岛三十九中的教学改革，得知学校近年来项目式教学改革取得的成绩后更是高兴。因此，当学校请我为这套丛书作序时，欣然提笔，是以为序。

（作者系中共山东省委教育工委常务副书记，山东省教育厅党组书记、厅长）

序二

王　磊

2017年在一次齐鲁名师名校长培训活动上，了解到青岛三十九中在白刚勋校长的带领下，开展基于课题研究促进学生学习方式转变的教学改革，并且在海洋教育方面已经取得了丰硕成果，完成了国家级课题研究，也获得了国家教学成果奖。从2015年开始进一步探索“将课题研究的学习方式延伸到国家基础课程，让学生在研究中学习”的教学改革。这种实践与北师大学科教育团队开展的基于项目式教学促进学生核心素养及学科能力发展的研究高度吻合。他们有实践，我们有理论，双方一拍即合，决定开展全面深度合作。

2017年7月，在青岛市教育局大力支持下，北京师范大学、青岛市教育局、青岛三十九中共同签署了《“基于项目式教学促进学生核心素养发展的课程整合及课堂教学改进实践研究”合作协议》，3个学年共6个学期，北京师范大学组建9个学科的专家团队以每学年6次的频次，通过理论研修、教学诊断、课程整合、课堂改革、学生评价及总结交流的方式进行现场指导。截止到2020年9月，专家已赴青岛三十九中现场指导219人次，指导80名老师设计并实施了102个项目，覆盖语文、数学、英语、物理、化学、生物学、思想政治、历史、地理9个学科的课程标准的核心课程内容，高一和高二年级参加项目式学习的学生近3500人次。项目促进了学生的核心素养和关键能力的发展、教师的教学能力提升和专业成长，推动了学科组的建设以及学校的特色发展。

项目式学习（Project Based Learning，简称PBL）是一种建构主义理念下以学生为中心的教学方式，它主张学生通过一定时长的小组合作方式，解决一个真实世界中复杂的、具有挑战性的问题，或完成一项源自真实世界经验且需要深度思考的任务，在解决问题或完成任务的过程中，精心设计项目作品、规划和实施项目任务，进而逐步习得包括知识、可迁移技能、高级思维能力、关键品格等在内的21世纪核心素养。

经过近3年的实践和研究，青岛三十九中在基于学科的项目式教学设计和实施策略方面取得了丰硕成果，形成了项目式教学的操作流程，各学科构建了项目式学习的课程体系，并积累了部分经典案例。鉴于学科内项目式教学实践研究已比较成熟，为了将研究成果惠及山东省乃至全国其他学校，白刚勋校长组织学校精干力量，编写了该套“普通高中国家课程项目式教学实践研究丛书”。该丛书共分10册，其中1册介绍项目式教学在学校层面的理解和操作，另外9册分为语文、数学、英语、物理、化学、生物学、思想政治、历史、地理9个学科，分别介绍各学科的项目式教学设计、实施流程及典型案例。

回望过去的3年，感慨很多，这个基于项目式课程及教学的大学和中学的合作项目是非常具有开创性和挑战性的！有幸遇到满怀教育理想和极具教育创新精神的白刚勋校长，有幸与青岛三十九中富有激情和活力的师生共同探讨教育的真谛，真诚为青岛三十九中喝彩！也为北师大学科教育团队鼓掌！很高兴为这份凝结了我们和青岛三十九中师生协同创新智慧的教学成果“普通高中国家课程项目式教学实践研究丛书”作序。相信该丛书一定会为项目式教学的推广发挥非常大的推动作用，也一定会为普通高中完成以核心素养为目标的教育任务提供有力支撑。

好雨知时节，完成此序时悉知青岛三十九中成为教育部确认的新课程新教材实施国家级示范校，该丛书适时地为教育部国家新课程新教材的实施助力，也为全国普通高中实施新课程新教材提供理论和实践样本。

（作者系北京师范大学化学学院教授、教育学部部长助理，中国化学会主任委员，教育部课程标准编制组核心成员，其研究成果荣获国家级教学成果一等奖）

PREFACE 前言

21世纪是信息化时代，信息技术的飞速发展每时每刻都在改变着人们的生产和生活方式。信息时代出现了许许多多的新需求，这对传统工业时代的教育提出了新挑战。为了适应全球教育改革发展形势，不少欧美国家及组织都提出了与人才培养需求相匹配的核心素养框架。在国内，2014年3月和2016年2月教育部分别印发了《教育部关于全面深化课程改革落实立德树人根本任务的意见》和《中国学生发展核心素养（征求意见稿）》，明确提出：学生发展核心素养是指学生应具备能够适应终身发展和社会发展需要的必备品格和关键能力，学生应具备人文底蕴、科学精神、学会学习、健康生活、责任担当和实践创新六大素养，突出强调个人修养、社会关爱、家国情怀，更加注重自主发展、合作参与、创新实践。2017年，教育部发布《普通高中课程方案和语文等学科课程标准（2017年版）》，进一步明确普通高中教育教学的定位，首次提出凝练学科核心素养，发展关键能力的要求。

自2008年起，山东省青岛第三十九中学（以下简称“青岛三十九中”）利用当地海洋优势资源，大力发展海洋教育，特别是在海洋课题研究方面取得丰硕成果。受海洋教育成效的启发，学校于2015年提出“将课题研究的学习方式延伸到国家基础课程，让学生在研究中学习”的教学改革设想，积极开展国家课程课题化教学的实践探索，设计课题化课程方案，开设学科课题化学习研究课，收到良好效果。为了使《普通高中课程方案和语文等学科课程标准（2017年版）》提出的学生发展核心素养的要求在国家基础课程中真正落地，2017年7月，青岛市教育局、青岛三十九中与北京师范大学签订《“基于项目式教学促进学生核心素养发展的课程整合及课堂教学改进实践研究”合作协议》，在国家课程中全面开展项目式教学。

项目式教学是一种创造性地解决实际问题的教学方式，学生在情境中对真实问题展开探究，以项目小组的形式开展学习，运用各种工具和资源促进问题解决，产生可以公开交流的成果——这是项目式教学课堂展现的形态。项目式教学以学生为主体，要求学生在教师创设的特定情境中自主学习和合作探究，有利于学生自主构建知识和技能；以实践为导向，鼓励学生自主合作探究，有利于培养学生核心素养和关键能力；以多元化评价为手段，注重良好学习能力的养成，有利于学生个性发展。项目式教学模式具有参与式学习、体验式学习、探究式学习和自主式学习四大优势，能够激发学生的学习动机，培养学生的学习兴趣、必备品格以及关键能力，真正实现在国家基础课程中发展学生的核心素养的目标。

经过近3年的实践与研究，学校已初步形成国家课程项目式教学设计、实施流程以及开展方案，并形成了语文、数学、英语、物理、化学、生物学、思想政治、历史和地理九个学科项目式教学的课程体系及教学模式；在项目式教学实施过程中，根据学科特点和课程内容要求，整理出各学科项目式教学的课题清单及优秀的教学案例。

本书详细介绍了青岛三十九中开展项目式教学培养学生的核心素养的发展历程与实施成效。本书共分三部分，第一部分介绍了从学校实践层面对项目式教学的认识，解读了项目式教学、学生核心素养发展与高考评价之间的关系，并全面分析了在中国学生发展核心素养要求下，学校教学实践面临的挑战。第二部分从研究背景、发展历程、机制保障、具体实施以及成绩效果等方面详细阐述了学校项目式教学的探索历程。学校教育教学改革经历了从最初的独具特色的海洋教育，到国家课程课题化教学，再到在国家课程中全面深入地开展基于落实学生核心素养的项目式教学的过程。第三部分从制订规划、专项培训、机制保障、经验交流等方面详细介绍了学校开展项目式教学改革的具体实施策略，这些策略具有极强的可复制性和可推广性。

为了全面提升教师的项目式教学能力，更好地实施新课程新教材，发展学生的核心素养，培养学生的必备品格，提升学生的关键能力，学校编写了“普通高中国家课程项目式教学实践研究丛书”。本书是这套丛书中的一册；除本册外，还编写了学科层面的九册（分别对应语文、数学、英语、物理、化学、生物学、思想政治、历史、地理九个学科），各册分别介绍各学科项目式教学理论、模式与具体案例。愿各位教育界读者积极推荐本套丛书（共十册），愿更多的教育同仁从中受益。

编　者

2020年7月30日

目录

第1章 项目式教学

第1节 项目式教学概述

项目式教学的基本概念

1. 项目

《英汉辞海》对“项目（Project）”有如下三个解释：具体的计划或设计；规划好的事业（如明确陈述的一项研究工作、研究项目）；课外自修项目，通常由一组学生作为课堂学习内容的补充和应用来研究的问题，往往包括学生最感兴趣的各式各样的智力和体力活动。在《现代汉语词典》中，“项目”被解释为“事物分成的门类：如服务项目、体育项目、建设项目”。国内学者将“Project”译成“项目”，主要取自《英汉辞海》中的第二个解释，即“规划好的事业（如明确陈述的一项研究工作、研究项目）”。

“项目”原是管理学领域的一个概念，其含义为：一个特殊的将被完成的有限任务，它是在一定时间内，满足一系列特定目标的多项相关工作的总称。可见，项目就是以制作作品并将作品推销给客户为目的，借助多种资源，并需在一定时间内解决多个相互关联着的问题的任务。

2. 项目式教学

（1）项目式教学的含义

在实际应用中，项目式教学有多种称呼，如“基于项目的学习”“项目式教学”“项目式学习”“专题式学习”“基于课题的学习”等。一般来说，从学习的角度来看，“项目式学习”使用较多；从教育教学的角度来看，“项目式教学”使用较为广泛。本书以下统称“项目式教学”。

项目式教学是一种建构主义理念下以学生为中心的教学方式，即学生通过一定时长的小组合作方式，解决一个真实世界中复杂的、具有挑战性的问题，或者完成一项源自真实世界经验且需要深度思考的任务，在解决问题或完成任务的过程中，精心设计项目作品，规划和实施项目任务，进而逐步习得包括知识、可迁移技能、高阶思维能力、关键品格等在内的21世纪核心素养。通过项目式教学，可以培养学生完成实际工作、解决实际问题、与他人合作探究的能力，可以使学生更好更快地适应社会，成为一个适应时代发展要求的创新型人才。

项目式教学，在宏观上关注学生经验、问题解决与探究活动等要素，在具体的教学实践活动中具有其特定的指向与目标。从学习的微观过程来讲，项目式教学是指教师依据课程标准与核心素养培养要求，综合考虑学生的相关因素来设计驱动任务；学生运用已有知识经验，浏览相关资料，确定项目及其任务，开展主题探究活动，通过合作学习完成项目任务，最终展示学习成果。在整个项目式教学的实施活动过程中，教师、学生形成学习共同体，从而帮助学生获得有关知识与技能，培养分析问题和解决问题的能力，提高核心素养，最终达到知识建构与能力提高的双重目的。

学界一致认为，项目不是简单的问题，而是复杂的、真实的、有意义的问题情境。教学中，教师把学生置于这种问题情境之中，引导他们以小组合作的形式解决问题，在解决问题的过程中，激发内部学习的动机，以问题背后的学科知识构建综合、系统的知识体系，培养解决问题的能力，提高自主学习的能力。项目式教学是以具体经验和实践为基础的，很难将一个已有的项目模式照搬到另一个与其所处情境不同的情境中。因此，在设计项目式教学的过程中，需要根据实际条件和有关特色创造性地构建项目及其情境。

对项目式教学的特点可做以下理解。

①项目式教学是一种教学模式。通过设置真实的情境，让学生在这种情境中自主地利用相关资源分析、解决问题，培养学生的信息素养。这种教学模式使学生成为项目的管理者，让学生自己去计划和实施学习过程。教师把实际生活中的

项目作为教学素材，让学生主动参与对其的学习，达到知识建构和能力培养的目的。

②项目式教学是一种学习模式。学生亲自经历项目任务完成的全过程，教师只是观察者、引导者、辅助者，甚至是学生学习的同伴。但是，这并不意味着教师可以脱离学生的学习过程；相反，这种学习过程对教师提出了更高的要求。教师需要利用丰富的教学经验和创新的眼光，设计令学生感兴趣的项目，使学生时刻保持学习的劲头。学生对项目越感兴趣，就越能主动查阅相关书籍和文献，对相关领域问题的了解也就会越深入。长此以往，学生就会发现自己要学的知识或技能还有很多，明确自己需要提高的能力；同时，也会发现自身的不足，学会欣赏他人的优点，学习他人思考的方式。学生利用课余时间，每天学习一点，每天进步一点，日积月累，长期下来就会有很大的收获。

③项目式教学是一种教学策略。在学生学习知识和培养能力的过程中，教师创设有意义的情境并为学生的学习提供资源、给予指导。项目式教学以项目为起点，在教师引导下，学生从项目立项到结题，通过小组合作学习和活动探究提高实践能力、实现对知识的深层理解。

④项目式教学是一种课程开发。把课程内容转化为项目来学习，可使理论学习与能力培养更紧密地结合起来，变知识本位学习为能力本位学习。学生在项目完成过程中学习知识，所学到的知识才是真正实用的知识、高效的知识、建构性的知识，而不是枯燥无味、没有实用价值的所谓知识。

（2）关于“基于项目的学习”和“基于问题的学习”

“基于项目的学习（Project Based Learning）”和“基于问题的学习（Problem Based Learning）”，两者的英文缩写都是PBL，在形式上具有共同性，因此这两个概念往往容易被人们混淆。要全面理解“基于项目的学习”的内涵，掌握这种学习方式的应用原则，需要将两者加以比较，具体见表1-1-1。

表1-1-1　基于问题的学习和基于项目的学习的比较

<table>
<tr><th>角度</th><th colspan="2">基于问题的学习</th><th>基于项目的学习</th></tr>
<tr><td>理论基础</td><td colspan="2">建构主义</td><td>建构主义、实用主义、多元智能理论</td></tr>
<tr><td>源流</td><td colspan="2">20世纪50年代的美国神经病学教授巴罗斯</td><td>20世纪20年代的美国教育家克伯屈</td></tr>
<tr><td>国内发展</td><td colspan="2">1985年第二军医大学、西安医科大学，1994年中国台湾，1997年中国香港</td><td>1927年广东、上海、北京、沈阳</td></tr>
<tr><td>含义</td><td colspan="2">把学习设置于复杂的、有意义的问题情境中，通过让学生以小组合作的形式共同解决复杂的真实问题，学习隐含于问题背后的科学知识，形成解决问题的能力</td><td>学生通过亲自调研，查阅文献、资料，分析研究，撰写论文等，将学到的理论知识和现实生活中的实际问题紧密结合，得到综合训练和提高；最后，在课堂上介绍自己的研究情况，互相交流，并培养表达能力等</td></tr>
<tr><td rowspan="3">相同点</td><td>知识观</td><td colspan="2">对真实情境中的问题或项目进行积极探究，实现对知识的主动构建</td></tr>
<tr><td>学生观</td><td colspan="2">以学生为中心，以让学生实现自主学习为目标</td></tr>
<tr><td>教师观</td><td colspan="2">反对传统的讲授式教学，提倡教师扮演引领者、指导者的角色</td></tr>
<tr><td rowspan="2">不同点</td><td>要素</td><td>问题、假设验证、结论</td><td>情境、内容、活动结果</td></tr>
<tr><td>步骤</td><td>确定问题、分析问题、形成假设、确定已知、搜集证据、整合信息、得出结论</td><td>选定项目、制订计划、活动探究、作品制作、成果交流、活动评价</td></tr>
</table>

从理论基础来看，基于问题的学习和基于项目的学习，都是建构主义思想的实践模式。从知识观来看，两者都强调学生在团队合作的过程中，通过对真实情境中的问题或项目进行积极探究，实现对知识的主动建构。从学生观来看，两者都主张以学生为中心，使学生实现自主学习的目标。从教师观来看，两者都反对传统讲授式教学，倡导教师对学生的学习过程进行积极引导与促进。

从学习过程来看，基于项目的学习模式需要经过“选定项目—制订计划—活动探究—作品制作—成果交流—活动评价”等步骤，基于问题的学习需要经过“确定问题—分析问题—形成假设—确定已知—搜集证据—整合信息—得出结论”等步骤。从学习时间长短来看，基于项目的学习不受时间的限制，有些项目学习长达一个学期甚至一年；基于问题的学习是为了掌握某个学科知识，因此解决问题持续的时间不能也不应该过长。

二　项目式教学的理论依据

支持项目式教学的理论基础主要有建构主义学习理论、杜威的实用主义教育理论和多元智能理论。

建构主义理论提出，知识并不能绝对准确无误地概括世界法则，需要针对具体情境对知识进行再创造。学习不是由教师把知识简单地传递给学生，而是由学生自己建构知识的过程。项目式教学就是通过创设真实的学习情境，使每个学生以自己原有的知识经验为基础，对新信息进行重新认识和编码，教师创设情境、协作、会话等学习环境充分发挥学生的主动性、积极性和创新精神，最终使学生有效实现对当前所学知识和技能的建构。

杜威的实用主义教育理论是项目式教学的另一个理论基础。杜威针对“以课堂为中心、以教材为中心、以教师为中心，注重强制性纪律和教师权威作用”的传统教育，在美国哲学家皮尔斯、詹姆斯等人实用主义哲学的基础上，提出了实用主义教育理论。其教育理论体系的核心部分是他的教学理论，而“从做中学”又是他全部教学理论的基本原则，也是最有效的方法。他指出在课程中占中心位置的应是各种形式的活动作业，如木工、铁工、烹调、缝纫以及各种服务性的活动。在教学方法上，杜威最根本的要求是在活动中进行教学。杜威的“从做中学”思想对我国20世纪20年代的教学方法改革产生了重大影响。当时凡符合“从做中学”原则的各种新的教学方法都被学校广泛实践；其中，以项目教学法最为突出，它特别注重学生动手能力的培养，强调“经验”“学生”和“活动”这三个中心，要求学生通过各种探究活动、作品制作来完成知识学习。

多元智能理论强调每个人都属于不同的智能类型，都有不同的智能强项和优势。学生在完成一个学习项目时，会运用自身的智能优势创造性地解决问题；同时，教师在项目教学活动中，综合运用各种教与学的策略，帮助学生开发自己的智能。项目式教学注重学习和实际生活的结合，帮助学生将学习变成生活的一部分，不断地积累经验，发挥自己的智能优势。

三 项目式教学的要素及设计标准

1. 项目式教学的要素

项目式教学是以学科知识为背景，在教师的指导下，学生围绕一个具体的项目，完成一系列复杂的任务并解决有关问题。这需要充分利用和选择各种学习资源，创造性地构思与设计、实践与探索，以团队合作形式获得发展。综合项目式教学模式的理论背景，有效开展项目式教学主要从以下四个方面展开：内容（项目及学习目标）、情境、活动、结果（图1-1-1），这四个方面也就成为项目式教学的要素。

图1-1-1　项目式教学要素关系示意图

（1）内容

内容主要是指对项目主题的选择与学习目标的确定，它是现实生活中的实际问题与课程标准的结合。首先，项目主题必须来源于现实生活中的问题，需要以当前学科知识为背景，综合运用多种学科知识来理解与分析这些问题；其次，问题必须是现实生活中有价值的真实问题，它们应是完整的而非支离破碎的；再次，问题要具有探索性和开放性，有继续探索的可能，能够落实学科核心素养的培养以及提升思维品质和关键能力。

基于以上分析，在项目式教学设计时，我们要对学科内部各部分、相关的不同学科以及学科与技术进行深度融合，然后以学科基本概念和原理为中心，选取能聚焦学科大概念、具有学科素养发展价值的教学主题进行系统分析，确定该主题学生素养发展的功能价值与教学要求，诊断学生的已知点、障碍点和发展点，明确教学的改进点和具体改进目标，进行“主题—单元—课时”的教学目标的整体规划。一般而言，项目式教学是从查阅资料及数据分析开始的，有些项目需要进行深入的调查研究，因此，在实施项目式教学之前，需要先根据项目的教学内容、学生现有的能力和经验、学时的安排以及教师的自身能力等来确定项目所涉及的范围，然后再进行设计。

（2）情境

项目式教学要求一定要把解决的问题置于真实的情境或任务驱动中，为学生提供探究学习的环境与工具支持。学习环境可以是实体物质的学习环境，如实验室、图书资料室、多功能录播室等；也可以是借助信息技术条件所形成的虚拟环境，如学习网站、社交软件、电子邮件、思维导图等多媒体和信息网络技术。在适宜的学习情境中，学生可以很好地与他人分享自己的学习经历、开发自己的社会交往潜能、掌握沟通技能并最终促进对概念的理解与应用，养成高度合作的习惯并深刻地意识到学习是“自己的”事情。适宜的问题情境，可以使学生保持长期的学习兴趣和高度的学习热情，从而达到学生深入思考并促使其深度学习的目的。

（3）活动

不同情境下的项目主题，其目标与活动主体也不尽相同，因此需要对项目进行具体分析。这种分析主要应从教学目标、项目活动、项目计划以及相关资源的准备等方面展开。在设计活动时，要注意活动的前、中、后都要始终围绕着任务的目的（产品）展开。所以，在活动过程中要引导并要求学生经历活动的全过程，做完整的事，在做事中体验感悟该项目的意义和价值，产生完成项目任务的强烈欲望；教师要引导并要求学生为完成项目任务及解决某一核心问题而完整地研读学习内容，在小组互助学习、合作交流的基础上形成整体的展示思路和展示内容，然后进入展示环节；学生就某一话题、某一成果或某一任务进行整体性展示时，要避免碎片化或师生之间的问答式。

对真实情境下驱动问题的设计，要做到精准且有梯度，要根据基于能力要素的高阶思维内涵和要求进行有效设问、追问、评价、示范与总结；要注意问题情境的素材不能过于简单也不能太复杂，要根据学生的能力水平和进阶需求合理选取，最好使用原形变式或复杂、陌生的情境素材，只有这样才能使问题具有一定的挑战性或是探讨研究的价值，才能达到对学科素养的创新培养。

（4）结果

项目式教学的结果要以产品形式体现。每个项目都有明确的学习目标，完成项目活动后，学生必须掌握相关知识并发展某些技能。学生通过项目作品展示其学习的结果，以达到掌握工作技能、提高合作和探究能力并能迁移应用到终身学习中去的目的。作品形式可以是实物、模型、报告、论文、设计方案、艺术品等。同时，项目作品也是对学生在项目学习中所获得的知识与技能的重要表现性评价依据。

2. 项目式教学设计标准

美国巴克教育研究所（BIE）的PBL框架（图1-1-2）表明，要设计一个成功的学习项目并最大程度地调动学生的学习和参与热情，必须专注于核心知识、关键能力和必备品格。教师教学向学生教授重要的概念和技能，为学生掌握学科知识奠定了基础。如今，仅掌握知识并理解概念还远远不够。无论是在学校、工作场所，还是在社会上，人们都必须了解如何批判性思考、如何有效地解决问题、如何与他人合作以及如何有效地管理自己。这些能力被称为“成功必备技能”，也被称为“21世纪的基本技能”或“大学及工作的预备技能”。所有项目式教学都应关注这些成功的技能：批判性思考的能力、解决问题的能力、协作的能力以及自我管理的能力。当然，项目式教学还可以促进其他技能的发展，如思维习惯、工作习惯和某些个人素质（例如毅力或创造力）。

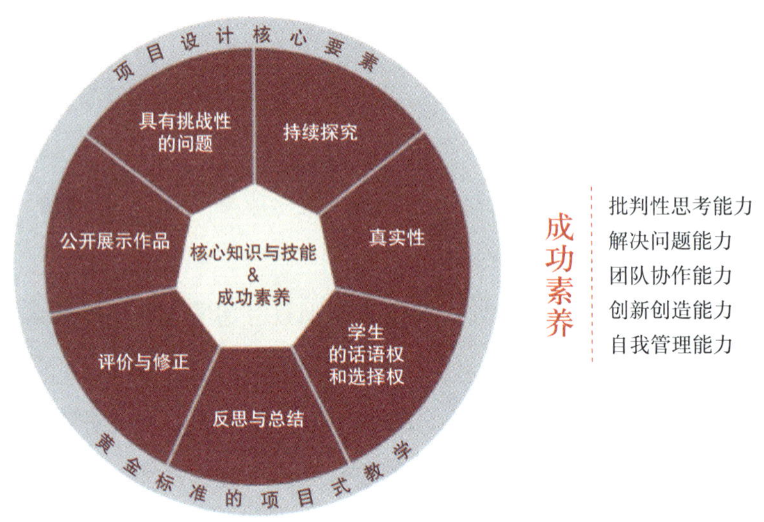

图1-1-2　PBL框架

设计一个具体项目时，应主要考虑以下七个要素。

（1）具有挑战性的问题

研究和解决问题或探索和解决困惑是项目式教学的核心。一个有吸引力的问题将使学习对学生更有意义。这个问题应该毫无疑问地对学生构成挑战，并且最好是一个开放性的、对学生友好的“驱动性问题”。

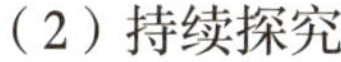

（2）持续探究

与在书本或网络上随便找找不同，探究意味着更积极、更深入地搜索或查找信息。探究通常需要一些时间，这意味着该项目将持续至少几天。在基于项目的学习中，探究是逐层加深的。当学生遇到具有挑战性的话题时，他们会提出问题，通过各种途径寻找问题的答案，然后提出更深入的问题；重复此过程，直到找到一个满意的解决方案或答案为止。

（3）真实性

真实性意味着学习的内容或任务与现实世界相互关联。项目的真实性将增加学生学习的动力。项目的真实性可以体现在以下几个方面：项目具有真实的背景，或者可以使用现实世界中的工作流程、任务、工具和绩效标准，或者可以对其他项目产生真实的影响。项目还可以反映个人的真实性，如与自身的烦恼、兴趣、文化、身份或生活中的其他问题有关。

（4）学生的话语权和选择权

这会使学生对项目有一种主人翁感，他们将更加关心该项目并更加努力地学习。能力强的学生可以更深入地选择项目的主题和性质，编写自己的驱动性问题，并决定如何探究问题、如何展示所学知识以及如何分享工作成果等。

（5）反思与总结

在整个项目中，学生和教师需要经常反思自己在学习什么，如何学习以及为什么学习。作为课堂文化的一部分，反思和总结可以非正式地进行。反思对知识内容的掌握和理解情况，可以帮助学生巩固所学知识并思考如何在项目之外应用这些知识。重新思考技能发展可以帮助学生内化对技能的理解，为进一步发展技能设定目标。重新思考项目本身可以帮助学生决定如何设计和实施下一个项目。

（6）评价与修正

通过深思熟虑的评价和修正，可以创作高质量的项目作品。教师应引导学生在评价量规、模型、正式反馈和评价标准的指导下接受同伴建设性的反馈。这些反馈将改善项目流程和项目产品。除了同伴和教师，外部人员也可以通过展示真实的观点为评价过程作出贡献。

（7）公开展示作品

项目式教学要求学生“创建作品并公开展示”。这项工作既可以是有形的作品，也可以是一个设计方案，还可以是一个复杂问题的解决方案。

四 项目式教学的目的与意义

项目式教学以学生为主体，要求学生在教师创设的特定情境中自主学习和合作探究，有利于学生自主构建知识和技能；以实践为导向，鼓励学生自主合作探究，有利于落实学生核心素养；以多元化评价为手段，注重良好学习能力的养成，有利于学生个性发展。项目式教学具有参与式学习、体验式学习等学习的优势，能够激发学生的学习动机、培养学生的学习兴趣、提升学生的必备品格和关键能力、落实学生核心素养的发展。

1. 项目式教学的目的

（1）关注学生主体性发展

素质教育担负着我国教育的历史使命，强调关注学生的主体性发展，表现为提供开放的学习环境，充分激发学生的自主性、创造性、适应性和自律性，从而实现学生是学习的主体这一最终目标。项目式教学强调以学生为主体，要求学生在创设的特定情境中自主探究，使学生不拘泥于对学习材料的记忆和推理，从而能够从实际工作需要的层面、社会角度、文化角度出发，化信息为知识，化知识为智慧，化智慧为能力。

（2）落实学生核心素养的培养

项目式教学强调在实践中学习，以问题情境为驱动、以项目任务为依托、以证据或是支架知识为引导转换、拆解任务，然后对每一任务进行方案设计与实施、整理反思、展示交流，整个过程始终把对问题的诊断、追问作为主要手段，使学生的思维外显，从而达到纠正示范作用，使能力活动达到理解、实践和创新的水平。核心素养的提高始终贯穿于其中，知识经验经程序化、模型化、概括化的反思后上升为认识以及态度、情感，经过不断反思、总结和评价，最终形成核心素养。

（3）构建良好的师生关系

项目式教学需要师生结成学习共同体，建立一种相互学习、相互尊重、相互信任的新型师生关系。教师作为一分子加入到小组讨论中，与学生相互合作、充

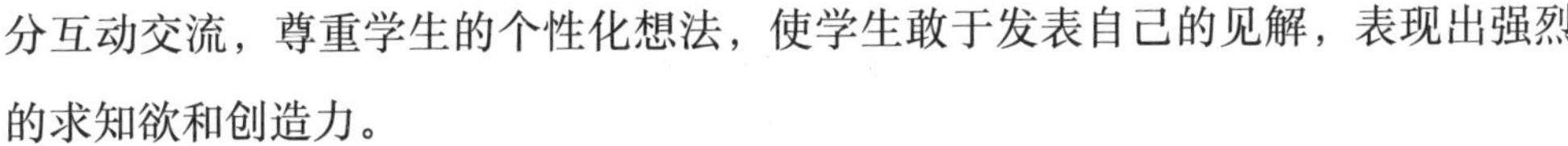

分互动交流，尊重学生的个性化想法，使学生敢于发表自己的见解，表现出强烈的求知欲和创造力。

（4）构建完整的评价体系

教育过程中的评价具有导向、诊断、激励、交流和管理功能。项目式教学的评价是终结性评价和形成性评价并重，教师评价和学生评价相结合，定性评价和定量评价相结合。基于多元智能理论，对不同智能的学生采用不同的评价标准；教师研究适合项目式教学过程的评价体系，制作具有很强实用性和操作性的评价工具，用于评价和管理学生学习。

2. 项目式教学的意义

基于国家课程开发下的项目式教学的价值在于整合教材内容，围绕具有挑战性的学习主题提出问题，引导学生全身心地、深度地参与探究，从而体验成功、获得发展，最终达到提高学生核心素养的目的。自20世纪90年代以来，“核心素养”就成为全球教育改革中一个重要的议题。我国高中课程标准明确要求“发展学生核心素养以及学科核心素养”。一些成功的项目式教学课堂实践证明，开展项目式教学能极大提高学生学习的积极性与热情，有利于调动学生学习的自主性，促进学生积极思考、动手实践来解决实际问题；在学习过程中学生对思维界限的突破，有利于对批判思维与创新思维的培养；学生查阅资料、语言表达、团队协作的能力都得到了展现，有助于教师发现学生存在的问题并进行及时的针对性指导。这些实践研究表明，项目式教学有助于发展学生的核心素养。

项目式教学主要有如下作用。

（1）有利于知识的整合与应用

传统的学科教学体系注重基础知识学习，学生在学习后面知识的同时前面知识已经淡忘，没有机会对其进行回顾与应用。牢固记忆知识的前提是这些知识能够反复使用以及与原有知识的紧密结合。而项目式教学则针对具体的实际问题，对学科知识加以综合调用，这对于知识的理解和掌握是大有裨益的。项目式教学强调教师从学生认知基础和生活经验出发，依照教学内容设计项目。同时，在整个学习过程中，学生始终处于主体地位，对知识的整合与运用成为完成项目的必需。

（2）有利于培养解决问题的能力

对学科问题的专业分析和解决，需要牢固掌握学科原理和概念，具备对学科新信息搜集和获取的能力，具有围绕具体问题进行分析推理的逻辑思维。在真实活动中，学生不仅了解所要解决的问题，具有主人翁意识，而且任务具有挑战性，因此问题的解决就是对自己的奖励，容易激发内在动机。项目式教学的活动具有必要的复杂性和挑战性，比起简化了的课堂环境更易培养学生的探索精神和问题解决能力。

（3）有利于培养探究精神

传统课堂教学中，教师以讲授为主，学生被动接受，无法积极地发挥其智能优势。项目式教学注重培养探究问题的能力，注重学生在解决问题过程中获取知识，创设与学生生活经验密切联系、富有挑战性的情境，引导学生参与项目活动，发现并提出问题，在解决问题的过程中获得最基本的知识、技能和方法；激发学生的创造性，使学生善于探究、善于应用，发挥主体作用，培养自学能力和探究精神。

（4）有利于培养科学精神与人文精神

项目式教学对问题的思考没有统一的思路，解决问题也没有预设的方法，教学素材的选择、探究方案的制订均没有固定的模式，需要学生在探究过程中以驱动问题组织学习过程、围绕问题收集资料、针对问题开展探究。这样，学生要发现、解决问题，就必须养成科学研究的态度，了解科学研究的基本过程和方法，合理运用科学研究的相关理论和基本规则，形成良好的科学研究习惯和道德品质。可见，项目式教学有助于培养学生的科学精神。同时，学生对项目问题的探索需要树立合作意识，对知识的建构、问题的解决需要不断地自我反省、自我批判。在这个过程中渗透着对人类命运和自身生命的察思和关怀。可见，相对于机械接受学习的封闭、被动，项目式教学更能培养学生的价值判断能力、创新精神、实践能力、合作意识以及兼容并包的开放态度，形成健全的社会人格。探究过程中的人文精神培养是项目式教学更深层次的价值追求。项目式教学将科学精神和人文精神的融合作为其基本的价值取向，并通过融合知识、情境、活动、产品四要素使其在课堂教学中得以体现。

（5）有利于落实学科核心素养和关键能力

项目式教学引导学生以小组合作的形式，完整地经历了提出问题—设计并修改方案—协作探究—创作作品—展示交流—评价改进的学习过程。其中，在提出问题的过程中，学生观察世界、关联思考、提出问题的能力得以提高，避免了现阶段教育中良构问题多、劣构问题少的尴尬局面的出现，同时能够提升学生的社会责任感；在设计并修改方案的过程中，学生需要跨学科跨章节思考、整体设计、优化方法、形成解决方案等；在实施、完成项目的过程中，学生需要寻求多种解决方法，并创造性地动手实践、设计产品、制作产品，加强时间管理和项目管理；在展示交流的过程中，学生获得总结提炼、学术表达、批判思考、有效沟通的机会；在评价改进的过程中，学生需要与同伴对话、深入分析。因而，项目式教学这种“困难又复杂的”探究学习过程能够培养学生在传统教学中难以得到培养的、多元化的能力与素养。

项目式教学以完成真实的事件或任务为目标，对于促进学生学习状态、学习内容、学习方式以及学习结果等方面的变革也具有非常重要的意义。在学习状态方面，项目式教学要求学生从被动的接受者转向积极的探索者，从被动参与状态转入主动参与状态，真正激发学生的内源性动机。在学习内容方面，项目式教学的价值在于围绕一个富有挑战性的主题，整合学科内甚至跨学科的学习内容，促进学生的综合理解，实现学生的综合发展。在学习方式方面，项目式教学要求改变以往以知识传授为主线的教学方式，用更真实、更综合的项目引导学生展开学习，让学生在问题解决中实现学用合一。在学习结果方面，项目式教学强调学生的实践创新，让学生在探究与创作中形成一定的作品，如实物产品、建立模型、设计方案、创编话剧等。由此可见，项目式教学具有很多的优势，而这些优势有助于圆满完成新课程标准关于学科核心素养培养的任务。

五 项目式教学的认识误区与应对措施

1. 项目式教学的认识误区

项目式教学的实施，也容易出现一些问题。如应用得当，项目式教学会成效卓著，学生主动而深刻的学习会自然发生；但如果教师并未真正领悟项目式教学的精髓，对项目式教学使用不当，则可能会产生很多问题。在美国，人们会看到很多打着“项目”名义的教学与活动，大量的时间被浪费，学生学科知识的系统性和基础性受到破坏，教师也常常因此产生挫败感。长此以往，项目式教学很可能会变成仅仅是一个教育变革的时髦用语而很少真正被实践。具体来说，美国教师在实施项目式教学的过程中出现了以下几方面问题（王淑娟等，2019）。

（1）容易演变成项目导向的活动

为了更好地说明项目式教学与项目导向的活动之间的区别，我们列举两个案例来分析。

案例1 费老师希望学生去比较尼罗河流域文明的价值观与现代埃及文明的价值观。在单元开始的时候，费老师让学生分析尼罗河流域的一手资料，以及埃及政府拍摄的旅游宣传片。关键问题是："一个社会随着时间的推移会发生多大的变化？"学生将研究一手资料、文章、人口普查数据，并在社区进行采访，制作他们自己的旅游宣传片。

案例2 在对尼罗河流域的文明了解之后，马克老师决定让学习社会研究课的学生为游客们设计尼罗河流域旅游的宣传手册。在对所学材料进行总结性评估后，学生必须使用课堂上所学的信息创造出一本外形美观的小册子，帮助游客了解当地文化和名胜古迹。导引问题是："尼罗河流域的生活是什么样的？"

对比以上两个案例，可以发现两者之间实际上有很大不同，案例1属于项目式教学的范畴，而案例2不过是个项目导向的活动。具体来说，两者存在以下几方面的差异（表1-1-2）。

表1-1-2　项目式教学与项目导向的活动之比较

区别	项目式教学	项目导向的活动
目的	有开放的驱动性问题	一般是学完一单元知识后安排的知识应用活动
内容	试图解决真实的现实问题	包含一组不是很聚焦的活动
时长	持续探究	持续时间不长
学生选择	学生有多种选择，能充分表达意愿	学生可能没有自主选择的机会，多由教师统一组织
项目的作用	项目处于课程核心地位，贯穿课程始终	项目处于课程的外围，是课程实施的高潮

在单元课程收尾之际给学生布置一两个与主题相关的学习任务或活动就是项目式教学了吗？并非如此。好的项目式教学设计应该在设计之初就指向对学科重

要标准或核心概念的理解与运用，不仅要有现实生活的具体情境，还要有课堂之外的真实受众。项目为学生提供了一个真实的、引人入胜的情境，在探究现实问题和完成真实作品的过程中，学生的批判性思维能力、问题解决能力、语言表达能力都能得到很好的发展。

（2）容易演变成作品驱动而非问题驱动

在美国，在很多所谓项目式教学活动中，经常出现的一个问题就是缺少驱动性问题的设计，很多项目就是为了完成某个真实的作品，而缺少围绕核心问题系统而深入的思考；即使是真实的作品，本身也存在诸如作品一次成型而非多次修订与迭代，作品与学科课程标准的要求关联度不高等问题。

（3）教师主导项目进程，学生选择权过少

在实施过程中，很多学习项目容易演变成学生被动地参与到教师已经设计好的各个项目流程中。一些教师由于担心学生时间管理和自我管理能力不足，会提前设计好每个项目的进程，让学生亦步亦趋，给予学生选择权和发言机会较少。如果学生对于学习进程没有足够的发言权，没能根据自己的优势选择相应的学习方式，就会慢慢失去对于这种学习的兴趣，跨学科能力也就很难得到培养。

2. 应对措施

项目式教学主要以建构主义的学习理论作为基础，融入认知理论与统整课程概念所发展起来的教学方式，强调以活动项目及问题解决的方式是学习主轴。基于以上项目式教学的认识误区，我们建议中小学教师应用项目式教学时注意采取以下措施。

（1）践行项目式教学的初衷

“项目教学”最初来自著名教育家杜威的学生威廉·赫德·克伯屈于1918年发表的论文《项目（设计）教学法：在教育过程中有目的的活动的应用》，本意是指学生自己计划、运用已有的知识经验，通过自己的操作，在具体的情境中解决实际问题。这是克伯屈对杜威“做中学”思想提出的操作化模式，旨在解决学科知识传授与学生参与兴趣之间的矛盾。项目式教学是建立在学生兴趣与需要基础之上的，经有目的的活动达成知识获得和技能提升的双重目的，它对于打破学科体系、实施跨学科的学习具有重要作用。真实项目最终服务于学生学科知识的获得和综合技能的提升。

（2）教师要担当多重角色

在项目设计与实施过程中，教师不再是单一的知识传授者，而要成为项目的管理者、教练、观察者、促进者、联络员等。项目式教学并不意味着教师不再需要教，传统教学方法的使用有时也是必需的，只不过教师的教被重构在项目框架之下。通常，项目式教学比较耗时且时间长短并不是很确定。那么，在学科教学中如何平衡项目式教学与其他教学方法的时间分配呢？在传统的教学模式中利用1～2周的时间做一个项目式教学单元，这种做法算是真正的项目式教学吗？真正的项目式教学需要持续多长时间呢？帕克及其团队（2011、2013）、托马斯（2000）认为，真正的项目式教学需要将其作为整个课程与教学的指导原则，而非只是出现在一个孤立的、时间有限的单元里。大多数研究表明，学生从事有深度、拓展性的调查研究需要耗费大量时间。可以肯定的是，在学科教学中，如果大部分单元还是采用传统授课方式，只是拿出其中一两个单元做项目的做法，并不能称得上是真正的项目式教学。巴克教育研究所把这种缺乏规划和研究的项目称作“甜点式项目”，以区别于那些精心设计的“主食”项目。

（3）逐渐放手，增强学生的选择性

项目式教学对于培养学生的核心素养效果明显。但是，教师在学科教学中放弃原有的讲授法，全部开展项目式教学，在我国目前是不现实的。教师可以先在自己的教学中进行尝试，但也要容忍项目式教学进行之初的模糊、不确定性、噪音和混乱。对于班级的第一个项目而言，教师可以先实施一个全班步调一致的项目。也许教师一开始设计的项目还很难算是真正的项目式教学，但是勇于迈出第一步至关重要。教师要在积极的尝试中，用不断迭代的优质项目逐步实现自身项目设计与实施能力的升级。如果学生之前没有参与过项目学习，需要提前培训使他们掌握必要的技能，如团队协作、调查研究、项目管理、口头表达与展示。此外，教师还要处理好项目式教学与其他教学方法之间的关系。大多数研究者认为，在传统教学中可以拿出一个单元来进行用时相对较短的项目式教学，但是教师主导的教学并非真正的项目式教学。

在项目式教学环境中，使用支架来促进学生的学习变得日益普遍，支架也就成了项目式教学的必要组成部分。这里的支架包括师生互动、学习任务单的使用、同伴商讨、导引性问题、工作辅助、项目模板、学习技术等。设计支架的关键是要与学生现有的知识与技能水平相一致，辅助不能太多也不能太少，因此需要教师对学生做持续性评价。另外，学生学会了将新知识或技能运用到具体情境中，学习支架也会慢慢失去作用。

（4）重视驱动性问题的设计

驱动性问题可谓项目式教学的灵魂。没有驱动性问题的项目式教学只是盲目地做活动、做产品、做项目，却无法引发学生对学科内容的深度学习，无法落实学科核心素养的培养，无法完成思维品质和关键能力的提升。驱动性问题就是要把项目主题和相关学科内容凝练成一个重要的、有意义的问题，进而激发学生参与并始终将注意力集中在锁定的目标上。围绕在知识诞生之初的原始情境产生的问题来设计项目式教学时，还可以将学科课程标准中的主题或模块作为问题来源。在设计驱动性问题时，可以参照以下原则：能激发学生兴趣，开放性的，能直指某个学科或领域的核心内容，可以是现实生活中的两难问题，与课程标准的内容应保持一致，动手实践与知识学习相结合。例如，“我们的饮用水安全吗”就是某地区水资源研究项目的驱动性问题，这个问题与学生日常生活息息相关，需要学生运用生物学、化学和生理学等多个方面的评测指标和相关知识来研究解决，其研究成果也便于公开展示并产生一定的社会影响力。这就是一个不错的驱动性问题。在整个项目进行过程中，学生还会不断“重访”驱动性问题，以便不断修正探究方向、达成深度学习、落实核心素养培养目标。

（5）要用导入性事件引起学生兴趣

由于学生在项目式教学中扮演着重要角色，教师在教学一开始就要想办法引起学生对于项目式教学的兴趣，这样，在教学过程中学生就会主动发起更多的学习活动。例如，在历史学科教学中，学生将学习、研究西罗马帝国的衰落和叙利亚目前的危机。在教学过程中，学生扮演冲突各方的角色，努力确定“社会是如何分崩离析的”，这一问题也是该项目式教学的驱动性问题。学生想要利用他们的研究发现，结合自己对冲突的理解，创造一个被卷入战争的虚构人物，设计场景，创作一本连环画作品。为此，教师设计了这样一个切入点事件：让学生观看电影《我在伊朗长大》［这部电影改编自一个经历了伊朗革命的女孩玛嘉·沙塔碧（Marjane Satrapi）的漫画小说］，然后让学生阅读关于叙利亚危机的第一手资料，以了解社会崩溃如何影响来自不同背景的人。这就是本课项目式教学的一个不错的导入设计。

（6）公开展示作品，使学生获得成就感

创造能回答驱动性问题的作品至关重要。项目作品需要与最初的学习目标相匹配，甚至可以通过对学习目标的倒推来决定最终作品与阶段性作品的形式。项目式教学的最终作品可以是研究论文、报告、多媒体演示、学校范围内的演讲与陈述、学校以外的展览等。为了保证最终作品的质量，学生还应该有阶段性作品，这种作品可以是作品草稿、产品原型、访谈计划书、视频作品、大事记、作品评论、实地调查指南、项目进展小结、日志、笔记等。

第2节　项目式教学研究的发展、流变与量规

一　项目式教学溯源

项目式教学萌芽于16世纪的欧洲建筑界，经过400余年的发展，其理念逐渐完善、适用领域不断外延，在欧美学校教育中扮演着越来越重要的角色，对西方的教育模式和教育理念产生了深刻影响。中国教育家刘育东将国外项目式教学的发展总结为四个阶段：理念的兴起和方法的形成（1577年至19世纪初）、角色定位和实施模式的探索（19世纪）、内涵揭示和目标价值的讨论（20世纪）、目标价值的提升和反思验证（2000年至今）。

学界普遍认为，美国是最早将项目教学应用于教育领域的国家。最早论及“项目教学”概念的是美国教育家杜威的学生威廉·赫德·克伯屈。他于1918 年9月在《哥伦比亚大学师范学院学报》第19期上发表的《项目（设计）教学法：在教育过程中有目的的活动的应用》一文中，首次提出“项目教学”的概念，从而引起全美国教育界的关注，同时影响了世界上的多个国家。克伯屈继承了杜威的关于教育本质的诠释，在教育方法上借鉴了杜威的“思维五步法”，在教学内容上同样以杜威的实用主义的哲学观作为理论基础。同时，克伯屈将当时美国著名

教育心理学家桑代克的联结理论作为项目（设计）教学法的心理学基础，提出了轰动世界的项目（设计）教学法。

克伯屈的项目教学法，即“以有目的的方式对待儿童，以便激发儿童身上最好的东西，然后尽可能放手让他们自己管理自己”。他所界定的项目教学法的内容有如下几个方面：必须是一个亟待解决的实际问题；必须是有目的、有意义的单元活动；必须是由学生负责计划和实施的一种有始有终、可以增长经验的活动，使学生通过项目获得发展。

20世纪初项目式教学主要受克伯屈和杜威思想的影响，而20世纪后期更多学者从多视角、深层次揭示项目式教学的思想内涵，在实践中探索其在各种教育环境中的应用。此时，项目式教学已经有了非常明确的概念，其内涵、目标与价值也有了明确定位，项目式教学理念得到国际范围内的普遍认同和广泛传播。

二　项目式教学国外研究现状

进入21世纪，对项目式教学的研究已经由内涵讨论上升到目标价值的提升及其验证阶段。例如，美国 2016 年发布的《STEM 2026报告》，旨在推进 STEM 教育在创新方面的研究和发展；英国设立的STEM NET 组织，旨在帮助年轻人学习STEM课程，培养他们的创造力、问题解决能力和技术能力；丹麦奥尔堡大学利用项目式教学模式对学生进行培养，取得突出效果，被丹麦国会评为丹麦工程教育领域最具高效的大学；芬兰的“主题情境式”课程，要求每个学生每学年至少参与一个“多学科学习模块”，以培养学生适应真实生活所需的技能和知识。项目式教学不仅被认为是培养21世纪关键技能的策略，更是一种学习方式的革命，它使学习者、教师、学习材料和学习环境这四大要素发生了根本性角色改变。研究者认为，项目式教学使教师角色从讲授者变成学习活动的资源提供者和参与者，从专家变成顾问；它要求过程评价和可视成果相结合；它关注学生兴趣，让学生学习最直接的原始材料而不是教师讲授的教材等二手材料；它强调由学生自己获取数据、资料而不是教师给予；它使技术成为学习过程的核心部分并为促进学习服务；它引导学生运用知识解决问题，在解决真实问题、体验决策整合、合作学习、活动构建的过程中培养批判性思维。21世纪的项目式教学在应用领域取得了包括实验性、探索性和反思性研究成果在内的丰硕成果，研究从感性认识到理性思辨再到实证研究，走向理论与实践的深化阶段。

目前，国外基于项目式教学的研究组织中，影响力最大的是巴克教育研究所（BIE）。这是一个提供集创建、收集、共享高质量的项目式教学实践产品为一体的非营利组织，旨在为教师、学校和地区提供高效的服务，为项目式教学的开展提供技术指导和支持，帮助教师掌握项目式教学的应用方法，为广大学者进行项目式教学研究提供互动平台。巴克教育研究所这样界定项目式教学：项目式教学是学生通过完成与真实生活密切相关的项目任务进行学习，是一种充分选择和利用最优化的学习资源，在实践体验、内化吸收、探索创新中获得较为完整而具体的知识，形成专门的技能并获得发展的实践活动。该研究所认为，项目式教学让学生更加投入学习，有利于改善与加深学生的学习效果，为他们之后的大学生活、事业发展和社会生活获取技能，让他们有直接应用技术的机会并与社区及现实社会联系起来。同时，该研究所出版的《项目式教学教师指南——21世纪的中学教学法》一书提供了一套系统的指南，包括：①介绍项目式教学的发展背景，并说明项目式教学的核心目标；②项目的设计与计划；③项目式教学案例；④教师的经验分享；⑤项目计划书模板，指导教师们如何设计和实施基于课程标准的项目。

国外对项目式教学的研究起步早且成果丰富，既有关于理论内涵的探讨，也有案例实证研究，更有反思研究；研究学段涉及高等教育、职业技术教育、中等教育、初等教育、小学教育等各级各类学校教育，覆盖范围广泛。当前国外项目式教学研究的总体趋势是将项目式教学模式作为常态课程实施模式引入课堂教学实践中，逐步形成一套对应多元培养目标的项目式教学多元评价体系和评价指标，进行科学、客观、严谨、有效的实证研究，并利用互联网优势构建基于网络的项目式合作共同体。

三 项目式教学国内研究现状

1. 国内项目式教学研究历程

项目式教学的概念于20世纪90年代进入我国。最先应用项目式教学的领域是医学教育，该领域对项目式教学的界定均采用PBL这一英文缩写。1994年《中医教育》刊发的《国外PBL课程模式介绍》将PBL项目式教学方法引入医学界，随后《西北医学教育》于1996年刊发的《社区医学课开展PBL教学法的探讨》开始探讨PBL教学法的实际应用。

此后，其他领域的项目式教学也逐渐进入国人视野。1998年，发表在《管理与效益》上的《项目教学法的培训效果初探》一文，第一次将“项目教学法”的概念应用于工商管理干部培训领域。1999年，由经贸委培训司发表在《中国培训》第12期的《“项目教学法”——一种有益的尝试》一文简单介绍了项目教学法在企业培训中的效果。2000年，载于《职教论坛》的《国外职教的教学方法》一文将项目式教学介绍到我国职业教育领域；载于《比较教育研究》的《英国高等教育“能力教育宣言”与“基于行动的学习”模式 》一文介绍了英国莱斯特大学的项目教学模式，认为项目式教学对我国高等教育改革具有积极的借鉴意义。

自2002年起，项目式教学开始进入基础教育领域。重庆市巴蜀小学刘云生的《项目式教学——信息时代重要的学习方式》一文结合小学语文、数学和体育等一线教学案例，从“内涵与特征、背景与意义、原则与形式、设计与实施、评价与分析”方面，第一次完整介绍了项目式教学。2002年，刘景福的硕士论文《基于项目的学习模式（PBL）研究》及《基于项目的学习（PBL）模式研究》是国内最早系统阐述基础教育项目式教学理论的研究论文，引起学术界的广泛关注，为项目式教学在基础教育领域的实践奠定了理论基础。2017年，北京师范大学、青岛市教育局与青岛三十九中签约联合开展基于国家课程的项目化教学实践，在全国首次在高中阶段全学科进行项目式教学实践研究。历经3年多的实践研究，该研究初步形成了基于课堂教学实践的项目式教学模式，并且在国家及省级刊物发表多项创新性成果。在实践经验总结和理论提升的基础上，青岛三十九中编写的“普通高中国家课程项目式教学实践研究丛书”，对高中阶段项目式教学实践经验进行推广，并开启了项目式教学研究的新征程。

2. 国内项目式教学研究内容

经过20余年的发展，目前国内的项目式教学研究已经从起初的单纯介绍外国模式与经验发展到结合本国教育实际提出一般性理论并付诸教学实践的阶段，总体上呈现出多视角、跨学科、理论与应用并重的繁荣局面。现在已经有学者对我国项目式教学的研究方向进行了分析，例如，李志河和张丽梅提出我国项目式教学研究的热点领域主要集中在模式构建、实例研究、教学系统设计、问题解决与策略、评价体系等五个方面，其中大多数学者最为关注的是模式构建、其次是评价体系；刘育东则将项目式教学的研究方向概括为六大类：综述、有效性研究、评价研究、教师发展研究、课程建设与人才培养研究、问题与对策研究，其中有效性研究占88%。不同学者对项目式教学研究方向的分类不甚相同。我们在分析大量文献后发现，绝大多数研究都不是单就某一方面进行分析，而是形成理论研究与实施策略的综合体，所涉及方面较广。我们将各种文献进行整合，分成“项目式教学的理论研究”和“项目式教学的实践研究”两个方向，并进一步延伸出多个下位研究方向。以下将对我们的研究做进一步说明。

（1）对项目式教学概念的界定

基于国内项目式教学实践活动的开展以及对项目式教学内涵的理解，不同学者形成了不同的概念。目前国内学术界对项目式教学的定义主要有以下几种。

定义1：项目式教学是一种革新的教学模式，基于现实世界的探究活动，以学科的核心概念和原理为核心，以学生进行问题解决为目的，进行的一系列有意义的活动。它要求学生主动学习并最终通过制作作品的形式来自主地完成知识构建。

定义2：项目式教学是运用复杂、真实的生活项目（项目必须真实，同时又要紧密联系课程），达到共同促进和提供学习经验的一种教学方法。

定义3：项目式教学是使学生在真实环境中进行活动，从而促进学习的一种教学策略。

定义4：项目式教学是以学习学科的核心概念和原理为中心，通过学生参与项目的调查和研究来解决问题，以构建自己的知识体系，并能将其运用到现实社会中去。

定义5：项目式教学是学生通过亲自调研、查阅文献资料、分析研究、撰写论文等，将学到的理论知识和现实生活中的实际问题紧密结合起来，得到综合训练和提高。最后，学生还要在课堂上介绍自己的研究情况，互相交流，并训练表达能力等。

定义6：项目式教学是以学科的概念和原理为中心，以制作作品并将作品推销给客户为目的，在真实世界中借助多种资源开展探究活动，并在一定时间内解决一系列相互关联的问题的一种新型探究性学习模式。

我们对以上各位学者给出的定义进行分析与对比，给出定义1-3的学者将项目式教学理解为一种教学模式、一种教学方法、一种教学策略，给出定义4-6的学者更倾向于项目式教学是一种学习方法、学习模式。国内学者普遍将学生放在教学的主体地位，重在激发学生学习的内在动机，让学生在真实的情境中运用学科知识解决实际问题进而达到知识体系的构建。

国内学者对项目式教学的理解与克伯屈提出的项目教学法的内涵解释如出一辙，尤其是“项目”的含义的理解基本一致：其一，项目具有一定的不确定性，不同的时间、过程中，项目成员做的结果可能完全不同，其周期、过程、结果不可复制，是独一无二的，具有创新性；其二，学生有目的性地完成一系列相关任务；其三，学生有计划地完成相应任务；其四，学生需要多种资源的辅助、寻求各种不同能力的伙伴协助，才能完成各个任务；其五，每一个项目都需要一个特定的客户，任务完成的好坏需要以一定的标准来衡量，即项目完成不是一帆风顺的，需要不断进行计划、实施、反思循环直到达到标准。

（2）对项目式教学特征的认识

易小爱、朱留华认为，项目式教学具有以下特征：学习者的主体性和主动性、学习内容的向心性和综合性、学习过程的真实性和发展性、学习形式的合作性和多样性技术支持。

张文兰、张思琦认为，基于国家课程重构的项目式教学具有以下特征：以学科的基本概念和原理为中心；学习源于问题或任务驱动；学科间及学科与技术的深度融合；通过作品而不仅仅是考试来展示和验证学生知识、技能和能力的获得；重视协作学习和高阶思维能力培养；利用多样化的学习资源和工具来支持学生多样化的学习；采用基于表现的评价方法和评价工具；根据项目的特点采用长短课时相结合的方式灵活安排。

刘景福将项目式教学与传统课堂教学就课程关注、课程范围和顺序、教师角色、评价的焦点、教育特征、教学材料、采用的技术、教室环境、学生角色、短期目标和长远目标等方面进行了对比。例如学生角色特征一项，传统教学中的学生完成学校规定的教学任务，记忆和重复事实，获得简单的知识和完成简单的工作，被动地听别人讲；项目式教学中的学生完成自己设定的学习活动，是观念的发现者、综合者和陈述者，设定自身的学习任务并长时间独立地学习，主动地与他人交流，向他人展示自己的学习成果，在学习活动中承担一定的职责。

胡红杏认为项目式教学具有五大特征。一是学习的问题性。项目学习的实施是从一个具有驱动性或引发性的问题出发，用问题来组织和激发学习活动。二是学习的合作性。在开发阶段，涉及该项目活动的所有人员相互合作，形成“学习共同体”；在实施阶段，学生以合作学习的方式对项目的核心问题和驱动问题进行讨论。三是学习的探究性。要求学生对现实生活中的真实问题进行探究，学生通过搜集资料或设计探究方案、实施验证、论证假设和猜想获得结论，从而建构起自己对问题的理解。四是学习的真实性。研究的问题从学生的经验出发，并基于真实的生活情境。五是评价的过程性和结果性。教师通过由学生所呈现的项目成果等来判断学生在项目式学习中对知识的掌握情况以及能力的发展状况。

周振宇认为项目式教学有四大特征：推崇个性化学习，提倡团队式学习，崇尚联系性学习，鼓励创造性学习。

（3）对项目式教学操作过程的认识

张文兰、张思琦认为，国家课程项目式重构的设计流程包括五个步骤：学科课程结构、知识点分析，学科知识应用范围分析，学科知识的项目式组合，学习目标的确定，项目式教学设计。项目式教学应该包括开题、探究、展示三个环节。在开题课中，教师利用多媒体创设问题情境，激发学生探究的兴趣，并引出项目式教学的驱动性问题，同时提出项目活动的要求与成果形式，指导学生利用思维导图等认知工具尝试分析项目所包括的学科知识、活动步骤以及完成项目所需要的方法与工具。在探究课中，教师围绕项目活动与任务，为学生提供学习资源，并针对项目学习过程中学生的反馈与表现进行镶嵌性教学，同时为学生提供信息化学习工具作为学习支架，支持学生进行活动探究。在展示课前，教师提供使用便捷且合适的信息技术工具，指导学生制作出优质的项目产品。在展示课的成果交流环节，教师组织项目式教学汇报展示课并在学生汇报过程中进行综合点评，为学生提供多维度的评价工具，指导学生完成自我评价、小组互评与小组自评。在整理评价结果的过程中，教师对项目的实施进行总结与反思，最终针对学生的不同能力发展水平与学习成效形成个性化的项目式教学评价结果。

马宁等认为，项目式教学的教学过程可分为六大环节：明确问题、设计方案、协作探究、创作作品、展示作品、评价与修改。

（4）对项目式教学评价的认识

许先锋较为系统地提出了项目式教学评价的功用、评价的内容和评价的组织方式。他认为，项目评价旨在了解学生的智能状态，挖掘每个学生的学习潜能，从多个层面促进学生个人和小组的进步；评价的主要目标是使学生学会如何学习与如何改善自己的学习；在评价内容上，以多元智能理论对特定的八种智能进行多元评价时对每一种特定智能的评价都侧重于这种智能所要解决的问题，按照建构主义理论进行的项目学习评价主要包括自主的学习、小组合作技能和问题的解决；在评价方式上，学生在学习过程中会主动要求教师或同伴对自己的学习进行评价，学生也会主动进行自我评价，教师要给学生提供一个智能展示的舞台，使所有学生都有机会展示自己的智能强项，并探索如何通过其擅长的领域来表现其智能相对较弱的领域。

孙伟红和张红阳认为，在项目式教学中，评价关注的是学生自己完成作品的过程，是对学生学习能力的检验和评估；评价内容强调学生理解、分析及应用知识的能力，这也是批判性思维的本质要点。一般而言，项目评价体系包括了过程性评价、结果性评价和教学实践评价。在项目式教学过程中，教师对小组合作过程和成果展示的点评、小组互评和学生自评以及学生学习专注度、参与深度和广度都属于过程性评价。过程性评价是项目式教学的主要评价方式。有效的过程性评价能够通过及时鼓励达到激发学生学习的兴趣和解决问题的能动性的目的。结果性评价包括对各小组课件展示、作业完成情况以及学生阶段性收获和继续学习的愿望进行评价。

（5）对项目式教学分类的认识

在2018新时代未来教育与项目式学习高级研讨会上，深圳市盐田区6所学校的项目式学习专题工作坊向与会代表展示了开展项目式教学的案例，包括“基于场景的项目式教学范式”“基于 PAD 教学的学生自主学习范式”“基于教育戏剧的项目式教学范式”“基于问题的项目式教学范式”“基于主题的跨学科学习范式”“基于社区资源的项目式教学范式”。这些案例均指向更好地提高学生的自主学习能力、主动参与的积极性、动手实践的自主性，旨在使学生真正成为学习的主人。

马宁等认为，在混合式学习理念指引下的项目式教学可分为三类：基于学科某一知识点或主题的深入探究，学科内知识的统整与延伸，跨学科的问题解决。

王林发团队经过归纳，将项目式教学分为七种类型：画龙点睛，主题式项目教学；眼见为实，验证式项目教学；刨根问底，探究式项目教学；实事求是，调查式项目教学；负重深蹲，任务式项目教学；舍我其谁，自主式项目教学；借力发力，协作式项目教学。该团队对每种类型都详细提供了操作方案、实施策略、经典课例和易出现的问题及其解决方法，有较大的参考价值。

四 国内项目式教学实践概述

1. 对项目式教学策略的思考

张潆心和刘芳根据其经验提出了三个项目式教学的注意事项。①问题设计是否恰当。教师考虑所设计的问题是否符合教学内容，考虑学生多方面的知识：既可以充分利用本学科的知识也可以利用其他学科的知识解决问题。②提出的问题难易程度要适中。问题既不能过于简单，要能激发学生的创造性；也不能太难，应是学生经过分析思考能够回答出的。③教师是否积极配合。年龄稍长的教师对于新的教学理念、教学方法接受得较慢；年轻的教师教学经验有限，难以准确理解项目式教学理念，可能在应用的初期达不到预期的教学效果。学校可以采取相对应的措施来解决：组织教师参加有针对性的培训；建立一套完整的项目式教学体系，采用示范课的形式展示出来；经常举办一些教师技能大赛，多让年轻的教师参加；使用奖励机制，促使教师形成这方面的竞争意识。

夏雪梅另辟蹊径从学生视角解读项目式教学，提出学生对新学习方式的理解和感受会影响他们在新的课程和学习形态中的表现。她通过对现有文献的分析，系统呈现了项目式教学中四个维度的学生视角：哪些学生有可能获得成长，获得怎样的成长，遇到怎样的挑战，在传统教学与项目式教学情境中的学生发生了哪些变化；通过在小学阶段语文和数学两个主要学科进行项目式教学设计和实施，采集了教学过程中的教师和学生的有关数据，呈现了令人惊喜者、保持者、令人失望者等三种不同类型的学生对项目式教学的理解和体验，揭示了如何基于学生视角更好地进行学科项目式教学的设计与实施。

阮祥兵从项目式教学的教学实践出发，提出了注重项目教育、项目教学中以情感体验促进观念形成、注重搭设学习支架、重新发现知识、与已有知识和经验

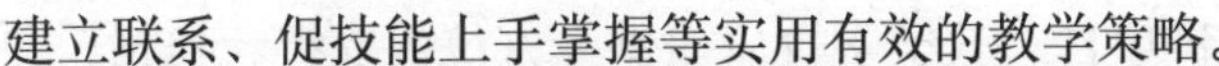

建立联系、促技能上手掌握等实用有效的教学策略。

2. 对项目式教学设计的思考

田红彩以“北洋金融街”为例，用完整的教学案例详细解读了项目式教学的实施策略，即围绕历史学科核心素养的培养恰当规划主题、贴切设置目标、科学整合内容、合理推进过程，真正做到了理论与实践的结合，为一线教师提供了很好的借鉴。在规划项目式教学主题上，她立足于今昔事件的结合点、关注学生生活的熟悉点、寻找学科素养的生发点，确定了学生既熟悉又陌生的“北洋金融街”主题，并设计了一个看似宏观、博大但生动、具体的问题情境：“2017 年第十三届全运会在和平区的火炬接力传递选取了解放北路（北洋金融街）这一路段。这是一条怎样的街道？ 它是如何摇身一变成为‘北洋金融街’的？ 迥异的街区风貌背后究竟有着怎样的前世与今生？”

在设置项目活动目标上，田红彩认为既要充分考虑项目活动能够顺利开展的需要，又要深刻领会历史学科核心素养的内涵，把握好两者之间的内在联系，使项目学习活动的开展贯穿于发展学生历史学科核心素养这个核心任务的始终。所以她将执教班级的全体学生纳入六个按时间顺序划定的项目组实施项目式教学。

在构建项目式教学内容上，田红彩认为应该在顶层设计上努力为学生提供结构化的学习情境，通过内容的整合、重组与呈现，进行系统设计，激发学生学习历史的主动性和探究兴趣，为发展学生的学科核心素养提供丰富的互动依托和拓展空间。为此，要围绕目标选取教材知识，整合学习内容；立足学情，依据学习逻辑理顺学习内容；挖掘丰富资源，拓展学习内容。

在实施项目式教学过程中，田红彩认为教师应把学生置于项目实施的主体地位，指导他们围绕所在项目组的具体研究主题，自行设定学习任务，自行制订行动计划，自主选择研究方法，自主实施行动计划，使学习过程成为自主探究、解决问题、知识建构的过程，通过驱动式项目的合作探究来实现历史学习能力和综合素养的提升。

3. 对项目式教学资源支持的思考

易小爱和朱留华提倡基于互联网的项目式教学。互联网具有提供丰富的学习资源、创设真实问题情境、方便学习者的交流与协作等优势，可以为项目式教学提供资源支持、工具支持、协作支持、管理支持、成果支持、评价支持。

赵辉指出，对于教师跨学科项目式教学学校应提供全方位的支持，包括：更新教师教研观念，提供思想上的支持；加强教研管理制度建设，提供行政支持；创建教师发展研究平台，提供技术支持。

胡红杏认为，在项目式教学具体实施中，学科专家、教研员和一线教师可以组成学习型共同体进行合作研究，专业的引领与教师的独立探索相结合并借鉴成熟的案例研究，共同寻找灵活的研究素材，在具体的实践情境中创造自己的课程。胡红杏介绍了北京师范大学化学教育研究所以王磊、胡久华、魏锐为核心的学术团队，对北京丰台二中尚荣荣的“探究含氯消毒剂——正确使用‘84’消毒液”一课进行高端备课指导，在高一和高三年级针对不同的学情做出调整均取得了良好反馈的情况。

4. 项目式教学实践中出现的问题与对策

刘育东基于2001—2009年项目式教学研究成果的数据分析，深刻反思了我国项目式教学存在的主要问题：研究分布不均、重复性研究过多、研究深度不够以及有价值、有借鉴性的研究不多，认为这些问题正是阻碍项目式教学研究有突破性进展的根本原因。出现上述问题的主要原因是由研究者自身的认知因素和环境因素（包括研究者所处的微观工作环境和宏观学术环境）造成的。自身因素方面，研究者将项目式教学片面理解为学生在教师指导下亲自动手制作产品，忽略了项目式教学对培养学生综合能力的重要意义，导致项目式教学在职业教育中热火朝天，而在难以有产出的基础教育和高等教育的文科教学中却冷冷清清。环境因素方面，管理层面对项目学习缺乏足够的了解与认识，项目的开放性与学科要求的限制性之间存在矛盾，项目式教学领域国内外学术交流不足。刘育东指出，解决上述问题，应该从技术操作层面和认识层面两方面入手，一方面通过提供相应的教师培训和定期召开学术会议提高研究者的科研能力，另一方面研究者自身充分认识并深刻领悟项目式教学的内涵与价值。

五 项目式教学与其他几种教学方式的区分

国家课程项目式教学是以建构主义学习理论为指导，以国家课程方案及学科课程标准为依据，以驱动性问题设计为引导，以真实世界中复杂且具有挑战性的问题解决为项目任务，通过一定时长的小组合作，学生精心设计项目作品，规划和实施项目任务，在解决问题的过程中实现对学科核心知识的学习理解、实践应用和迁移创新，发展学科核心素养的一整套教育教学策略。

课堂环境下的项目式教学是基于特定项目，以小组合作学习为基本学习单元，在项目任务的驱动下，在教师等相关资源的支撑下，学生在项目任务的完成过程中进行开放性学习，获得相关理论，提升关键能力的教学过程。项目式教学实质上是一套设计学习情境的、以问题为导向的教学方法，是基于现实世界的以学生为中心的教育方式（图1-2-1）。

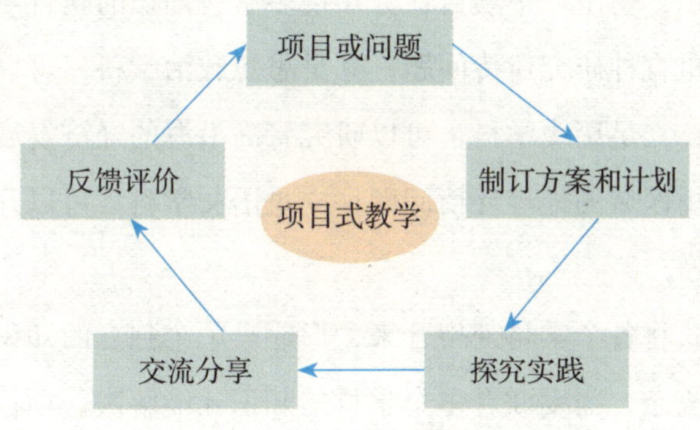

图1-2-1 项目式教学要素关系图

项目式教学与传统教学模式的区别主要表现在以下五个方面。

第一，理论与实践融合方面。

项目式教学主要依据现实生活背景，依托生活中各种资源的支撑，实现对相关问题的探索与研究，从而在研究过程中获得知识、提高能力、培养价值观。区别于传统的教学模式，项目式教学更加侧重知识的交互性与整体性，强调依据特定的项目任务单元构建立体的知识体系来解决现实问题。例如，物理学科开展的“超重失重”项目学习教学设计——“设计和制作电梯加速度测量仪”，将牛顿定律与现实生活实际结合起来，实现了实践与理论的有机统一。

传统教学模式侧重知识与理论的传授，轻视对实践能力的要求。基于这一局限，传统教学模式以教师的讲授为主，单纯强调基于理论和既定知识的灌输。传统教学模式虽然一定程度上可以促进学生条理性的学习，但往往难以激发学生的学习欲望和学习兴趣。

项目式教学侧重理论与实践的结合，立足实践任务的探究，引导学生在任务完成的过程中实现自主学习，并形成边实践边学习、以实践促进学习、以学习带动实践的局面，促进运用知识解决实际问题能力的提升。

第二，跨学科整合研究方面。

项目式教学不但可以基于单个学科进行相关任务的研究，也可以立足一个项目任务实现跨学科的研究，从而引导学生实现相关学科知识的整合与运用。这一知识整合与运用的过程，也是学生高阶思维能力发展的过程，是对学生思维品质与解决现实问题关键能力的提升。例如，我们依托“海水稻种植”开展相关项目任务研究，通过项目任务的分解，可以整合生物学、思想政治、历史、地理、语文等学科相关知识，基于一个项目任务实现多学科知识的整合与运用：立足生物学学科，可以侧重育种研究遗传问题；立足思想政治学科，可以侧重粮食安全研究国家安全问题；立足历史学科，可以研究青岛沿海的经济发展史；立足地理学科，可以研究种植区域的地理环境问题；立足语文学科，可以开展以模范人物为核心的作文写作等。

传统教学模式将各个学科割裂开来，形成一个个独立的知识体系，然而现实中许多问题错综复杂，需要联合多个学科的知识才能解决。项目式教学依托具体的项目任务，通过对任务的分解可以实现基于核心问题的多学科的整体性结构的构建，同时可以基于特定项目任务实现多学科知识的整合运用。例如，我们开展了“基于校内超市的问题研究”的项目式教学，围绕校内超市问题的整改，融合思想政治、语文、数学、地理等相关学科教学：立足思想政治学科，主要侧重经济理论的运用；立足语文学科，主要侧重文化氛围的打造；立足数学学科，主要侧重数学统计；立足地理学科，主要侧重超市开设区域环境的研究。

第三，自主学习与合作学习融合方面。

项目式教学是在学习共同体组建基础上开展的相关教学活动。依托项目任务的驱动和相关问题的解决，学习共同体明确研究目标，做好协调分工，进行相关资料收集、整理、研究等工作，最后在团队中进行讨论、修订形成项目成果模型。项目任务研究的过程，是学生自我探究和认识的过程，也是实现个体化学习与小组合作学习的过程。

传统式教学虽然也存在个性化学习与合作性学习，但是两者脱离了实践活动，从而导致个性化学习与合作性学习的驱动性不足，特别是自主学习的倾向性与合作探究的倾向性都受到一定的制约。项目式教学通过项目任务的驱动，充分调动学生的自主学习能力，让他们在提出问题、解决问题以及寻找答案的过程中获取知识与有效地运用知识。学生是学习的主体，是项目的参与者和责任人，而不是被动接受知识的对象。只有深刻地理解内容，学生才能长久记住他们所学的东西。

第四，多种工具的有效运用方面。

传统的教学模式使学生养成了学习上的懒惰习惯，只是期望老师给予现成的答案，严重缺乏自身的创造性。特别是受应试教育的影响，一些教师往往给予学生答题的固定模式，如历史、思想政治学科模板的建构以及背诵提纲等。学生长期处于“填鸭式”的教育模式中，形成了思维定式。这一教育教学模式培养的学生缺乏创新能力，缺乏实际运用能力，往往理论上感觉丰沛充足，但是一落实到具体问题的解决上就显得束手无策。传统教学模式不需要学生运用多种教育工具，只要一张纸、一支笔就行，在课堂教学过程中学生的实践能力得不到有效开发。

项目式教学依托项目任务的完成，构建了以多种教育资源为支撑的教育环境。学生不但要明确项目任务、总结项目研究成果，更要学会整合和运用相关教育工具。例如，我们开展“共享单车的前世今生——用发展的观点看问题”项目式教学时，学生对共享单车的调研需要整合电脑、手机、调研区域、调研人群、调查问卷、专家学者、经营主体等多种资源。资源整合与运用的过程既锻炼了学生的社会交往能力，又提高了学生的资源挖掘与整合能力，更提高了学生分析和理解相关社会问题的能力。在完成项目任务的过程中，学生将学会使用多种信息检索工具或方式去搜索资料、研究分析和沟通合作。这些能力是新时代高中生应该具备的，也是学科核心素养所提倡的。

第五，形成有价值的成果方面。

在项目式教学中，对于项目任务，学生基于小组合作学习，最终形成基于问题解决的项目成果。项目成果最初的形式是在小组研究基础上形成的，然后借助课堂交流、项目成果展示，最终形成基于项目任务的项目成果。项目成果主要以两种形式呈现：可以是实物操作模型，也可以是理论表述与文字模型。实物操作模型主要是基于数学、生物学、物理、化学等学科学习基础形成的成果，理论表述与文字模型主要是基于文史类学科学习的基础形成的成果。

传统教学模式往往只强调理论的学习，忽略了理论与实践的结合，更达不到在理论与实践结合基础上形成相关的研究成果。传统教学模式侧重对“是什么”“为什么”的研究。项目式教学更加侧重“怎么做”“怎么样”的研究。由此可知，项目式教学立足项目任务的研究，侧重小组合作探究，更加有利于正确价值观、必备品格、关键能力的培养。

项目式教学基于问题，立足项目任务，着眼于项目成果的生成，与综合实践活动、问题探究式教学、议题式教学、任务驱动教学有着相似的地方，但也有着明显的区别。

1. 项目式教学与综合实践活动

综合实践活动强调的是活动，不管是起点还是落脚点都要求学生在参与活动的过程中完成知识的学习和相关体验，以参与性的外显活动为载体，具有综合性和实践性。综合实践活动强调学生能从个体生活、社会生活及与大自然的接触中获得丰富的实践经验，形成并逐步提升对自然、社会和自我之间内在联系的整体认识。

项目式教学中的活动仅是一个必备要素，强调活动是手段或实现形式；项目式教学中针对要解决的问题，需要设计和布置一系列的任务，随着一系列有逻辑相关性任务的完成，需要解决的问题也就找到了答案。情境在项目式教学推动学生完成项目任务的过程中是很重要的因素。正因为要解决的问题来源于生活，真实情境才是学习发生最高效的环境。情境让问题和学习变得真实，也让学习在体验中真实发生。

项目式教学的结果要素指向丰富的学习成果，促进学生掌握工作技能，提高合作和学习能力，并将其运用到终身学习中。它包括在解决问题过程中，将技能、策略与计划、实施、监控、评价联系起来，并包括问题解决、设计、决策、充当行家和有价值的评价等环节。项目式教学产生的结果是多方面的，包括学生学会学习的技能和能力（笔记、提问、倾听）。项目式教学在课程设计中将各种主题概念综合起来，实现认知、社会、情感和自我调控与现实生活的紧密联系。

2. 项目式教学与问题探究式教学

项目式教学（Project Based Learning）和问题探究式教学（Problem Based

Learning）的简称都是PBL，不管“P”所代表的是Problem还是Project，两种教学方式都起始于一个需要解决的问题（problem）。问题探究式教学更加强调解决问题过程中研究思维的培养和训练，即通过从发现与提出问题、提出假设到收集资料、分析归纳资料、形成结论等一系列的思维训练，培养学生的研究思维。而项目式教学与之有共同之处，就是起始于一个需要解决的问题，但是与之也有差异：在项目式教学中，除了问题外，另一个重要的要素就是最终的产品。产品是项目式教学重要的结果因素，指向起始需要解决的问题，在项目结束后会产生有社会意义的产品。产品的形式和样态是多样的，具体的形式根据要解决的问题而定，包括研究报告、物化的产品、设计方案等。

项目式教学和问题探究式教学中需要解决的问题也并不是同一种类型的。问题探究式教学需要解决的问题更多的是寻找现象背后的原因，而项目式教学强调在真实情境中通过亲身参与和实践来解决真实问题。

3. 项目式教学与议题式教学

在教学实践中，项目式教学也经常与议题式教学相混淆。议题式教学强调基于一定的教学情境，基于生活和学生认知，提出特定的议题。议题一般具有开放性和发散性。议题式教学通过引导学生对议题的讨论，引导学生形成对议题观点的正确认知，从而达到深化知识与理论、科学认知生活问题的效果。议题式教学的关键和核心要素包括教学情境、议题、教学主题、学习主体等。项目式教学在任务提出的背景上与议题式教学有着共同之处，任务都是基于特定的知识背景和生活情境提出的，都体现了联系生活与现实的特点。但是从情境的内涵来看，两者有着本质的不同，议题只强调开放性话题的提出，而项目式任务强调基于情境任务的落实以及对情境任务落实效果的验证。也就是说，议题式教学只要求学生基于话题来表达，而项目式教学要求学生基于话题来推进研究和分析。

项目式教学和议题式教学的差异还表现在对过程的操控上。议题式教学强调课堂中观点的生成与交流，而项目式教学强调课下学生的自主研究与推进以及课堂上对相关成果的展示与交流。也就是说，项目式教学的学习过程主要是课下以小组为单位，以教师为辅助，基于任务研究的自主学习过程。课堂教学过程是学生交流与升华的过程，凸显了课下基本能力的培养向课堂学习高阶能力培养的转化，而这一点是议题式教学所没有的。

项目式教学与议题式教学的差异还表现在教学成果方面。议题式教学主要侧重理论的呈现，强化学生对理论是否理解，能否运用理论解决一些抽象或者现实的情境任务；项目式教学的成果主要以特定教学模型来呈现，即教学模型是看得见、摸得着的，可以是相关产品也可以是解决方案等。议题式教学成果的展示不需要经过实践的验证，只是基于一定理论的思考；项目式教学成果是经过任务实践验证形成并回到实践中得到验证的，是更具科学性的成果。

项目式教学与议题式教学在对学生能力培养上也具有一定的差异性。项目式教学是学生在初步认知与理论探讨的基础上，对问题和知识的深化思考与验证，侧重具体问题、实际问题的解决，强调知识运用能力的培养。议题式教学基于议题的交流与表达，侧重理论的生成；虽然也具有一定现实问题情境的解决，但是这种问题与情境是从生活中抽象或者提炼出来的，不是学生亲身感触的，对一切问题的操控都是基于特定的模式，不存在对复杂问题和可变任务的考量。所以在学生运用能力培养上，特别是运用既定问题解决复杂情境问题上，项目式教学与议题式教学有着明显的差异。

4. 项目式教学与任务驱动教学

建构主义学习理论强调：学生的学习活动必须与任务或问题相结合，以探索问题来引导和维持学生的学习兴趣和动机，创建真实的教学环境，让学生带着真实的任务学习，以使学生拥有学习的主动权。学生的学习过程不单是知识由外到内的转移和传递，更应该是学生主动建构自己的知识经验的过程，通过新经验和原有知识经验的相互作用，充实和丰富自身的知识、能力。项目式教学与任务驱动教学都是基于建构主义理论而形成的，都强调学生的主体参与与成果的表达。但是两者也有明显的差异。

（1）概念与内涵的差异

项目式教学是一种以学生为中心的教学方式。在项目任务探究的过程中，学生会积极地收集信息、获取知识、探讨方案，以此来解决具有现实意义的问题。学生不仅要应用所学的学科知识，还要懂得如何在现实生活中将这些知识学以致用。

所谓任务驱动教学，就是在教学过程中，学生在教师的帮助下，紧紧围绕一个共同的任务活动中心，在强烈的问题动机的驱动下，通过对学习资源的积极主

动应用，进行自主探索和互动协作的学习，并在完成既定任务的同时产生一种学习实践活动。任务驱动教学是一种建立在建构主义教学理论基础上的教学法，它要求任务的目标性和教学情境的创建，使学生带着真实的任务在探索中学习。在这个过程中，学生还会不断地获得成就感，可以更大地激发他们的求知欲望，逐步形成一个感知心智活动的良性循环，从而培养出独立探索、勇于开拓进取的自学能力（图1-2-2）。

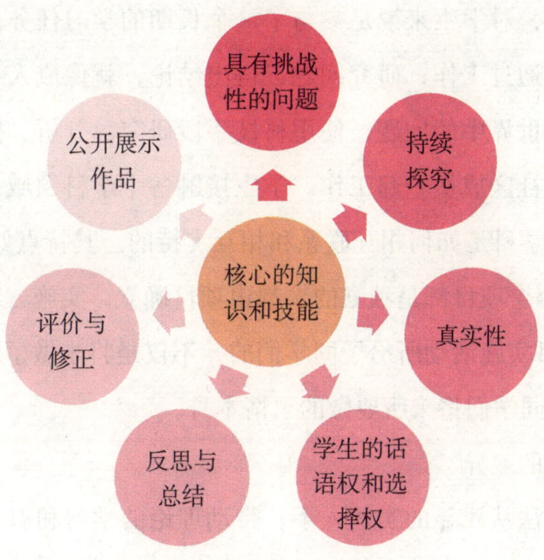

（a）基于核心要素的项目式教学

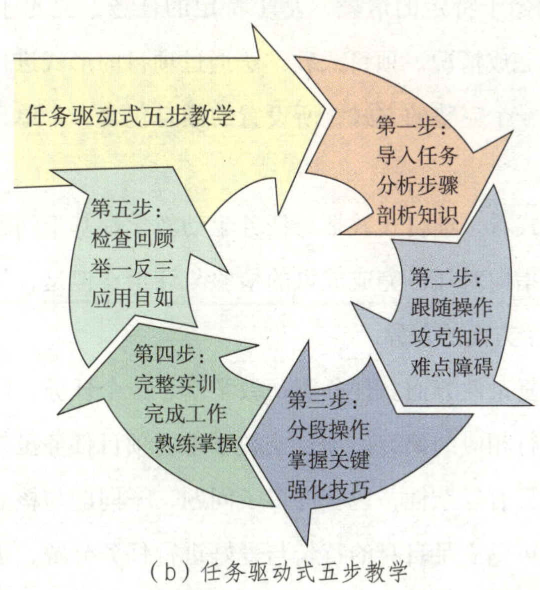

（b）任务驱动式五步教学

图1-2-2 基于核心要素的项目式教学与任务驱动式五步教学比较

（2）过程与特点的差异

任务驱动教学法最根本的特点就是“以任务为主线、教师为主导、学生为主体”，改变了以往“教师讲，学生听”、以教定学的被动教学模式，创造了以学定教、学生主动参与、自主协作、探索创新的新型教学模式。通过实践发现，任务驱动教学法有利于激发学生的学习兴趣，培养学生分析问题、解决问题的能力，提高学生自主学习及与他人协作的能力。

项目式教学法，对学生来说是参与了一个长期的学习任务。要求他们扮演现实世界中的角色，通过工作，研究问题、得出结论，就像成人工作一样。他们常会遇到社区或真实世界中的问题，使用科技手段研究、分析、协作和通信。他们会在社区与专家或社区成员一起工作。学生接触各个学科领域，使他们更容易理解概念，明白不同学科是如何相互联系和相互支持的。其特点如下：① 所有项目都是真实的。② 每个项目都是独立的，都由项目确立、实施、结束和结果评估等阶段构成。③ 项目实施活动所给予同学们的，不仅是将来做事所需要的知识和能力，而且可能就是同学们将来所要做的事情本身。

（3）表现形式的差异

任务驱动教学法从浅显的实例入手，带动理论的学习和有关技能的操作，围绕一个共同的任务活动中心展开学习，以任务的完成结果检验和总结学习过程。任务驱动教学法起始于特定的情境，基于特定的任务，立足于小组合作学习，结果呈现出任务的完成情况。项目式教学法通过项目的形式进行教学，使学生在解决问题中习惯于一个完整的方式，所设置的项目包含一个单元或者多门课程的知识。

从具体表现形式看，项目式教学与任务驱动教学都基于问题提出任务、加强小组合作，结果都指向对任务完成成果的检验与评价；但是，从教学形式上看，两者也有着以下几个方面的差异。

第一，任务的复杂性方面。任务驱动教学基于一个任务，围绕一个目标，引导学生通过合作进行相应的研究。项目式教学中的项目任务虽然指向一个核心问题，但是项目任务具有复杂性，包含许多子问题，子问题与核心问题构成了一个完整的系统。学生可以立足自身的特长与爱好进行任务分解，进行相互领域的研究。这更符合当前选科走班分层教学大背景下的教学实施。

第二，知识的整合性方面。任务驱动教学基本上是基于一个任务，指向一个核心问题，让学生明确一个核心理论，然后加强对核心理论的应用与评价。项目式教学一般基于一个知识单元，即基于知识块的形式进行。例如，我们用任务驱动教学法教学企业的经营与发展，任务设计有可能只涉及1节课的知识或对2节课的整合。如果进行项目式教学，立足企业会形成相应的知识块，即将与企业有关的理论知识进行整合。这也是高考评价体系改革中对"综合性""创新性"要求的体现。

第三，学科的链接性方面。任务驱动教学一般基于一个模块、一个知识，进行针对性的设计和实施。项目式教学不但基于知识块进行设计，同时基于项目任务的实施，可以实现多学科的整合教学。例如，研究"民法典实施的意义"，可以集合思想政治、历史、语文、英语学科进行同一个项目教学。再如，立足"海水稻种植"，可以集合生物学、化学、地理、历史、思想政治等相关学科进行整合研究。

第四，成果的拓展性方面。任务驱动教学法的最终结果是对任务完成成果的评价与运用。从整个过程看，任务驱动教学法针对小组对统一任务的研究，结果指向对每个小组的任务完成情况的评价，没有基于小组任务形成相对合理的成果模型。侧重的是对完成情况的评价，缺乏对成果的修订、完善与整合。项目式教学成果主要体现在两个环节，一个是基于小组合作的小组成果，一个是通过小组交流最终形成的整合性的理性模型。任务驱动教学成果多以评价的形式呈现，项目式教学成果多以成果模型的形式呈现。

（4）实施流程的差异

任务驱动教学法的实施流程主要是创设情境→确定任务→协作学习→效果评价。项目式教学的一般流程是任务提出→任务分解→共同体组建→任务实施→成果生成→成果交流→修订完善→模型建构→效果评价。通过两种教学流程环节的对比可以发现，任务驱动教学法侧重以任务带动理论的学习，落脚在对学习效果的评价上；项目式教学起始于任务，侧重任务实施过程，让学生在任务实施中实现知行合一，落脚在成果模型的构建上，为解决类似问题提供一个成果模型。任务驱动教学法的过程缺乏任务实施的过程细化，忽略了学生基于任务进行的整合学习；从学习指向上看更多侧重学习行为的评价，缺乏对成果应用的评价。

（5）教学模式构成的差异

任务驱动教学基于特定情境创设既定任务，通过小组合作学习达成相应成果，然后依据多种方式对学习成果进行评价与界定。从模式构成来看，项目式教学通过“头脑风暴”模式，将情境创设、任务提出、任务规划与实施进行了整合性和预设性的设计，从而将小组合作进行项目任务的探究贯彻于教学过程的始终，深化与拓展了任务驱动教学。从情境创设到任务驱动两个环节来看，任务驱动教学模式基于一般流程，忽略了整体智慧和整体知识的界定与整合，从而导致与项目式教学在起点上存在较大差异（图1-2-3），项目式教学更侧重学生关键能力、学科素养的落实。从教学过程来看，项目式教学侧重小组合作与项目交流，任务驱动教学侧重协作学习。由此可知，项目式教学是对任务驱动教学的深化，特别是通过基于小组研究的项目交流，实现了能力的提升与知识的拓展。从最终结果来看，任务驱动教学落脚评价与迁移，项目式教学侧重成果模型的构成。成果模型的构成需要既定成果与实践的结合来对成果进行创新与修订，最终形成完善的成果模型。这一模型的提出能够为解决类似问题提供有效的、直观化的指导。任务驱动教学只局限于对学习的评价和迁移，没有达到对相关任务或问题解决的普适性模型的构建，也就是说，教学效果只停留在理论层面而淡化了实践层面。

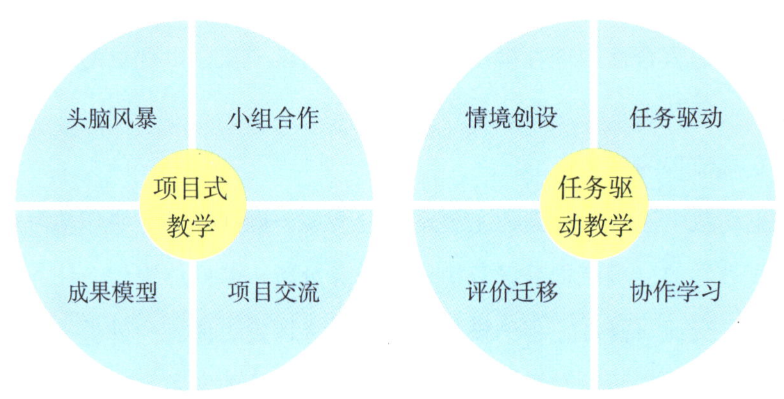

图1-2-3　项目式教学与任务驱动教学比较

伴随时代发展，教育面临基于时代的新的要求。新要求的落实需要教育教学模式的变革。综合实践活动模式、议题式教学、问题探究教学、任务驱动教学、项目式教学都侧重对学生能力的开发、尊重学生的主体地位、强化教师的引导作用，都在探讨教学中知行合一的教育模式，都看到了学科能力与学生素养在教育中的重要地位。不同的教学模式立足时代发展要求有着基于既定任务的教学差异，而项目式教学立足学生综合实践能力和创新能力的培养，侧重关键能力提升和核心素养的落实，越来越受到广大教育界同人的关注。

第3节　项目式教学与学生核心素养发展

中共中央总书记、国家主席、中央军委主席习近平在2018年全国教育大会上强调，在党的坚强领导下，全面贯彻党的教育方针，坚持马克思主义指导地位，坚持中国特色社会主义教育发展道路，坚持社会主义办学方向，立足基本国情，遵循教育规律，坚持改革创新，以凝聚人心、完善人格、开发人力、培育人才、造福人民为工作目标，培养德智体美劳全面发展的社会主义建设者和接班人，加快推进教育现代化、建设教育强国、办好人民满意的教育。《国务院办公厅关于新时代推进普通高中育人方式改革的指导意见》要求：改进科学文化教育，统筹课堂学习和课外实践，强化实验操作，建设书香校园，培养学生创新思维和实践能力，提升人文素养和科学素养。项目式教学基于项目任务的驱动，侧重关键能力和学科素养的落实，对落实国家教育工作方针具有探索性的借鉴。

一　21世纪教育发展新动向

21世纪是信息化时代，信息技术的飞速发展每时每刻都在改变着人们的生产和生活方式。信息时代出现了许许多多的新需求，对传统的工业时代的教育提出了挑战。为了培养适应新时代的人才，西方国家提出了“21世纪技能”，要求学生除掌握原有的核心课程内容之外，还应具备学习和创新技能，信息、媒介与技术技能，生活和职业技能。21世纪技能合作研究委员会提出新时期人才应具备“7C技能”，即批判性思考与问题解决能力，创造与革新能力，协作、团队工作与领导能力，跨文化理解能力，交流、信息与媒介素养，计算与ICT素养以及职业与学习的自主能力。

核心素养培养现已成为全球教育新一轮改革的风向标。为了适应全球教育改革发展趋势，不少欧美国家以及组织都提出了自己的核心素养框架，并对核心学科领域的能力表现提出系统标准和要求。2010年，我国《国家中长期教育改革发展和规划纲要（2010—2020年）》明确提出培养学生的学习能力、创新能力和实践能力。2014年3月，教育部正式印发《教育部关于全面深化课程改革落实立德树人根本任务的意见》，提出“研究制订学生发展核心素养体系和学业质量标准”的要求，随后“核心素养”的概念为国人所熟知。2016年2月，我国又颁布了《中国学生发展核心素养（征求意见稿）》，明确提出：学生发展核心素养是指学生应具备能够适应终身发展和社会发展需要的必备品格和关键能力，学生应具备人文底蕴、科学精神、学会学习、健康生活、责任担当和实践创新六大素养，突出强调个人修养、社会关爱、家国情怀，更加注重自主发展、合作参与、创新实践。2017年，教育部发布《普通高中课程方案和语文等学科课程标准（2017年版）》，进一步明确了普通高中教育教学的定位，首次提出凝练学科核心素养、发展关键能力；相应地，教师也不再只做知识的传递者，而是成为学生的引导者，培养学生协作解决问题的能力。这既是新的历史时期贯彻落实党的十八大立德树人根本任务的理论构想，也是对我国改革开放以来基础教育改革成果和经验的继承与发展。

在落实立德树人的根本任务、进一步深化课程改革的今天，把“知识为本”的教学转变为“核心素养为本”的教学，把以讲授为中心的课堂转变为以学习为中心的课堂，必须大力推进学习方式和教学模式的改变。这是因为学科核心素养的落实不仅仅是对教学内容的选择和变更，更是对学习方式和教学模式的系统变革。

1. 基础教育课程体系的变革与完善

当前我国基础教育课程改革正进入一个新的历史阶段。我国已经制定出了中国学生发展核心素养体系，并正在以学生发展核心素养为主线着力建设和完善基础教育课程体系。为了完成这个任务，教师需要做好四件事：①以核心素养为指引提炼各学科的大概念，也就是要提炼各学科在培育学生核心素养中可能和应该作出的贡献（已颁布的高中新课程标准已经明确了普通高中教育要凝练落实的学科核心素养）；②以核心素养为依据来选择学习内容，也就是解决“学什么”的问题；③设计保证核心素养目标得到落实的教学过程和教学方法，也就是解决“怎么学”的问题；④设计与核心素养培育的教学目标和方式相适应的评价标准和评价方法。

第一个需要，新课标和新教材已经解决了。学什么、怎样学、怎样评价这种学习的效果这三个需要成了一线教学要解决的重要任务。

要真正实现学习方式和教学模式的改变，需要深刻理解学生的学习方式，回归学习的本质。在学习的过程中，学习者既能对外部世界进行探求，同时实现对自己的精神家园的建构，这应该是学习的本意。因为学习不再只是“把外部世界的知识装进我的脑袋里去”，而更应该是在持续地自我发现问题和自主解决问题中有所获得。

理想的学习生活是什么样子呢?

首先是让学生探究并体验学科知识，发展对学科的内在兴趣。举个例子，在美国波士顿哈佛教育学院旁边一所小学有这样一堂数学课。这堂课有四个任务，第一个任务是告诉孩子们波士顿有40多家慈善机构，这些慈善机构有的是拯救动物的、有的是关怀老人的、有的是保护环境的等。孩子们都明白了之后给出第二个任务，让孩子把1万美金分给四家以上的慈善机构。不同的孩子可以有不同的想法，大家一起讨论如何分。第三个任务是让孩子完成账单，收入是1万美金，支出分别给某某机构、某某机构各多少，做成一张账单。第四个任务是让孩子们分别给这些慈善机构开支票（我们的孩子大概不太会开支票）。这就是一个项目式学习的初步，通过学习的过程把数学学习同生活联系起来。

其次是让学生探究并体验现实生活，学会热情而有创意地生活。学习过程中设计的项目应该是情境化的、问题化的，是同生活结合的。学生不能只是学科知识的复制者，而应是一个生活者。

再次是学科探究和生活探究，凸显追求的意义。教师经常会问一个问题：我花比较少的时间就把知识教给学生了，而让他们自己去探究需要花很长时间，教学有效性体现在什么地方？试想，现有知识传授过程中的有效和无效上面还应该有一项“意义”原则。所谓“意义”，就是人生活的目的，即谋求人与世界更好地相处，具体内容就是谋求完善自我、完善与他人及社会、完善人与自然的和谐关系。这个意义是在所谓有效与无效之上的。更好地实现这个意义，教学就是有效；反之，当这个意义无法实现的时候，再多地用符号表达的知识记忆都是没有意义的。

2. 课堂教学的方向——超越传递，走向探究

在这样的教学过程中，教师的责任是什么？教师要在教学中创造鲜活的、智慧的、符合人的学习成长规律的生活情境，而不是把教学作为一套机械、僵化，背离人的学习和成长规律的操作程序。假如教师设计了很多项目，但这些项目在实施过程中都变成一个不去关注学生创意思维的操作程序，那么这个项目恐怕也不会是成功的。因此，教师需要把教学变成一个持续的、与学生共同探究和体验学科与生活的过程。

课堂教学的基本方向应该是：超越传递，走向探究。教师仍然需要传递，但是要超越传递、走向探究。教学绝不是把一堆外部知识忠实地传递给学生，对学生进行一丝不苟的训练。所有的学科，不论是分门别类的学科课程，还是综合实践活动课程，都应该是教师和学生合作展开有意义的探究的过程，在探究中让学生表达并实现自己的思想和观念。课堂教学本质上就是创造条件让学生产生精彩观念的过程。把课堂教学设计为这样一个过程，教师还能够或有必要去制定标准答案吗？这个过程中，教师需要学生表现出有兴趣，表现出能持久学习，表现出与众不同。

在这里需要分析两个问题：聚焦活动的教学和聚焦传授的教学。前者没有明确学习体验如何帮助学生达成学习目标；后者没有以明确的大概念引导教学，缺乏为确保学习效果而进行设计的过程。高中教学强调学科核心素养的培养。所谓核心素养，就是这个学科的学习最终在学生身上应该留下什么痕迹、达到什么教学目标。因此，一节课、一个单元、一个学期、一个学年都要围绕学科的大概念确保学习效果而进行设计。因此，教师在考虑如何开展教与学活动之前，先要努力思考学习要达到的目的到底是什么以及哪些证据能够表明学习达到了目的。

普通高中课程方案、课程标准都已公布并初步实施，当前最紧迫、最需要的便是如何把理念转化为行动。所谓“行动”，指的是所有在日常课堂上每天与学生互动的教师们在主导教学中的具体行为。这是关系到课程改革理念和方案能不能真正落地、能不能达到预期效果的关键环节。

在这一背景下，回望目前的基础教育，发现其存在诸多问题和困难：学生研

究性学习能力不足，动手探索与创新思考的兴趣和欲望欠缺，有效沟通的能力亟待加强，对自己未来职业规划的能力需进一步提高等。这些问题严重影响了对学生获得适应终身发展和社会发展所需的必备品格和关键能力的培养，无法落实立德树人根本任务及核心素养培养目标。

针对目前教育改革的方向以及对以上问题的思考，青岛三十九中教学研究团队对中国学生发展核心素养途径进行了详尽分析，提出了弘扬“包容、开放”文化精神，贯彻“每个孩子都优秀，每个学生都精彩”的育人理念，创新机制和制定措施，为实现“像科学家一样思考与研究，像文学家一样感受与表达，像艺术家一样审美与创造，像政治家一样决策与协调”的人才培养目标，开展了一系列项目式教学的课堂教学改进实践与研究，引领学生对学科问题作出正确的价值判断，强化其社会参与意识，最终达到促进学生学科核心素养形成与发展的目的。

二　中国学生发展核心素养对高中教学的引领和要求

2016年9月13日上午，在北京师范大学举行中国学生发展核心素养研究成果发布会，会上公布了中国学生发展核心素养总体框架及基本内涵。专家认为，研究学生发展核心素养是全面贯彻党的教育方针、落实立德树人根本任务的一项重要举措，也是适应世界教育改革发展趋势、提升我国教育国际竞争力的迫切需要。

中国学生发展核心素养研究以科学性、时代性和民族性为基本原则，以培养“全面发展的人”为核心，充分反映新时期经济社会发展对人才培养的新要求，高度重视中华优秀传统文化的传承与发展，系统落实社会主义核心价值观。核心素养分为文化基础、自主发展、社会参与三个方面，综合表现为人文底蕴、科学精神、学会学习、健康生活、责任担当、实践创新六大素养（图1-3-1），具体

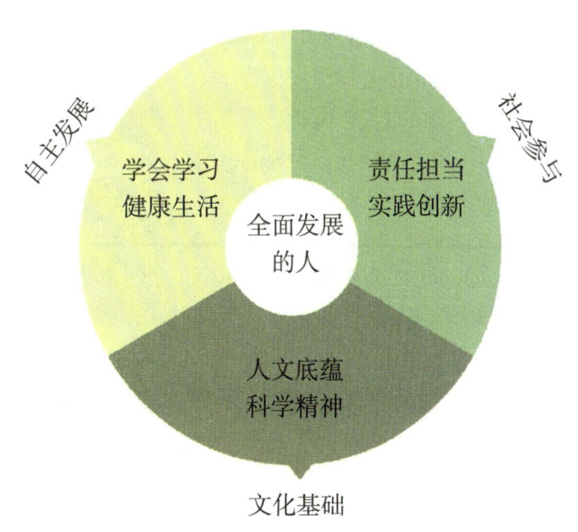

图1-3-1　中国学生发展核心素养示意图

细化为国家认同等18个基本要点。各素养之间相互联系、相互补充、相互促进，在不同情境中整体发挥作用。

1. 中国学生发展核心素养的基本内涵

中国学生发展核心素养的基本内涵见表1-3-1。

表1-3-1　中国学生发展核心素养的基本内涵

文化基础 文化是人存在的根和魂。文化基础，重在强调能习得人文、科学等各领域的知识和技能，掌握和运用人类优秀智慧成果，涵养内在精神，追求真、善、美的统一，发展成为有宽厚文化基础、有更高精神追求的人	**人文底蕴** 人文底蕴主要是学生在学习、理解、运用人文领域知识和技能等方面所形成的基本能力、情感态度和价值取向	人文积淀 人文情怀 审美情趣
	科学精神 科学精神主要是学生在学习、理解、运用科学知识和技能等方面所形成的价值标准、思维方式和行为表现	理性思维 批判质疑 勇于探究
自主发展 自主性是人作为主体的根本属性。自主发展，重在强调能有效管理自己的学习和生活，认识和发现自我价值，发掘自身潜力，有效应对复杂多变的环境，成就出彩人生，发展成为有明确人生方向、有生活品质的人	**学会学习** 学会学习主要是学生在学习意识形成、学习方式方法选择、学习进程评估调控等方面的综合表现	乐学善学 勤于反思 信息意识
	健康生活 健康生活主要是学生在认识自我、发展身心、规划人生等方面的综合表现	珍爱生命 健全人格 自我管理
社会参与 社会性是人的本质属性。社会参与，重在强调能处理好自我与社会的关系，养成现代公民所必须遵守和履行的道德准则和行为规范，增强社会责任感，提升创新精神和实践能力，促进个人价值实现，推动社会发展进步，发展成为有理想信念、敢于担当的人	**责任担当** 责任担当主要是学生在处理与社会、国家、国际等关系方面所形成的情感态度、价值取向和行为方式	社会责任 国家认同 国际理解
	实践创新 实践创新主要是学生在日常活动、问题解决、适应挑战等方面所形成的实践能力、创新意识和行为表现	劳动意识 问题解决 技术应用

2. 中国学生发展核心素养对高中各学科的核心素养要求

普通高中课程方案和各学科的课程标准中提炼了学科核心素养，研制了学科学业质量标准，明确了必修课程、选择性必修课程和选修课程各自的功能定位（表1-3-2）。

表1-3-2　中国学生发展核心素养对高中各学科的核心素养要求

语文学科	语言建构与运用、思维发展与提升、审美鉴赏与创造、文化传承与理解
英语学科	语言能力、文化意识、思维品质、学习能力
数学学科	数学抽象、逻辑推理、数学建模、直观想象、数学运算、数据分析
思想政治学科	政治认同、科学精神、法治意识、公共参与
历史学科	唯物史观、时空观念、史料实证、历史理解、历史解释、家国情怀
地理学科	人地协调观、综合思维、区域认知、地理实践力
物理学科	物理观念、科学思维、科学探究、科学态度与责任
化学学科	宏观辨识与微观探析、变化观念与平衡思想、证据推理与模型认知、科学探究与创新意识、科学态度与社会责任
生物学学科	生命观念、科学思维、科学探究、社会责任

表1-3-3　各学科核心素养与关键能力的系统构成

学科领域	学习理解	应用实践	迁移创新
语文	识记 信息提取 整体感知	解释说明 分析推断 感悟品味	鉴赏评价 发散创新 解决问题
英语	感知注意 记忆检索 提取概括	描述阐释 分析论证 整合运用	推理判断 预测想象 批判评价
数学	观察记忆 概括理解 说明论证	分析计算 推理解释 简单问题解决	综合问题解决 猜想探究 发现创新
思想政治	观察体验 了解认识 记忆概括	综合归纳 分析解释 搜集论证	迁移发散 价值判断 行为倾向
历史	记忆 概括 说明	解释 推论 评价	叙述 论述 探究
地理	观察记忆 比较关联 概括归纳	解释实践 计算技能 综合推理	迁移探究 区域定位 评价规划

续表

学科领域	学习理解	应用实践	迁移创新
物理	观察记忆 概括论证 关联整合	分析解释 推论预测 综合应用	直觉联想 迁移与质疑 建构新模型
化学	辨识记忆 概括关联 说明论证	分析解释 推论预测 简单设计	复杂推理 系统探究 创新思维
生物学	观察记忆 概括 概念扩展	科学解释 简单推理 简单设计	复杂推理 远联系建立 创意设计

由表1-3-3可以看出，不同学科领域的核心素养虽然分类和名称各不相同，但其实质都是学生顺利完成学习理解、应用实践和迁移创新的学科认识活动和问题解决活动的稳定的心理调节机制，尤其是在解决复杂的、不确定性的现实问题，即进行迁移创新类能力活动过程中表现出来的综合品质或能力是一致的。各科的关键能力与必备知识，是以学科素养为导向进行界定的。在整个基础教育阶段的教学过程中，学生所学的各科知识内容繁多，涉及的能力也比较广泛。在教学中为切实提高学生的知识能力水平，教学内容定位为应对生活实践、应对未来的学习或者高等教育的学习，聚焦于应对生活实践与学习探索情境中的问题时所需要的知识与能力，即基于学科素养导向确定各学科教学要求的关键能力与必备知识。

三 高考评价体系对高中发展学生核心素养的作用

1. 高考评价体系助力素质教育，促进学生的核心素养发展

高考改革与高中课程改革携手同行，力求共同推进高中课程、教学、教材、考试评价改革和高校招生录取制度改革，促进“学—教—考—招”有效衔接，着力扭转应试教育倾向，切实改变以学生成绩和学校升学率为唯一标准的单一教育质量评价方式，大力发展素质教育。教育部颁布的《普通高中课程标准（2017年版2020年修订）》中指出，要进一步提升学生综合素质，着力发展学生的核心素养。核心素养是育人价值的集中体现，主要是指学生应具备的、能够适应终身发展和社会发展需要的正确的价值观念、必备品格和关键能力，是对知识与技能、

过程与方法、情感态度与价值观三维目标的整合。根据《国务院关于深化考试招生制度改革的实施意见》的要求，国家课程标准是高考设计命题内容的依据之一。新一轮高考改革突出考试内容的整体设计。中国高考评价体系立足我国独特的历史、文化和国情，从落实立德树人的根本任务出发，通过考试评价手段将课程改革的新理念体现在考查内容、考查要求、考查载体和考查方式中，为实现对核心素养的有效测量打下坚实的理论基础。

2019年底发布的中国高考评价体系以核心价值为引领，以学科素养为导向，以关键能力为重点，以必备知识为基础，使高考考查内容与素质教育的目标全面契合。高考从对知识、能力的考查到对知识、能力、素养、价值观的综合考查，不断丰富考查内容，有力推动了核心素养在高中教育中的落实，进而有效助推了高中素质教育的发展。

2. 中国高考评价体系简介

中国高考评价体系包括高考的核心功能、考查内容和考查要求，明确指出“一核”“四层”“四翼”的概念及其在素质教育发展中的内涵：“一核”为考查目的，即“立德树人、服务选才、引导教学”，是对素质教育中高考核心功能的概括，回答“为什么考”的问题；“四层”为考查内容，即“核心价值、学科素养、关键能力、必备知识”，是素质教育目标在高考中的提炼，回答“考什么”的问题；“四翼”为考查要求，即“基础性、综合性、应用性、创新性”，是素质教育的评价维度在高考中的体现，回答“怎么考”的问题。

（1）以学科素养为依托，“四层”内容的融会贯通

首先，核心价值、学科素养、关键能力和必备知识都是高考能够考查并且应该引导的内容，历年的高考命题也积累了充足的实践经验。其次，“四层”要有足够的容量，将素质教育发展过程中的不同内涵纳入其中，涵盖素质教育的主要层面。

核心价值是对即将进入高等学校的学习者应当具备的良好政治素质、道德品质和科学思想方法的综合，是培养拥护中国共产党领导和社会主义制度、立志为中国特色社会主义奋斗终身的有用人才的基本要求。它是能够通过学科教育教学和社会实践途径培养的、在各学科中起着价值引领作用的、最基础最持久的思想观念体系，是对面对现实问题情境时应当表现出的正确的情感态度与价值观的综

合。核心价值要求学生坚定理想信念、厚植爱国情怀、提升品德修养、培养奋斗精神以及健全人格、锤炼意志、提高审美、培育劳动精神、践行社会主义核心价值观，其内涵覆盖了德、智、体、美、劳五个领域。与必备知识、关键能力、学科素养强调学科特性不同，核心价值强调的是学科共性。

学科素养是即将进入高等学校的学习者在面对生活实践或学习探索情境中的问题时，能够在正确的思想价值观念指导下，合理运用科学的思维方法，有效地组织整合学科的相关知识，调动运用学科的相关能力，高质量地认识问题、分析问题、解决问题的综合品质。它是在对党的教育方针、国家教育政策、高中课程标准、高校培养方案和国际相关教育测评框架进行文献分析研究，以及对基础教育和高等教育相关群体进行实证调查研究的基础上提出并形成的。

图1-3-2所示的是中国高考评价体系提出的“四层”的要求。由图1-3-2可以看出“四层”的内容是既相对独立又密切关联的四个层面，以学科素养为连接层实现“四层”内容的融会贯通。

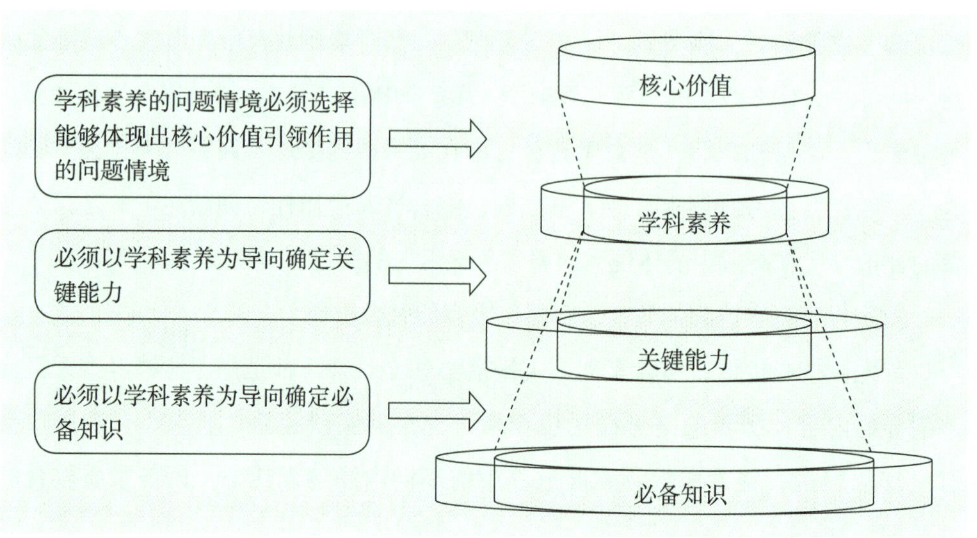

图1-3-2　“四层”考查内容及其关系示意图

（2）以情境为载体考查学生核心素养的发展水平

高考评价体系最重要的一个创新是通过“四层”考查内容将学科能力考查与思想道德渗透有机结合起来，利用学科素养这一关键连接层实现融合知识、能力、价值的综合测评，从而使立德树人真正在高考评价实践中落地。情境正是实现这种“价值引领、素养导向、能力为重、知识为基”的综合考查的载体。

高考评价体系中所谓的“情境”即“问题情境”，指的是真实的问题背景，是以问题或任务为中心构成的活动场域。“情境活动”是指人们在情境中所进行的解决问题或完成任务的活动。根据目前高考的考查方式，高考内容的问题情境是通过文字与符号描述的方式即纸、笔形式进行建构的，而情境活动也同样是通过文字与符号的形式进行的。

高考评价体系中的“四层”考查内容和“四翼”考查要求，是通过情境与情境活动两类载体来实现的，即通过选取适宜的素材再现学科理论产生的场景或呈现现实中的问题情境，让学生在真实的背景下发挥核心价值的引领作用，运用必备知识和关键能力去解决实际问题。

高考评价体系中的“四层”在整合以往必考内容和选考内容的过程中，将核心素养自然融入，强化共同基础。优化后的考查内容与高中课程改革的培养目标深度契合，将更有利于学生全面发展，更好地服务于学生个性发展和高校人才选拔。在试题命制层面，高考评价体系进一步强调情境化设计，紧密联系学生日常生活实际、国家发展和社会进步，扩展素材选取范围，在现实的问题情境中考查学生核心素养的发展水平，从而推动关键能力和核心素养在教学和考试中的落实。

当前，部分高中教学中还存在着“满堂灌”、机械重复训练、实验教学和实践教育不足、忽视高阶能力发展等问题。因此，新时代高考在助力课程教学方式和学生学习方式的转变、加强教学内容与社会生活的紧密联系等方面大有可为。以考查要求为例，高考评价体系中的“四翼”突出基础性：高考围绕学科主干内容，加强对基本概念、基本思想方法的考查，杜绝偏题怪题和繁难试题，引导教学重视教材，夯实学生学习基础，给学生提供深度学习和思考的空间。同时，“四翼”也十分注重综合性、应用性与创新性，通过设置真实的问题情境，考查学生灵活运用所学知识分析解决问题的能力，允许学生从多角度作答，使“死记硬背”“机械刷题”“题海战术”的收益大大降低，引导学生的关注点从“解题”向“解决问题”、从“做题”向“做人做事”转变。

四 针对核心素养发展，学校教学实践面临的挑战

1. 学科教学面临的从知识获得到能力、素养发展的挑战

通过前面的分析可知，对中国学生发展核心素养、新课程标准、中国高考评价体系三者的定位可以理解为：中国学生发展核心素养是总纲领，各学科的课程标准是核心素养细化到各学科的要求，中国高考评价体系告诉我们如何对核心素养的发展水平进行评价。核心素养发展最终是要由学校的一系列教育教学活动来实现的，教师在教学活动中既要让学生具备必备知识，也要培养学生的关键能力，最终形成学科核心素养，进而落实各学科素养共同组建的学生综合核心价值。

在当前的课程设置和教学条件下，学生对相应学科课程必备知识的学习花费了大量时间，较为基础的学习理解能力表现尚可，实践应用能力表现不够，而迁移创新能力很弱，且数、理学科问题更加突出。

高考评价体系报告认为，不同学科的学习理解能力、应用实践能力和迁移创新能力既具有一些共通的关键要素，也具有一些学科特征要素。学习理解能力、应用实践能力和迁移创新能力既是学科能力的不同类型，也属于不同的水平层级。学生在各学科认定的关键二级能力要素上的表现总体情况不够理想，在学习理解能力上更偏重于记忆而欠缺概括整合和说明论证等深度理解方面的能力。在实践应用上，学生由已知推论和预测未知的能力较薄弱。在迁移创新能力上，大部分学生没有表现出主动自觉利用学科核心知识、学科特定活动的程序性知识等，进行复杂推理、系统探究、发散思维、想象、创意设计、批判思考、远联系发现，解决陌生和高度不确定性问题以及发现新知识和新方法的能力。

这就对高中学校各学科的教学提出了新挑战，教学取向也将发生以下一系列变迁：①从知识记忆到知识理解；②从基于习题训练到面对实际问题解决，尤其是在新的情境下解决实际问题；③从具体性知识学习到核心观念建构；④从知识解析到促进认识转变和发展；⑤从知识结论到彰显知识的功能价值。这要求知识教学由逐个知识碎片化教学到知识的整体化教学，知识输出由原来的习

题化训练到真实情境中问题的解决，学习活动的所得由以前的重视知识结论到现在要求的知识获得过程和思维外显。这也是对教学要求的进阶，从知识获得到能力和素养发展的进阶，从知识获得到学科素养发展的进阶，从基于经验到基于学习的进阶，从知识点课时教学到主题整体教学的进阶，从教学孤立改革到课程教材教学评价整体系统改革的进阶。新的教学模式需要有适应新高考方案的课程设计，需要有适应新课标和新教材的课堂教学，需要有适应学业质量标准的考试评价。

2. 对学科能力与学科素养关系的界定

（1）学科核心知识与学科能力

学科核心知识是学科能力的经验基础（学科能力的内涵是系统化和结构化的学科知识和经验）。必备知识是在梳理普通高中课程标准中的内容标准、高校专业学习要求、历年高考考查的知识内容的基础上，根据教学实际情况系统整合、掇菁撷华而形成的。其中，陈述性知识是定向调节机制的经验基础，是静态知识；程序性知识和策略性知识是执行调节机制的经验基础。这些是在要求更高的能力和素养的培养过程中必须具备的可迁移的知识。

必备知识是指即将进入高等学校的学习者在面对与学科相关的生活实践或学习探索情境中的问题时，有效地认识问题、分析问题、解决问题所必须具备的综合能力和学科知识。它是高水平人才培养体系所必须具备的、支撑学习者终身发展和适应时代要求的知识和能力，是培育核心价值所必须具备的基础，是发展学科素养的重要支撑和前提。

学科能力是指个体能够顺利地完成特定的学科认识活动和问题解决任务的稳定的心理调节机制，具体包括定向调节机制和执行调节机制。根据不同学科的特点，基于学科素养导向的关键能力也有所差异、各有侧重。例如，对于语言类学科而言，语言解码能力和阅读理解能力是知识获取能力群中的发展重点；对于自然科学类学科而言，实验设计能力、动手操作能力则是实践操作能力群中的发展重点。

学科知识是学科能力的必要经验基础，但并不充分，能否成为学科能力还依赖于知识能否转化为学生自觉主动的认识角度、认识思路和相应的认识方式。

（2）学科认识方式

每个学科有其特定的认识和研究领域，有其特有的认识活动和问题解决任务，需要独特的认识事物以及分析和解决问题的角度、思路和方法，即比较特定的学科认识方式和推理模式。

特定领域的认识角度和认识思路与学科知识密切相关并相互匹配。学科核心知识具有重要的认识方式功能，提供核心的认识角度，形成重要的认识思路和推理路径。

（3）学科核心素养

学科核心素养是学生经过学科学习逐渐形成的，面对陌生不确定的问题情境所表现出的关键能力和必备品格，对应知识经验的迁移创新能力表现水平。

学科知识需要经过学习和理解、应用和实践、迁移和创新等学科能力活动，才能完成从具体知识到认识方式的外部定向、独立操作和自觉内化。

学科知识只有变为自觉主动的认识角度和认识思路才能转化为学科能力和学科素养。

学科知识要经过从陈述性知识到程序性知识到观念化再到自觉主动的认识方式，才可能转化成学科核心素养，从而外显为能力表现（图1-3-3）。

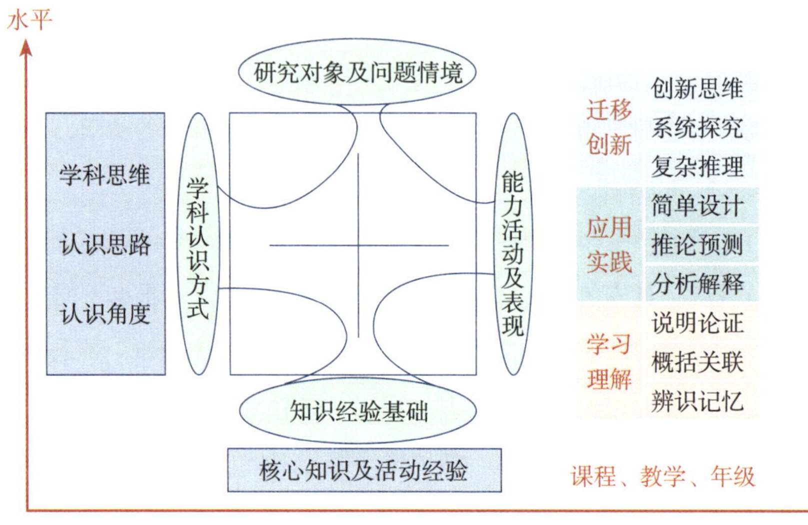

图1-3-3　学科能力构成模型

表1-3-4是能力活动与能力表现之间的关系。

表1-3-4　能力活动与能力表现之间的关系

能力活动	能力表现
知识和经验的输入——学习理解活动	观察、记忆、提取信息
	说明、论证、推导
	概括、关联、整合
知识和经验的输出——应用实践活动	分析、解释
	设计、证明
	推论、预测
知识和经验的高级输出——迁移创新活动	评价、反思
	想象、创意、发现远联系
	系统推理、探究未知、批判性思考

（4）教学情境

教学情境是教师有目的地引入或创设具有一定情绪色彩的以形象为主体的生动具体的场景，帮助学生理解教材，从而引起学生一定的态度体验，激发学生一定的情绪或情感体验。

学生在情境中学习有以下优势。

一是建立牢固的知识体系。情境教学首先建立了直观的感性认识。300多年前，捷克教育家夸美纽斯在《大教学论》中写道："一切知识都是从感官开始的。"在教学中引入或创设情境，就是使学生身临其境、直接感知，形成具体鲜明的形象。一些间接情境则主要是使学生如临其境、凭借想象、展开联想，在脑海里形成表象，以获取言语直观或符号直观的效果。在感性认识的基础上形成概念，建立概念之间的联系，形成概念网络，进而发现或认识到相关的规律，就说明学生在情境学习中构建起良好的知识体系。展现给学生生动具体的形象以及以形象为主体构成的情境，是为学生建立牢固的知识体系服务的。

二是充分发展学生的各种能力。在真实情境中让学生成为学习活动的主体，让学生面对问题挑战，自主学习教材知识，利用网络工具获取信息，这就能够让学生学习到必备的科学知识；如何利用这些知识解决提出的问题并完成项目任务，就锻炼了学生的理解能力、分析综合能力甚至迁移创新能力；在小组活动中交流自己的设想和计划，又可以发展学生的解释能力、收集证据能力、论证能力、交流合作能力，甚至培养学生对团队的规划能力和领导能力。

三是激发学习动力。教师在教学中引入或创设一定的情境，是与激发学生的情感分不开的。情绪心理学研究表明，个体的情感对认知活动至少有动力、强化、调节三方面的功能。动力功能是指情感对认识活动的增力或减力的效能，即健康的积极的情感对认知活动起积极的发动和促进作用，消极的不健康的情绪对认知活动的开始和进行起阻碍抑制作用。在情境中学习就是要在学习过程中引起学生积极的健康的情感体验，直接提高学生对学习的积极性，使学习活动成为学生主动进行的、快乐的事情。情感对认知活动的增力效能，给我们解决目前中学生中普遍存在的学习动力不足问题以新的启示。

例如，高中思想政治学科核心素养的提出是基于当前教育教学改革的目标和要求，其为高中思想政治教学明确了发展方向。高中思想政治学科核心素养的培育必须要立足社会实践活动，创设相应的问题情境，让学生在关注社会的过程中探究社会，从而积极融入社会，为社会问题的解决提出相关的措施，从而培养学生热爱生活、关注国家的情怀。关注核心素养培养的教学与传统教学最大的差异在于对学生品质和能力的要求上。传统教学往往侧重学生对既定知识和既定答案的掌握、强化对既定结果的运用，而关注核心素养培养的教学则重点关注学习的过程和结果两个层面，并且要求学生能基于既定理论和既定常识对相关问题作出科学的分析，特别是让学生在学习参与中培育法治意识和公共参与意识。高中思想政治项目式教学是基于项目任务的一种自主、合作学习过程，侧重对学生学习过程和学习结果的融合，能够有效促进高中思想政治学科核心素养培养目标落地。

五 学科核心素养培养对项目式教学的要求

1. 开展以学生为中心的多元活动

就学生培养核心素养而言，仅凭教师讲解远远不够。培养学生的核心素养，离不开课堂教学内容。教师需要从课堂教学出发，结合教材内容，细化每一个知识点，从而制定相应的教学目标。也就是说，只有先制定出核心素养培养目标，才能导出接下来的学习重难点和学习计划，最终达成学习目标，并且促使学生形成良好的核心素养。与此同时，教师应挖掘生活中的素材和有关事件加入课堂教学，开展多种多样的活动，如在思想政治学科教学中组织学生进行社会问题调查研究、设立相关课题、撰写小论文、组织社会热点问题辩论等，提高学生的参与度，激发学生的学习热情。

2. 辨析式学习过程的价值引领

教学中要精选范例，通过实例分析提炼观点，在矛盾冲突中进行甄别、理解、深化、总结。例如在法制教育课程中，可以选择身边的案例进行分析，成立模拟法庭，由学生扮演原告、被告、审判人员和律师等，使学生身临其境地用所学知识进行实战演习，从而加深对教材知识的认识和理解；此外，还可以通过探究活动来拓展学生的视野和能力，如引导学生对一些社会性问题像噪声污染、光污染等进行问卷调查、结果分析、查阅文献，分析其形成原因和本质并提出解决方法。

3. 设计综合性教学形式

当前的教育改革要求学生将在课堂上学习到的知识重新运用到生活中去。以思想政治学科为例，在课堂教学中，教师就应该带入一些社会时事热点内容，拉近学生与社会之间的距离。在进行一堂课之前，教师可以根据教学内容，播放一些相关的影音资料，然后进行提问，让学生进行思考和讨论，再将得出的结论引入到课堂知识点中。如思想政治学科在讲授“市场秩序的维护”相关内容的时候，可以通过播放“315”节目的一些短片，让学生分组，一组扮演销售者，一组扮演消费者，一组扮演生产商，对到底谁是受害者、谁是责任方进行辩论，结合实际培养学生的理性精神。这样，就在很好地结合社会热点的同时，让学生更加深入地感受到书本与社会之间的关系。物理学科在开展相应物理学史教育活动时，可以通过表演情景剧的形式，让学生扮演不同的角色。生物学学科在关于细胞的教学中，可以让学生分角色立足细胞结构扮演不同的角色，开展情景剧表演。

4. 广泛开展系列化社会活动

知识来源于社会，学生应将学得的知识应用于社会。因此，参加社会化活动是培养学生学科核心素养必不可少的环节。以思想政治学科为例，学校应通过开展校外的综合实践活动，让学生感受思想政治学科学习的用处，培养公共参与意识和社会责任，积极履行公民的责任和义务。社会活动的开展，特别是社会实践活动的开展，能够将多种社会资源加以融合，并且让学生在接触社会的过程中，明确社会秩序遵循的必要性，提升社会存在意识，促进知识内化向行为外化的转变。

5. 强化学生的实践技能

理科项目式教学活动的开展基于实验技能的培养，借助项目任务推动学科实验活动的开展。为此，可以让学生走进实验室，或者借助实验设备开展室外的实验活动，如让学生借助相关理论的支撑，设计电梯加速度测量仪、水火箭、海水淡化装置、学校人工净化浮岛等。文科教学一般基于项目任务，借助实践活动推动学习的常态化与创新性。例如在高中思想政治学科教学中，开展共享单车的调研、露天烧烤的调研、走进企业看发展、地铁沿线调研等相关实践活动，促进理论与实践的结合，通过实践任务的拓展带动理论学习。

6. 聚焦生活，凸显开放性

项目式教学过程，依托的是对社会生活案例的探究。在这一过程中，教师要鼓励学生基于各种生活实例，围绕其中的焦点问题进行思考。让学生在网络搜索中了解各种信息，提高思维活动的独立性、选择性。知识的学习，特别是核心素养的培养，不能只局限于教材的知识灌输与知识搬迁，更应该让学生走进广阔的社会，通过开放性问题的探讨，依托于特定的社会任务，打造一种真情境，实现一种真学习，激发学生的学习兴趣，为学科核心素养的培养提供相应的途径与平台。

7. 化解矛盾，彰显引领性

项目任务的驱动和研究过程中，学生可能会因为想法的不同而出现各种矛盾和冲突。针对这个问题，教师要在项目任务的实施中提出典型问题，并鼓励学生提出自己的不同观点。学生还要尝试通过网络搜索的方式找到各种不同的观点，然后在探索中进行观点重建，从而完善自己的价值判断，提升核心素养。学科核心素养的培育过程，就是一个发现自身问题，解决相关问题，引导自身认同的过程。这一过程也是一个学习矛盾与生活矛盾的突破过程。教师可以借助学习能力的提升以及社会实践能力的提升，在学习问题或者生活问题的碰撞与解决过程中，深化学生的自我认知，从而实现学生的自觉践行。

8. 采取多元化课堂教学评价，促进学生个性生长

评价是课堂教学必不可少的环节，也是检测学生学习成效的有效手段。利用评价，教师可以判断学生的学习情况，起到一个反馈和调节的作用；还可以根据评价结果进行针对性教学，从而让课堂教学更加有的放矢。例如核心素养理念指导下的高中思想政治教学评价应该既关注学生的学习过程，也关注学生的学习结果，评价的内容应该是多样化的，评价的主体更应该是多元化的，如学生自评、学生互评、教师评价等。需要强调的是，整个评价过程应该坚持以人为本，以全体学生为本。在课堂教学过程中，教师不仅要对学生基础知识和基础技能进行检验，而且要针对学生的实际进行教学目标的设计，采取综合性的全面评价，促进学生全面发展，提高学生的核心素养。

第2章 青岛三十九中项目式教学探索

第1节 青岛三十九中项目式教学研究总体实施进程

一 项目式教学研究实施进程

学校的项目式教学研究总体实施进程经历了三个阶段：第一阶段，开展特色化办学，创建海洋教育课程体系，实施海洋教育；第二阶段，将海洋教育教学成果的课题研究经验融入国家课程，实施国家课程课题化教学；第三阶段，为落实立德树人根本任务，达成核心素养培养目标，全面开展国家课程项目式教学。

1. 第一阶段，开展特色化办学，创建海洋教育课程体系，实施海洋教育

自山东省实施高中新课程改革，强化学生综合素质培养以来，学校于2008年开始，积极开展讲座、参观、考察、公益课堂等海洋特色实践活动；联合涉海大学、科研院所及企业等，创建海洋师资团队；建立与大学及科研单位合作育人机制，开发并建立了基础课程＋拓展课程＋实践课程“三位一体”的海洋教育课程体系，面向全体学生培养海洋意识，提升科学素养。

2008年，武剑英老师和周明峰同学作为唯一被邀请的中国代表，参加国际北极科考活动。2011年4月，学校成为国家海洋局授予的全国首个“海洋意识宣传教育基地”；2011年5月，组织全国首次中学生海洋科考活动，中央电视台、山东电视台、青岛电视台等给予报道；2011年9月，全国首个“海洋教育创新人才培养

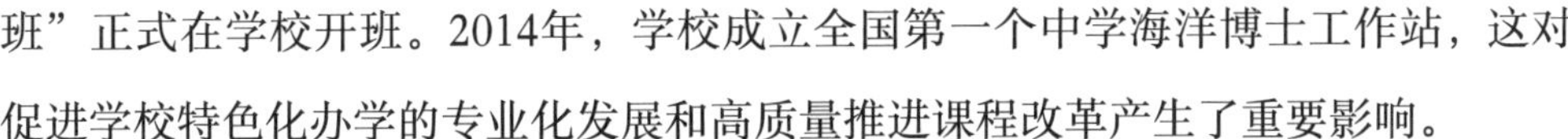

班”正式在学校开班。2014年，学校成立全国第一个中学海洋博士工作站，这对促进学校特色化办学的专业化发展和高质量推进课程改革产生了重要影响。

2. 第二阶段，将海洋教育教学成果的课题研究经验融入国家课程，实施国家课程课题化教学

自2015年起，学校在海洋教育课题研究成功促进学生全面发展的基础上，以教研组为单位，积极开展国家课程课题化教学的实践探索，设计各学科课题化课程方案。一个模块或单元设计1～2个课题，学生通过课题研究的学习方式，探索、实践、体验学科的核心概念和原理。经过2年多的探索，各学科梳理出课题清单，编写出课程方案，设计好教学目标，确定好教学内容和课堂教学组织形式等。每学期各学科开设两节研究课，逐渐解决课题化教学实施过程中出现的问题，教学效果显著。基于海洋教育和课题研究实践方面的丰富经验，为了进一步培养学生的科学素养，学校正式建立与大学合作育人机制，共同合作，探索用国家课程课题化教学促进学生素养发展。

2016年12月25日，由山东省基础教育课程研究中心主办的2016“学校自主变革”论坛暨高中课程重构与教学创新研讨会在青岛黄海饭店举行，全省17地市以及部分省外教育部门及学校代表观摩学习。青岛三十九中作为课程改革的先进典型单位，做了学校专场展示交流，对课题化教学进行汇报。

3. 第三阶段，为落实立德树人根本任务，达成核心素养培养目标，全面开展国家课程项目式教学

北京师范大学基于对青岛特别是青岛三十九中积极推进教学改革的成就，决定以青岛三十九中为试点单位，与青岛市教育局开展“基于项目式教学促进学生核心素养发展的课程整合及课堂教学改进实践研究”合作项目。2017年7月10日，北京师范大学、青岛市教育局和青岛三十九中三方签约合作项目，共同探索在国家课程下用项目式教学促进学生核心素养发展的实践研究。

2017年7月11日，北京师范大学首批专家团队进入青岛三十九中校园，对九个学科教研组进行深层诊断指导。同时，“北京师范大学教育实践基地”也落户青岛三十九中，北京师范大学后期选派优秀大学生跟岗实习。

2017年下半年，北京师范大学分批组织专家入校，指导九个学科项目式教学

的设计与实施，进行项目式教学的课例研讨。

2017年12月14日至15日，在学校召开了核心素养导向的学科课堂教学改进研究暨“山东—北京—福建”三地名师名校长交流活动，在全省范围内推广青岛三十九中“基于项目式教学促进学生核心素养发展的课程整合及课堂教学实践研究”的初步成果和经验做法。

2018年3月，为推广青岛三十九中的成功经验和做法，由山东省教育科学研究院、北京师范大学教育团队、青岛市教育局主办了“山东省项目式教学与教师专业发展现场会”。九大学科分别以项目式教学的新型课堂教学模式进行两节展示课的示范，向山东省各市县教育科学研究院负责人、高中学校校长、骨干教师等700多人分享了我校的经验和做法，受到一致好评。

2020年7月，青岛三十九中又被教育部确定为首批新课程新教材实施国家级示范学校，成为山东省仅有的三所国家级示范校之一。

二 主要解决的问题

学校采用项目式教学创新实施国家基础课程，以“创新实施国家课程、开发设计支持系统、建立各类实践平台、实施网络化教学管理、项目式课程整合和课堂改进”为主要内涵元素，从根本上解决普通高中学生面临的学习兴趣和研究性学习能力不足、有效沟通能力不强、创新能力缺乏及职业规划能力较弱等诸多问题，使学生获得终身发展和适应社会发展所需的必备品格和关键能力，提高了人才培养的质量和针对性。

1. 学习兴趣不足

部分学生进入高中之后学习兴趣下降，缺乏明确的学习目标和自主预习、复习的习惯，属于被动学习型。学习兴趣不足跟教育教学方法单一、教学内容素材陈旧以及对学生学习效果的评价方式单一有很大关系。

项目式教学选取学生感兴趣的生活中的现象和问题作为项目探究点，学生就会积极地投入项目相关的各种活动中，喜欢思考问题，喜欢阅读相关的书籍，主动查阅有助于项目开展的资料等。

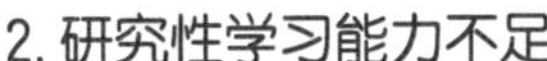

2. 研究性学习能力不足

目前，基础教育存在学生的素质结构性失衡的问题，即基础知识素养特别是基础知识的教育过度，而高阶素养的培育严重不足，从而导致学校虽设有人文课程但学生仍缺乏人文情怀，虽开设科学课程但学生仍缺乏科学精神。学生综合运用已学知识提出问题、解决问题的能力缺乏，动手能力弱，缺乏探索事物真相的兴趣，更谈不上激发创新精神。

3. 有效沟通能力不强

21世纪的社会更加复杂、变化更快、竞争加剧、不确定性增加，在这种背景下，唯有合作才能有效应对社会发展所带来的一系列变化，而人与人之间的合作应当具备有效沟通能力。有效沟通能力既包括基本的语言能力，也包括认识他人和自我的能力，是与人相处、协同合作的必备能力。然而，目前学生的沟通能力不容乐观：他们和同学友好相处、互相帮助的社交能力较弱；核心素养要求的口头和书面交流能力，也都存在一些问题；学生无法较好地处理个人与集体的关系，容易出现在群体中被孤立、不合群、独来独往等现象。

4. 创新能力缺乏

学生好奇心不足、想象力缺乏是学习中最容易出现的问题。其根源就在于他们缺少创新思维能力。批判性思维能力是创新思维的基础和前提，其核心是独立思考和逻辑推理。缺乏批判性思维，就会对创新人格的培养造成不利影响。学生的探索与尝试有一定局限性，就不能完全集中体现出学生的智慧水平与创造能力。

5. 语言表达能力不足

语言表达能力一直是学生的基础素养的反映，更是参与社会交往不可或缺的基本技能。部分学生在课堂上不能积极地参与到研讨和展示表达中，长此以往，其组织语言的能力、输出信息的能力就会显现不足。一个人的语言表达直接影响其有效沟通的能力，这项能力的不足可能会导致学生未来的职业能力弱化。

2018级刘兰欣同学在做完“青岛市105路公交车线路及发车间隔合理性调查”之后感慨地说：“第一次到公交车上询问乘客对发车间隔的意见及建议时，我们小组同学真的很难张开口，有些提问也是语无伦次的，在面对乘客的反问时我们竟无言以对，真的很尴尬。两个多小时的调查锻炼了我们的胆量、语言表达和应变能力。如果再来一次这样的调查研究，我想我们会做得更好。”

第2节　学校海洋特色教育研究

《国家中长期教育改革和发展规划纲要（2010—2020年）》中明确提出鼓励普通学校特色化办学。学校利用地处沿海得天独厚的海洋资源和中国海洋大学附中的优势教育资源，将中学海洋教育作为学校特色化发展方向。经过10多年的探索与实施，学校整合海洋教育优势资源，搭建海洋课程实施平台，构建了一套以实践性学习、体验式学习和探究性学习为主要学习方式的海洋教育课程体系；通过课程的顶层设计、过程性评价、学分制认定，激励学生系统高效地完成相关课程的学习，形成了以兴趣激发学习动力、提升学生科学素养、实现中学与大学的有效衔接的海洋特色教育，实现学校教学水平的全面提升。学校实施海洋教育的成果荣获国家级教学成果二等奖、山东省基础教育教学成果特等奖。

一　学校海洋特色教育开展的背景

1. 创新人才培养的需要

对于创新人才的内涵，日本学者恩田彰指出：“创新人才就是能够构思和创造有价值的东西，具备创造能力。”在现有的评价方式和选拔方式下，基础教育在创新人才培养方面存在诸多问题：一是学生缺乏学习兴趣，或者学生的兴趣点在现有的课程体系中得不到体现；二是片面强调知识学习，忽略了学生实践能力和创新精神的培养；三是与高等教育脱节，学生缺乏对未来专业选择和职业规划的了解。这与《国家中长期教育改革和发展规划纲要（2010—2020年）》提出的培养创新人才要求相差甚远。问题即机遇，在新课程改革形势下，学校抓住校本课程开发这一重要环节，适度改变学习内容、学习方式和评价方式，以激发学生

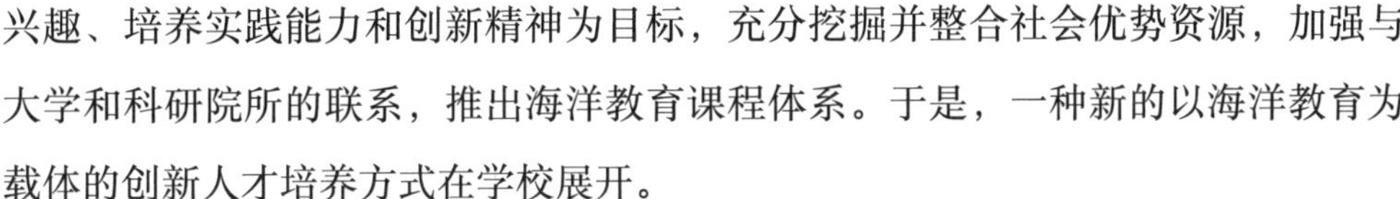

兴趣、培养实践能力和创新精神为目标，充分挖掘并整合社会优势资源，加强与大学和科研院所的联系，推出海洋教育课程体系。于是，一种新的以海洋教育为载体的创新人才培养方式在学校展开。

2. 国家海洋强国战略的需要

我国是一个陆域大国，也是一个海洋大国，迫切需要建立国民海洋教育体系，加快推动海洋教育进学校、进课堂、进教材，全面提高国民海洋意识与探究海洋的行为能力。这需要从教育学科的视角，从基础教育阶段开始开展个体海洋行为能力与责任、海洋意识培养、海洋科技与文明建设以及海洋探究能力培养的系列研究。

3. 得天独厚海洋优势资源的驱动

青岛作为中国著名的海洋科技城，海洋科研氛围浓厚。中国海洋大学、国家海洋局北海分局、中国水产科学院黄海水产研究所、自然资源部青岛海洋地质研究所、国家海洋局第一海洋研究所、中科院海洋研究所等涉海研究机构众多，学术优势突出。极地海洋世界、青岛海洋科技馆、海军博物馆、中华人民共和国水准零点等众多海洋科普基地吸引了广大青少年的目光，海洋科普教育氛围浓厚。青岛市正深入实施“环湾保护、拥湾发展”战略，加快蓝色经济区与高端产业聚集区建设，社会发展期盼着海洋创新人才培养的新突破。

作为中国海洋大学附属中学，学校在“蓝色海洋教育”软硬件建设、师资队伍、课程建设、实验考察等方面拥有独特的资源优势。支持附中发展，普及海洋科学知识，激发学生探索海洋的兴趣，为涉海高校输送具有一定专业素质的创新型人才，也是中国海洋大学及有关高校自身发展的需求。

4. 中学海洋教育深入化发展的需要

在海洋教育实践研究方面，山东、浙江、辽宁、福建、海南、河北等沿海省份中学阶段的海洋教育实践和研究已有全面铺开之势。例如，山东省青岛市创建了 100 所海洋教育特色学校，打造区域性海洋教育品牌；浙江省舟山市普陀区教育局将海洋教育在全区中小学校推广；自2015年开始，海南省全面推行中小学海洋意识教育教材，课程覆盖2500多所小学，490多所中学。然而，中学阶段学生课业压力重，对海洋教育师资水平要求高，海洋教育深入发展进程缓慢。海洋地方课程及校本课程开发、学科课程整合、教师与学生评价等多个领域的研究还不够系统和体系化。同时，自改革开放以来，经过40多年的发展，中小学海洋教育的内容从起初海洋知识的渗透、海洋意识的培养到兼顾海洋素养提升的全人教育观，其海洋教育的内容和目标更加清晰，这对中学海洋教育的开展和实施提出了更多的要求。

二 学校海洋特色教育发展历程

学校不断探索和发展海洋特色教育的历程大致可以分为以下三个阶段。

1. 适应新课程改革需要，发挥大学附中资源优势，发展学生综合素质，利用海洋实践活动培养学生海洋意识阶段（2004—2008年）

2004年，山东省实施高中新课程改革，强化学生综合素质培养。此阶段学校海洋特色教育发展的主要特点是发挥大学附中优势，开展专家讲座、参观大学实验室等活动；借助青岛独特的海洋科研资源，开展海洋公益课堂进校园、海洋类社会实践等活动。

2. 服务海洋强国战略，有效整合社会资源，海洋特色教育实现课程化阶段（2009—2012年）

这一阶段，国家提出“发展海洋经济，建设海洋强国”的目标。此阶段主要特点是创新师资队伍建设，组建海洋特色教育专兼职教师团队；正式建立与大学及科研单位合作育人机制，通过整合海洋特色教育优势资源，创建海洋课程体系，面向全体学生培养海洋意识，提升科学素养。

3. 海洋教育的进一步深入实施阶段，提升学生科学素养，引领全国中学海洋教育阶段（2013年至今）

此阶段总结前期海洋特色教育活动经验，扩大海洋班招生班额，促进了学生科学素养的提升，同时辐射带动青岛市、山东省乃至全国的中学海洋教育。

三　学校海洋特色教育的实施保障

1. 构建多元化和分层教育的海洋课程体系

在海洋课程设计上，依据学生的认知规律和发展特点，以培养学生的专业兴趣、专业基础、专业志向和"求知、探索、实践"能力为主要目的，实行多元化教育内容和个性化培养目标，开设拓展课程。以海洋科学内容为主线，将大学课程体系与中学课程体系整合，开展每周的海洋科普讲座，激发学生对海洋的兴趣，学习海洋知识和海洋文化。以参观考察、海洋科考、课题研究、海洋游学等形式，以深度体验和实验探究为主要手段，培养学生的实践能力和创新能力。

2. 建立完善的制度保障体系

学校在国家海洋局、青岛市教育局、中国海洋大学、驻青涉海科研单位的支持下，制定了《青岛三十九中（海大附中）海洋教育创新人才培养工程实施方案》以及与之相配的"课程方案""三年发展规划""海洋教育班招生方案"，不断完善《青岛三十九中（海大附中）海洋教育基地建设实施方案》《青岛三十九中（海大附中）海洋实践活动实施方案》《青岛三十九中（海大附中）海洋科学研究创新人才培养班研究性学习课题研究实施方案》《学生海洋教育课程学分认定管理办法》等20多项培养、保障制度，形成了海洋教育创新人才培养的基本思路。

3. 建立专门的组织机构

专门成立海洋教育研究室，负责学校海洋教育的顶层设计：制订学校的海洋特色教育工作计划，撰写海洋特色教育工作总结；组织实施海洋特色校本课程、教材、研究性学习的开发；形成系列化海洋教育创新人才培养方案，组织开展海洋教育系列活动，不断完善科考、游学基地；定期开展海洋教育系列讲座、实践活动；指导学生进行课题研究；建立海洋教育活动评价方案；做好海洋实验室、海洋图书馆、档案室的配置和管理工作。

4. 搭建海洋特色教育的实施平台

整合青岛海洋优势资源，与涉海大学、科研院所及企业签订《海洋教育联合育人协议》。目前近30家涉海单位成为学校校外海洋教育基地；与海洋教育基地联合建立校内海洋科普基地，如郑守仪院士实验室、海洋生物标本馆、海洋生物科技馆、海洋调查实验室以及科考连线教室等；建立了海洋生物、海洋化学、海洋水产养殖、海洋地质等7个专业实验室，为学生开展实践课程提供必要条件；聘请驻青涉海高校、研究机构的100多位海洋专家学者组成海洋教育师资团队；成立博士工作站，每年有30多位博士生指导学生进行课题研究，保障海洋课程的顺利开展。

四 学校海洋特色教育的具体实施

学校海洋特色教育以基础课程＋拓展课程＋实践课程“三位一体”的海洋特色课程体系为依托，实现了“每周一节海洋校本课程，每月一次海洋实践活动，每学期一次课题研究，每年一次海上科考活动，每年一次国内外游学活动”的常态化学习模式。

1. 基础课程

这里的基础课程即国家课程，严格按照国家课程标准完成的必修基础课程。通过生物学、地理、物理、化学、思想政治等必修课程，进行潜移默化的海洋教育渗透，力争做到结合学科教学渗透海洋知识、培养海洋意识、传承海洋文化，最终树立学生保护海洋和合理开发海洋的责任感。

2. 拓展课程

拓展课程是以海洋科学内容为主线，将大学部分课程体系与中学课程体系整合，包括海洋知识讲座和海洋学校课程，加强学生对海洋知识的储备，以学生现有认知为基础激发学习兴趣、渗透海洋知识、培养海洋意识、传承海洋文化。

高一以每周一次海洋科普讲座为主，由涉海高校或研究所特聘专家授课，内容包括海洋科学概论、大洋科考、海洋地质、水产养殖、海洋生态、海洋食品、海洋矿产、海洋生物以及其他类专题（表2-2-1），每学期18节。高二主要由本校学科教师授课，利用学校教师自己开发的校本教材，开设海洋地理、海洋物理、海洋化学、海洋文学和海洋生物等选修课，学生自主选课；每周一次课，同一时间开课，学生选择其中一门课学习，每学期18节。

表2-2-1　海洋科普讲座专题化学习课程列表

海洋科普讲座（海洋科学概论类）		
主讲专家	专家简介	讲座内容
方海超	博士，中国科学院海洋研究所	海洋地质科普
哈承旭	青岛水族馆海洋生物学专业工程师	认识海洋从这里开始
李俨	博士，中国科学院海洋研究所	海洋资源化学浅谈
马爱军	黄海水产研究所研究员	大有前途的海水鱼类养殖业
秦秉斌	博士，中国科学院海洋研究所	二氧化碳与全球变暖
沙珍霞	博士，黄海水产研究所研究员	海洋渔业科学技术与蓝色经济
史宏达	教授，中国海洋大学工程学院院长	海洋——科学与技术的舞台
王启栋	博士，中国科学院海洋研究所	海洋化学科普
吴立新	院士，中国海洋大学教授	二十一世纪的海洋科学：责任和挑战
干焱平	教授，中国海洋大学军事教研室主任	海洋权益与中国
白晓歌	博士，青岛三十九中海洋课程教师	海洋课题科学方法论
海洋科普讲座（大洋科考类）		
主讲专家	专家简介	讲座内容
张宝明	国家海洋局、中国大洋协会“大洋一号”船政委	中国大洋科考简介
刘心成	国家海洋局北海分局副局长（深潜参试团队临时党委书记）	中华民族挺进深海的伟大壮举
白晓歌	博士，青岛三十九中海洋课程教师	“走近南极”
海洋科普讲座（海洋地质类）		
主讲专家	专家简介	讲座内容
何起祥	教授，青岛海洋地质研究所科技咨询委员会名誉主任，CCOP终身荣誉顾问	海洋地质与地学革命
何起祥	教授，青岛海洋地质研究所科技咨询委员会名誉主任，CCOP终身荣誉顾问	恐龙灭绝之谜

续表

刘锡清	研究员，原青岛海洋地质所地质研究室主任	海洋岛屿
印萍	青岛海洋地质所研究员	海洋地质灾害
海洋科普讲座（水产养殖类）		
主讲专家	专家简介	讲座内容
常青	博士，黄海水产研究所副研究员	海水仔稚鱼的营养与饲料
蒋增杰	博士，黄海水产研究所副研究员	海水鱼类的网箱养殖及其可持续发展
栾生	黄海水产研究所研究员	水产动物新品种选育研究进展
孟宪红	黄海水产研究所副研究员	遗传育种技术对经济水产生物的开发和利用
徐永江	黄海水产研究所助理研究员	五彩缤纷的海洋经济鱼类
海洋科普讲座（海洋生态类）		
主讲专家	专家简介	讲座内容
崔正国 李永霞	博士，黄海水产研究所副研究员	低碳生活与海洋环境保护
单秀娟	博士，黄海水产研究所副研究员	我国海洋鱼类资源及其现状
叶乃好	博士，黄海水产研究所副研究员，硕士研究生导师	绿潮肆虐世界沿海——以中国黄海绿潮为例
叶思源	博士，青岛海洋地质研究所研究员	芦苇作为可再生资源——价值、管理、生产、意义
张波	博士，黄海水产研究所副研究员	海洋生态系统
张绪良	教授，青岛大学师范学院地理系环境科学专业硕士生导师	滨海湿地的价值和保护
周斌	副教授，中国海洋大学海洋生命学院	海洋生态环境保护与有害赤潮
海洋科普讲座（海洋食品类）		
主讲专家	专家简介	讲座内容
张庆利	博士，黄海水产研究所副研究员	病原微生物检测技术研究和展望

续表

曹荣	黄海水产研究所副研究员	海洋食品的营养与功能
姚琳	博士，黄海水产研究所研究员	漫谈水产品质量安全
海洋科普讲座（海洋矿产类）		
主讲专家	专家简介	讲座内容
莫杰	研究员，原青岛海洋地质所科技处处长、学术委员会副主任	海底有什么矿产资源
		海洋矿产和油气资源
		地球：人类的家园
		石油干枯了怎么办（一）
		石油干枯了怎么办（二）
		可燃冰资源
海洋科普讲座（海洋生物类）		
主讲专家	专家简介	讲座内容
郑守仪	院士，中国科学院海洋研究所	大海中的“小巨人”
李秋芬	黄海水产研究所研究员	海洋中神秘而强大的微生物
李艳	国家海洋局第一海洋研究所研究员	海洋现象——赤潮与绿潮
沙珍霞	博士，黄海水产研究所研究员	鱼类细胞培养及应用
史成银	黄海水产研究所研究员，博士研究生导师	海洋生物健康漫谈
谭玉龙	博士，青岛市科学技术信息研究所	与超级细菌的决斗
王清印	研究员，黄海水产研究所所长	奇妙的海洋生命现象与海洋生物资源利用
吴强	博士，黄海水产研究所副研究员	黄渤海渔业无脊椎生物种类及生物学特征
张继红	博士，黄海水产研究所研究员	神奇的海洋贝类
机器人技术类		
主讲专家	专家简介	讲座内容
王艳玲	机器人设计和制作专家	解密“单片机”的奥秘
杨光	工程师，机器人制作专家	智能机器人

3. 实践课程

面向海洋班学生重点开设实践课程，突出海洋人才培养。实践课程采用集中与分散相结合的弹性课时制，利用周末、法定节假日、寒假、暑假等时间，采取见习游学、沙龙讲坛、参观考察等形式，进行丰富多彩的海洋实践活动。

（1）海洋实践考察

海洋实践考察是学校海洋教育实践课程的重要组成部分。在学校海洋教育研究室教师和外聘专家的带领下，每月一次，利用周末休息时间进行，联系涉海企事业单位、科研院所实验室、科考船、科研基地、港口码头、海底世界等，进行参观考察。通过下面几个活动案例，展示海洋实践课程对学生成长的影响。

①海洋班学生与“蛟龙”勇士面对面。海洋班同学参加了“《蛟龙入海》——‘蛟龙’号载人潜水器5000米海试”的电视访谈节目。在访谈中，学生与深潜勇士面对面交流；航天英雄杨利伟通过电话连线参与了访谈。这次活动使这些朝气蓬勃的青少年学生深刻体会到了“载人深潜精神”，这是他们未来人生事业发展不可多得的一笔财富。

②参观学校海洋教育实践基地。海洋班学生参观中国水产科学院黄海水产研究所的海水养殖遗传育种中心。通过本次活动，学生亲身体验了鱼类和虾类幼苗的整个饲养和培育过程；参加中国海洋大学举办的以“关注海洋，面向世界”为主题的“科学·人文·未来”论坛；参加“海大出版杯”海洋科普知识答题竞赛活动，学校多名学生获奖。

③参加“大洋一号”环球科考凯旋欢迎仪式。执行中国大洋环球科考任务的“大洋一号”船，在跨越印度洋、大西洋和太平洋三大洋航行后，顺利返航，举行欢迎仪式。学校作为唯一的一所中学代表，受邀参加此次仪式。海洋班学生为进行了长达368天海上科考的科考队员送上鲜花并登上科考船，现场参观难得一见且丰富多样的深海海底矿物样品。这类活动让学生能够近距离接触海洋研究，激发学生对海洋开发技术的兴趣，使学生对海洋勘探事业有了更多的向往。

④学生海洋意识发言载入《中国海洋报》。2012年由国家海洋局主办、青岛三十九中（海大附中）承办的大型海洋文化纪录片《走向海洋》观片座谈会在中国海洋大学学术交流中心隆重举行。在座谈会上，来自中国海洋大学、青岛三十九中等青岛市首批海洋教育特色学校的师生畅谈了观片感受。《中国海洋

报》用整整一个版面刊登了青岛三十九中海洋班师生的观片感受。

（2）海上科学考察

在自然资源部北海局（原国家海洋局北海分局）的大力支持下，每年5月份，学校举办以“蓝色畅想、海洋探秘”为主题的海洋班海上科考实践活动。在科考活动中，通过专业教师的指导，学生亲自动手实验，对青岛近海水体温度、盐度、水色、pH以及浮游动植物种类等项目（图2-2-1）进行检测分析，并完成海上科考实验报告，让学生近距离了解海洋科学研究，通过培养学生的动手能力进一步提升学生对海洋的认知力和探知欲。

师资：自然资源部北海局科研人员和学校海洋教育研究室教师。

方式：由自然资源部北海局提供大型海洋考察船，来自北海局的专家随船进行学术讲座和科考指导。一般每次设六个科考实验项目。

时间：每年5月份的一个周末。

一　海上科学小实验

1. 测海上风力、风向

2. 测海水透明度和水色

3. 采集海水样品

二　海上现场小课题探究

1. 探究不同水体深度温度以及盐度变化规律

2. 水体pH方法探究及应用

3. 研究青岛近海水域浮游植物的种类及分布情况

4. 研究青岛近海浮游动物的种类及分布情况

图2-2-1　青岛三十九中（海大附中）海上科学考察任务单

（3）海洋游学

在自然资源部宣传教育中心的大力支持下，学校每年夏季举办美国海洋游学活动。在为期15天的活动中，师生参加卡特琳娜岛上野外生存，进行浮潜观测鱼类和划皮划艇出海观测鸟类等活动。在活动结束后，他们将自己的日记整理成文章，发表在《海洋世界》科普杂志上（图2-2-2）。目前，中学生海外海洋游学活动成为我校常态化的海洋实践活动之一，有更多的学生有机会走出国门增长见识，培养学生的国际合作意识和全球化视野。

师资：学校教师、美国合作方教师。

方式：由学校统一组织赴美国进行海洋游学。内容包括参加美国海洋夏令营、参观海洋公园、与美国知名大学学生互动交流、浮潜和皮划艇训练、野外生存技能培养等。

时间：每年7、8月份之间。

［1］王乐群. America Summer Camp［J］. 海洋世界，2016（10）：78-79.

［2］江世鹏. 美国卡特琳娜岛之行——卡特琳娜岛所见、所闻、所感［J］. 海洋世界，2016（08）：78-79.

［3］赵龙杰. 美国的船坚炮利，非一日之功［J］. 海洋世界，2016（04）：78-79.

［4］李乐. 人生终要有一场触及灵魂的旅行——参加美国海洋游学有感［J］. 海洋世界，2016（03）：50-51.

［5］林杏. 印象卡特琳娜［J］. 海洋世界，2016（02）：76-77.

［6］李卢亘. 踏破红尘千万路，人间至美却在蓦然回首处——致卡特琳娜岛［J］. 海洋世界，2016（11）：78-79.

图2-2-2　2015年美国海洋游学活动本校学生发表文章情况
（文章均被中国期刊网和国家新闻出版总署收录）

（4）课题研究

课题研究通过实验技能培训、课题开题报告、实验过程记录表、结题报告、答辩以及学校课题研究综合评价等多种形式进行过程性评价，并以学分制加强对学生的评价引导；自然资源部宣传教育中心和中国科学院海洋研究所为学校学生课题研究专设“海洋科研未来之星”课题奖金。自2012年起，连续6年，学校聘请涉海院所海洋专家作为评审委员，根据学生的开题汇报、课题报告评估和结题汇

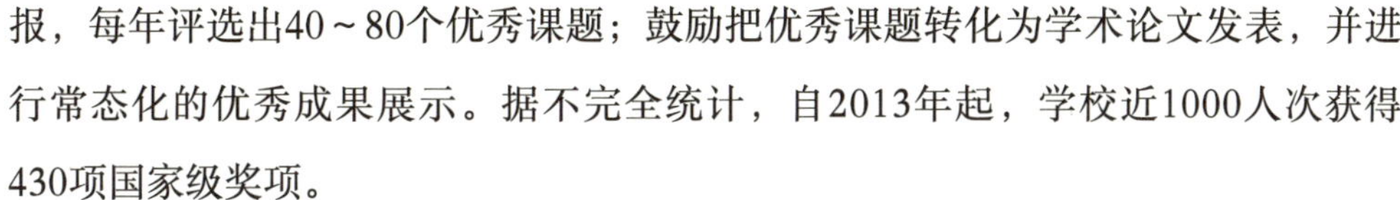

报，每年评选出40～80个优秀课题；鼓励把优秀课题转化为学术论文发表，并进行常态化的优秀成果展示。据不完全统计，自2013年起，学校近1000人次获得430项国家级奖项。

五 探索实践多元化学习方式

1. 专题化学习

专题化学习是围绕培养目标，通过课堂学习内容的专题化和校外实践活动的专题化，有目的、有计划地开展学习活动；通过海洋科普讲座的形式，制订专题学习内容，采用先总述后分述，由浅入深，让学生更有效地形成海洋知识结构。同时，通过校外海洋实践基地参观、海上科考和海洋游学等实践课程，以“海洋专题学习任务单”的形式加强引领，推进学生对海洋知识的学习和海洋文化的理解。专题化学习内容通过笔记记录、查找资料、组内交流、小组合作、自主探究提出问题的学习方式，以学生的学习手册、考察报告以及科考报告作为主要参考，认定学分，在培养学生海洋意识的过程中提升学生的科学素养。

2. 问题化学习

问题化学习是通过问题激发学生的兴趣，驱使学生积极思考，参与学习过程，在积极寻求答案的过程中逐渐学会理解知识和建构知识，提升学生科学素养。这一学习方式主要在高二、高三年级开展。学生通过高一年级课题研究能力积累和海洋综合实践活动任务单，将平时关注的海洋热点或现实问题具体化形成课题，强调学生自己独立确定课题方向、制订研究方案、开展课题研究、完成对问题的解决。

3. 课题化学习

课题化学习是学生开展的海洋专业研究性学习活动。以学生小组为单位，强调专业指导老师的指导，以实验课题研究为载体，注重在实践过程中，提升学生的实验基本技能，构建科学研究思维方法。该学习模式应用于对海洋有浓厚兴趣的高一学生。学校博士工作站的博士生每年为学生定制“海洋课题研究单”（以2014级为例，见表2-2-2）。学生依据兴趣选择课题，在科学研究过程中学习科学方法，培养学生的科学精神。

表2-2-2　青岛三十九中（海大附中）2014—2015年度博士工作站课题单

序号	题目	指导教师	单位
1	海洋动物的亲子鉴定	赵雪琳（博士）	海大水产学院
2	海蛎子——生命的诞生	姜群（博士）	海大水产学院
3	微观下的世界——精卵的成长之路	王昌勃（博士）	海大水产学院
4	海洋生物的DNA身份证	仲晓晓（博士）	海大水产学院
5	贝壳间的微观世界	袁梦琪（博士）	海大生命学院
6	海藻中的“小不点”——微藻的生活	董文龙（博士）	海大生命学院
7	奇特的海底森林——大叶藻种子萌发探秘	王明（博士）	海大生命学院
8	美味的海洋蔬菜——紫菜多糖的一生	曹敏（博士）	海大生命学院
9	海洋生物活性物质——改变我们的生活	张沛（博士）	海大生命学院
10	海洋中的甲壳多糖	邵凯（博士）	海大生命学院
11	海洋生物纳米运输工具	高萍（博士）	海大生命学院
12	海洋微生物的多彩世界	车茜（博士后）	海大医药学院
13	一段核酸对胚胎的影响	荣小至（博士）	海大医药学院
14	探究甲壳素的提取方法及其在不同壳类中的含量	赵峡教授	海大医药学院
15	从藻类中提取生物乙醇	韩峰副教授	海大医药学院
16	从褐藻中提取甘露醇	刘红兵副教授	海大医药学院
17	来自海洋的年轻密码——鱼皮胶原活性肽	陈芊汝（博士）	海大食品学院
18	蜈蚣藻次级代谢产物研究	史大永研究员	中科院海洋所
19	区分敌我——牡蛎的免疫识别机制	张晅副研究员	中科院海洋所
20	有备无患——鱼类疫苗的研究	胡永华副研究员	中科院海洋所
21	水母的蜇伤武器——毒素	于华华副研究员	中科院海洋所
22	海洋鱼类的主食之一——多彩的浮游动物	张芳副研究员	中科院海洋所
23	从地质学角度认识海底泥的组成	万世明研究员	中科院海洋所
24	软体动物神经系统的发生	周智副研究员	中科院海洋所
25	无形无量——海洋环境中金属材料的噩梦	万逸助理研究员	中科院海洋所

课题研究聘请专业指导教师，由博士工作站的相关专业博士担任。专业课程指导教师针对课题小组（5～7名学生组成），对各个课题的方案进行可行性分析，并负责具体课题的指导，包括开题报告撰写、实验方案修改完善、实验方法改进、开题指导、实验操作、实验报告撰写、结题指导等；通过实验技能培训、模拟实验测试、实验过程记录、撰写论文、答辩、学生课题研究综合评价表等多种形式进行过程性评价。

同时，由学生主导的各种海洋社团、课题研究，利用实践探究，设计体验等方式开展活动，提高了学习兴趣，培养了动手实践能力、合作意识、科学精神等，为学生在高等教育阶段接受更高层次的培养奠定基础；以学生意愿为主导，学校引导学生积极参加全国海洋知识竞赛、全国海洋文化设计大赛、全国畅想未来海洋征文大赛、优秀课题评选、专业学术论文发表等活动。

六　中学海洋特色教育的实现功能

1. 以兴趣激发学习动力

兴趣是学校开展海洋特色教育的切入点，兴趣激发学习动力，是学生主动学习探究的最有力的源泉。学校开展海洋特色教育，围绕培养海洋意识开展综合实践活动，包括海洋课题研究、海上科考、海洋游学等内容丰富的课程。在专业导师的指引下，开展探究性、实践性课程，激发学生对海洋文化、海洋科学、海洋精神的兴趣，激发学生深层次学习的动力。例如，目前主攻海洋地质专业的2017届毕业生刘喆昊在完成为期八个月的海洋课题研究“探究青岛浮山湾第三海水浴场沙滩侵蚀原因与防治”后，写道：

课题研究给我带来的一个体验是兴趣的培养。我在探寻这条路的途中，经历的各种各样的事不能不让我对海洋动力学充满了憧憬。我想，大海的规律，也就是深深地藏在这个学科里的。大到世界洋流，小到一片波浪，都离不开海洋动力，它那么深奥，那么神奇，充满了乐趣！我多么希望以后能在这方面有更多的研究和学习。

2. 实现中学教育与大学教育衔接

中国海洋大学前任校长管华诗院士曾感叹，虽然本校学生是全国高考中的佼校者，但许多学生培养潜力不大，缺乏对海洋专业的兴趣和海洋专业基础，对毕业后是否从事海洋领域的工作也不明晰。

学校的海洋教育通过校本选修课程的形式适当开设大学预科课程，注重海洋学科分类，以海洋专家科普讲座的形式，让学生了解大学相关专业领域内容如海水养殖、海洋地质、海洋物理、海洋生态、海洋生物、海洋食品等，开阔学生眼界，激发学生兴趣；通过涉海院所专业导师“一对一”指导学生小组开展个性化的专业海洋课题研究，让学生更加深入地了解相关专业，并实现对学生生涯规划的指导。海洋学科的领域性和专业性，是学校海洋教育所凸显的特质。它让学生对未来专业志向的选择更加明晰。据海洋班在校学生问卷调查统计，75.9%的学生对大学的专业选择方向和未来职业规划是清晰的；对海洋班220名毕业生追踪调查发现，考取与本科专业相关研究生的学生人数比率高达89.43%。学生带着专业兴趣、专业志向和专业激情升入高校或继续深造，学生的潜能会得到更好的开发。

3. 实现意识教育向素养教育的转变

在开展海洋教育初期，普遍是通过各种形式的海洋活动，以实现受教育者了解海洋、认识海洋、珍惜海洋资源等一系列的海洋意识层面上的教育功能。学校开设的海洋教育课程将其教育功能进一步深化。针对中学生抽象思维和逻辑分析能力的水平，更加注重实践探究型课程。学生通过课题研究或项目设计的形式，走进我校海洋专业实验室或者指导老师所在实验室，对社会热点问题进行分析，开展了大量深入的科学实验探究。例如，刘熠航小组利用海藻酸钠微球无毒、易漂浮且在胃部易停留的特点，针对慢性胃病治疗研制出吸收更高效的胃药制作工艺；张宸韬小组鉴于校园中曲面鱼缸壁难清洁的问题，设计并制作出曲面鱼缸磁力缸刷；王钰骏小组及李妍南小组利用DNA分子生物学手段为各种动物进行亲缘关系鉴定；王嘉琪小组利用已学的化学知识对现有海水电池进行优化，使其更加节能环保等。这种教育模式是以动手实验为主导，以解决实际问题为目标的任务活动，以任务驱动激发学生的科研兴趣，引导学生主动思考、提出质疑、自主探究，开展研究型、合作式学习，提升学生的科学探究能力，培养学生的科学精神，引导学生形成正确的科学价值观，全面提升学生的科学素养。

4. 以局部带动整体，推动学校教学水平全面提升

随着学校海洋教育的不断开展，硬件设施、教师队伍、评价奖励机制的不断完善，学校课题研究气氛越来越浓厚。利用海洋教育搭建的平台，无论是海洋班，还是普通班、艺术班的学生，根据各自的兴趣点，都积极投入各类课题研究当中，如学校文化墙建设和研究、磁悬浮模型制作、果胶制作工艺的优化、空气质量检测、3D模型的设计和制作等，在校内形成了“人人有课题，人人搞研究，人人出成果”的“三十九中现象”。

学校在这十几年的探索中，形成了一套专题化、问题化、课题化的多元实践探究型教学方式，学校教育教学水平明显提升。在此基础上，学校将这种实践探究型的教学方式应用于国家课程，在国家课程中推进课题化教学和项目式教学实践，将学科内容形成教学专题，对专题开展探究与实践，优化学科学习的深度和广度；以具体问题为驱动、课题研究为主要形式的课程设计，让学生由接受性主体向形成性主体转变，学校教学水平全面提升。

学校海洋特色教育的育人模式对每一位学生来说是一个“开窍”的过程。通过海洋课程的学习和实践，学生学会了像科学家一样思考问题和研究问题。学生从中感受到了知识的价值所在，在学习过程中产生了发自内心的快乐，这为他们终身可持续发展提供了源源不断的动力。

第3节　国家课程课题化教学研究

一　国家课程课题化教学开展的背景

培养学生的核心素养受到当今国际社会的普遍关注。在全球化、信息化的背景下，各国（地区）综合实力的竞争演变为人才的竞争。“培养什么样的人”成为国际关注的热点。未来人才需要具备的关键能力和必备品格都渗透着发展核心

素养的内涵。然而传统的高中教育，重知识和技能的传授，缺乏过程的生成性和思维的启迪。由于课堂时间紧张，经常剥夺学生的思维参与，让学生机械模仿重复，学生缺乏质疑，不会思考，更不会独立提出问题、分析问题、解决问题。教师教学的浅层化，就会导致学生知识的浅层化和思维的表层化。传统的高中教育模式不能完全满足国家人才培养的需求。而课题化教学模式充分利用课上和课下的时间，以问题为驱动，设计相关课题，以课题小组合作的形式，开展实验探究，充分调动学生的思维主动性，优化教学模式，把课堂教学真正转向发展学生的素养上来。

经过多年的探索，海洋教育的实施极大地提升了学校的办学水平。2015年，借助在海洋教育实施过程中指导学生开展课题研究的优势，学校将课题研究这一教学模式融入国家各学科课程中，开启了国家课程课题化的探索之旅。

二 国家课程课题化教学研究的探索进程

早在2008年，学校就开始着眼于国家课程的整合与创新实践。整合社会资源，联合大学、科研院所等，创新师资队伍建设，组建综合实践专兼职教师团队；建立与大学及科研单位合作育人机制，创建综合实践活动课程体系，在指导学生课题（特别是海洋类课题）方面，积累了大量的经验。

2015年，学校在探索课程改革中提出一个设想：如果将课题研究的学习方式延伸到九个基础学科课程（语数外理化生政史地），那么让学生在研究中学习就可以成为一种常态。于是，学校在海洋教育课题研究成功促进学生全面发展的基础上，积极开展国家课程课题化教学的实践探索。

2016年，生物学学科省特级教师张树峰在学校范围内开设了一节“伴性遗传”的课题化教学公开课。全校各科骨干教师观摩学习，高效的课堂效率激发了学生的深层思维，让教师们对课题化教学有了直观的感受。以此为契机，各学科设计课题化课程方案，并开设了若干节课题化学习的研究课。

经过探索实践，学校总结出了一套普通高中国家课程的课题化教学模式：将学科课程中难点或重点内容，通过提出问题，形成一个个独立的课题；学生以小组为单位，在专业指导教师的指引下，以实验课题研究为载体，学生在实践过程中提升实验基本技能、构建科学研究思维方法，在科学研究过程中学习科学方法、培养科学精神。

 国家课程课题化教学的实施保障

1. 加强对课题化教学的宏观组织管理

学校决策层根据实际制定相应的管理办法和制度，设立以学科为单位的职能管理部门，组织课题化教学的具体实施及监控；各学科教师作为教学主体，具体负责课题化教学的组织与目标实现；最后由学校的课程中心委员会进行全方位的督查并提供相应改进的建议。

2. 建立科学完善的课题化教学管理制度

课题化教学管理的科学化、制度化和规范化是教学管理水平的综合体现，同时也是稳定教学秩序、提高教学质量的重要保证。因此，课题化教学管理方式的重点，就是建立科学完善的规章制度和完整有序的工作程序，促使课题化教学有章可循。各个年级根据不同学科自身特点和定位，结合教学实际，制定具有可操作性的管理文件与相应的实施细则，充分利用科学的管理手段和措施来保障课题化教学的顺利开展，提高整体的教学质量。

3. 建立合理的课题化教学课程体系

学校依据普通高中学生培养的目标制订周密可行的课程实施方案，并将整个教学的课程体系进行规划，明确各课程模块的教学任务，加强课程之间的相互联系和衔接，解决课程之间“貌合神离”的问题。课题化教学模式的课程体系建设要求以课题实施为载体，整合课程模块，整合课程资源，整合理论与实践教学。其核心是将相关课程的理论教学内容与艺术实践、管理实践紧密联系起来，突出对学生调研能力、策划能力、推广能力和课题实施能力的培养。

4. 建立健全规范的课题化教学文档

一是每个课题化的教学都要依据管理办法来执行，对学生下达明确的课题项目任务书，明确课题的范围、时间和效果的监督措施。二是指导学生制订课题计划书并监督执行，培养学生遵守计划、执行计划的学习习惯。三是培养学生养成

文档整理、归档和成果运用的习惯，及时总结反思具体实施中的不足，以利于再次的修改。四是对教师教学工作量、教学效果以及学生学习效果形成科学的评价、激励与约束机制。

5. 建立全面、客观的课题化教学评价体系

对于课题化教学的评价，力求做到区分传统教学评价而形成相对独立的评价体系。整个评价体系重点放在内容、方法和效果上。例如在教学内容的评价方面，应在其评价内容上强调课题化教学内容的实训设计是否合理，实训目的是否明确具体，是否注重学生综合实践能力的培养。

四 国家课程课题化教学的具体实施

在课题化教学的过程中，学生的选题、方案制订、方法指导、总结评价等是关键环节。在具体的实施过程中，学生提出问题、思考问题、解决问题的能力得到锻炼和加强。

1. 指导学生选择合适的学习课题

课题要怎么选？确定选题的指导思想应该从适合和兴趣两方面去考虑。适合是指适合学生的年龄特点、认知程度、认知规律。教师应指导学生选择合适的具有可行性的课题，不可好大喜功而选择空而泛的课题或是明显超出学生学习能力的课题。不合适的课题往往容易使学生失去耐性和兴趣，导致半途而废。兴趣是最好的老师，也是最大的动力。学生选择自己感兴趣的课题而不是被分配到的或是强加给的课题，这对其研究过程和研究结果而言有很大的不同。学生只有在兴趣的支配下才能想方设法地去解决问题、克服困难，把学过的知识应用于课题当中从而形成成果。总之，教师要引导学生选择有一定价值的、指导思想明确的、课题目标明确的、可行性高的、感兴趣的课题，同时要兼顾独创性。

2. 指导学生制订课题计划

课题存在多种类型。学科教师要使教材内容课题化。教材内容课题化，是指把教材中相对独立的一个个章节内容转化为一个个研究课题，开展教学活动。在这之前，教师需要对教材内容进行重构，必要时可将不同章节的内容进行整合。这里的课题化并不局限于学生在课堂上进行探究性实验，也包括学生在教师引导

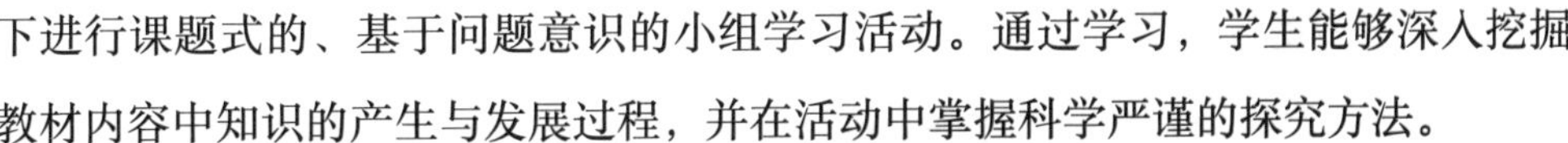

下进行课题式的、基于问题意识的小组学习活动。通过学习，学生能够深入挖掘教材内容中知识的产生与发展过程，并在活动中掌握科学严谨的探究方法。

课题按探究领域或探究题材的不同分为科学领域的课题、人文社会领域的课题、设计与制作领域的课题。各领域的课题可按下列步骤设计：发现和提出问题，进行合理的猜想与假设，采用方法对假设进行检验，得出结论。教师可以指导学生在时间上和人员、任务的分配上对这些步骤进行初步划分，明确在什么时间哪些同学该做哪一部分的内容，并对每一步进行小结和讨论，制订和修改下一部分的研究计划。这样分时间、分任务、分步骤的探究，可以使学生的课题化学习更有条理，在探究过程中更有责任感，并在任务的完成上互相监督、互相协作，从而在一个步骤结束后，全体成员都能获得信心和动力，集中精力做下一步骤的探究，还要简单说明成果展示的形式甚至包括经费预算。

3. 指导学生用合适的方法进行研究

常用的课题化学习方法有观察研究法、调查研究法、读书报告研究法、实验研究法、比较研究法等。根据学生所选择课题的不同，教师要指导学生用相应的合适的方法进行研究。一般来说，科学领域的学习课题，多采用实验研究法、比较研究法；人文社会领域的探究学习，多采用观察研究法、调查研究法、比较研究法和读书报告研究法等；设计与制作领域的探究学习，多采用实验研究法。以调查研究法为例，调查通常包括访谈、问卷调查。课题研究中所选的研究方法决定了成果展示的形式。

4. 指导学生对课题进行总结

课题总结阶段的任务是对所有的资料进行筛选、定量分析和研究，以验证课题提出的猜想或回答课题提出的问题。课题化学习成果展示分为资料呈现如方案、手抄报、课件、活动总结或报告等，动手操作呈现如模型、成品展示、现场操作等，记忆呈现如照片、情境再现等，活动体验呈现如主题演讲、研究报告等。选取何种成果展示主要由课题本身和所选取的研究方法决定；但无论是以何种形式展示，其研究成果展示必须是与课题相互对应的，要科学地论证自己的研究内容、清晰地表达自己的思想和观点。

5. 交流感受与评价

探究性学习的评价是过程评价和终结评价的相互紧密结合，评价方式分为以下几种。

（1）激励性评价

学生在探究性学习的过程中难免会走弯路或犯错误，这时需要教师以欣赏的眼光去发现学生在学习过程中的闪光点，去肯定和鼓励他们的学习过程。

（2）情境化评价

课题化学习是一种过程，学生要在探究过程中找出解决问题的方法，把自我评价和学习情境联系起来，在“学中评”使评价成为不可或缺的步骤。

（3）发展性评价

量化的、客观性评价常常使学生陷入机械训练的模式中，教师要以发展性的评价，客观地描述学生的进步和不足并提出建议，关注个体的处境，尊重个体的差异，激发个体的主体精神，促使每个个体实现自身的价值。

五 课题化教学实施中存在的问题

首先，传统的课程安排和课题化教学实施之间存在着内容脱节、理论教学和实践教学脱节等问题。

其次，教师队伍中课题化教学团队的建设严重不足。具备跨学科背景并具有实际课题管理经验的教师非常匮乏。青年教师个体的知识结构相对单一，缺乏课题化教学管理执行等方面的知识。这些不足导致教学中教师无从下手或无章可循，普遍习惯于传统的“圈养、放养和寄养”等教学方式。体制机制对于教学团队建设中以老带新，提高教学效果的引导与支持不够。

最后，没有形成较为独立和完善的评价体系。现行的评价机制多注重教学的终结成果评价，而忽略对于教学组织的合理性和学生综合能力培养的全面评价。

第4节 国家课程项目式教学研究

在学校教育中，国家课程是发展学生核心素养的主要载体，项目式教学在发展学生核心素养方面具有独特优势。由此，学校提出了实施国家课程项目式教学的构想并组织了实施。

所谓国家课程项目式教学，就是以建构主义学习理论为指导，以国家课程方案及各学科课程标准为依据，以驱动性问题设计为引导，以真实世界中复杂且具有挑战性的问题解决为项目任务，通过一定时长的小组合作，学生精心设计项目作品，规划和实施项目任务，问题解决的过程中实现对学科核心知识的学习理解、实践应用和迁移创新，发展学科核心素养的一整套教育教学策略。

一 实施国家课程项目式教学的必要性分析

1. 国家新课程改革的需要

为深入贯彻党的十八大及十八届三中全会提出的关于立德树人的要求，2014年教育部研制印发的《关于全面深化课程改革落实立德树人根本任务的意见》指出：“教育部将组织研究提出各学段学生发展核心素养体系，明确学生应具备的适应终身发展和社会发展需要的必备品格和关键能力。”2016年9月13日，北京师范大学举行了中国学生发展核心素养研究成果发布会。学生发展核心素养，主要指学生应具备的能够适应终身发展和社会发展需要的必备品格和关键能力。研究学生发展核心素养是落实立德树人根本任务的一项重要举措，也是适应世界教育改革发展趋势、提升我国教育国际竞争力的迫切需要。学校教育面临严峻的挑战：以往过于固化的课程结构，不能适应社会发展和学生发展的变化；以往过于僵化的课堂生态，不能适应信息化时代和每个学生个体的需求。我们深刻认识到：培育核心素养，学校要实现国家课程的校本化实施，就必须实现学校课程教学整体的结构性变革。

2. 学校特色化发展的需要

学校以“为学生终身发展奠基”为办学宗旨，确立了“每个孩子都优秀，每个学生都精彩”的育人理念，一直在探索如何将学生培养成全面而有个性的人，使每个学生都呈现完美精彩的人生。学校教育目标的落实，离不开课程和课堂，课程是教育目标的载体，而课堂是落实教育目标的主阵地。为此，学校主要做了下面两个方面的探索。

（1）关注课程建设

从2008年开始，学校利用办学的自主权，充分挖掘中国海洋大学附属中学的资源优势，开发并建立了基础课程 + 拓展课程 + 实践课程“三位一体”的海洋教育课程体系。海上科考是学生最喜欢的课程。仅仅半天时间，学生就学会了测量海上风力风向，学会了测量海水的色度、盐度和pH，学会了测量海水中浮游植物与动物的种类和数量，学生还在专业博士的指导下完成科考报告。如果让学生在教室里学习这些内容，可以想象，他们很难学会测量，更难以激发学习的兴趣。这给我们一个启发：实践出真知，科学课程应该是在实验中学习的课程，体验式学习是深刻的学习方式。

（2）关注课堂教学改革

2015年，学校提出设想：如果将课题研究的学习方式延伸到国家基础课程，那么让学生在研究中学习就可以成为一种常态。于是，学校在海洋教育课题研究成功促进学生综合研究能力发展的基础上，积极开展基于国家课程的课题化教学的实践探索，各学科设计课题化课程方案，开设课题化教学的研究课，收到良好效果。这给我们另一个启发：基于实践所得的直观性教学方式，会使学生的学习从问题开始，学习变成学生的“内需”，在解决问题中又发现新问题，解决问题的过程本身既加深了知识的理解，又使学生“学以致用”，而新发现的问题将引导学生的学习不断深入。基于以上尝试，我们认识到，要培养学生适应终身发展和社会发展需要的必备品格和关键能力，应该具备这样的课堂生态：以学生为中心，提出真实的驱动问题，在复杂情境中对问题展开探究，以学习小组的形式开

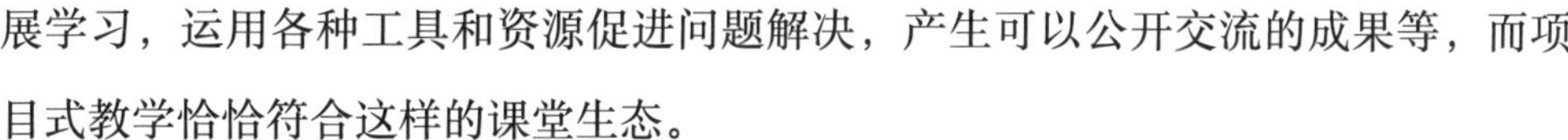

展学习，运用各种工具和资源促进问题解决，产生可以公开交流的成果等，而项目式教学恰恰符合这样的课堂生态。

3. 未来人才需求的需要

2012年，世界经济合作与发展组织（OECD）发布了《为21世纪培育教师提高学校领导力：来自世界的经验》的研究报告。该报告指出，21世纪学生必须掌握以下四方面的十大核心技能：①思维方式，即创造性、批判性思维、问题解决、决策和学习能力；②工作方式，即沟通和合作能力；③工作工具，即信息技术和信息处理能力；④生活技能，即公民、变化的生活和职业以及个人和社会责任。其中，掌握无定式的复杂思维方式和工作方式最为重要。综合分析当前高中学生现状我们发现，学生普遍存在学习兴趣不高、研究能力不强、有效沟通能力较弱、创新能力和职业规划能力缺乏等现象，很难满足21世纪人才的要求；而项目式教学是一种建构主义理念下以学生为中心的教学方式，即学生通过一定时长的小组合作方式，解决一个真实世界中复杂的、具有挑战性的问题或完成一项源自真实世界经验且需要深度思考的任务，进而逐步习得包括知识、可迁移技能、高阶思维能力、关键品格等在内的21世纪核心素养。

4. 新时代教师发展的需要

互联网技术、知识数字化、大数据等的飞速发展，从根本上改变了人类获取知识的方式和渠道，知识传递的方式正在从传统的单向传递转变为多向互动。现在，在校学生获取知识的渠道非常广，已远远超出校园、课堂的范围。知识传递方式的变革对学校的冲击首先是教师角色面临转型，教师要从过去的知识传授者转变为学生学习活动的设计者和指导者，师生要形成一种新型的学习伙伴关系。在这样的背景下，教师在课堂上不能以讲授为主，必须引导和组织学生去探究、反思和讨论，通过学生之间的相互合作来实现知识的内化。能否把握住时代的脉搏，及时准确地发现社会需求，充分发挥自己的主观能动性，勇敢地面对各种问题创造性地策划和开拓自己的事业，并用科学的方法保证目标的实现，已成为关系到教师发展和生存的大问题。

5. 新高考评价体系的要求

2019年12月，教育部国家考试中心发布《中国高考评价体系》。高考评价体系以核心价值为引领，以学科素养为导向，以关键能力为重点，以必备知识为基础，使高考考查内容与素质教育的目标全面契合。高考通过设置不同层级的情境和情境活动来考查学生的水平。

所谓“情境”，即“问题情境”，指的是真实的问题背景，是以问题或任务为中心构成的活动场域。

基于情境的复杂程度，高考评价体系中的情境可以分为两个层次。第一层次是简单情境。在此类情境中，学生需要启动的是单一的认知活动，即面对问题时只需要调动某一知识点或某种基本能力便可解决。简单情境考查基本知识和能力水平，对应的主要是基础性要求，也包括一定程度的应用性和综合性要求。第二层次是复杂情境。此类情境涉及的是复杂的认知活动，主要取自国际政治经济、党和国家政策改革、社会发展、历史事实、科技前沿等方面，主要考查学生应对生活实践问题情境与学习探索问题情境的综合素质，即在核心价值引领下综合运用知识和能力的水平，体现了考查的“综合性”“应用性”与“创新性”。

基于知识应用和产生方式的不同，高考评价体系中的情境可以分为两类。第一类是“生活实践情境”。这类情境与日常生活以及生产实践密切相关，考查学生运用所学知识解释生活中的现象、解决生产实践中的问题的能力。第二类是“学习探索情境”。这类情境源于真实的研究过程或实际的探索过程，涵盖学习探索与科学探究过程中所涉及的问题。学生在解决这类情境中的问题时，必须启动已有知识开展智力活动，同时在解决问题的过程中运用创新的思维方式。高考以生活实践问题情境与学习探索问题情境为载体，回归人类知识生产过程的本源，还原知识应用的实际过程，符合人类知识再生产的规律，为解决在当今知识爆炸时代，如何通过考试引领教育回归到培养人、培养学生形成改造世界的实践能力这一重大问题提供了可行的路径。

高考改革的目标是把“立德树人”融入教育各环节、贯穿于教育的各个领域，充分发挥高考的引导和导向作用。一方面通过“以考促学”更好地引导教学，提升基础教育教学质量；另一方面充分发挥高考的导向作用，推进基础教育改革，更好地培养学生的社会责任感、创新精神和实践能力，使高考选拔出的人才更加符合高校的需求。

二 国家课程项目式教学的可行性分析

1.《普通高中课程方案（2017年版2020年修订）》关于课程内容及课程实施的相关要求与项目式教学的内涵高度契合

《普通高中课程方案（2017年版2020年修订）》在“课程内容确定”上明确提出思想性、时代性、基础性、选择性和关联性五项原则。其中，“时代性”要求课程内容“充分反映马克思主义中国化最新成果、当代社会进步、科技发展和学科发展前沿，充分体现先进的教育思想和教育理念，紧密联系学生生活经验，及时更新教学内容”；“选择性”要求课程内容“适应国家人才培养需要，在保证每个学生达到共同基本要求的前提下，充分考虑学生不同的发展需求，结合学科特点，遵循学习科学的基本原理，分类分层设计可选择的课程，满足学生不同学习需要，促进学生发展”；“关联性”要求课程内容“注重学科内容选择、活动设计与学生发展核心素养养成的有机联系。关注学科间的联系与整合。增强课程内容与社会生活、高等教育和职业发展的内在联系”。该方案在“课程实施与评价”上明确提出“大力推进教学改革”“关注学生学习过程，创设与生活关联的、任务导向的真实情境，促进学生自主、合作、探究地学习，注重对学生学习过程的评价，推进信息技术在教学中的合理应用，提高课程实施水平”。项目式教学的内涵与以上内容高度契合。

2. 各学科课程标准给出的课程性质及教学建议与项目式教学的特征十分吻合

各学科的课程标准遵循《普通高中课程方案（2017年版2020年修订）》的总体要求，提出了各学科的育人价值，确定各学科核心素养和目标，明确内容和学业质量要求，以指导教学与评价。例如，《普通高中语文课程标准（2017年版2020年修订）》将学科“课程性质”描述为“语文课程是一门学习祖国语言文字运用的综合性、实践性课程”，“语文课程应引导学生在真实的语言运用情境中，通过自主的语言实践活动，积累言语经验，把握祖国语言文字的特点和运用规律”，指出语言文字不仅是人类文化的重要组成部分，还存在于人类生活的各个方面；在“教学建议方面”提出“创设综合性学习情境，开展自主、合作、探究学习”，“探索信息化背景下教与学方式的转变”，“提高课程开发与设计的能力，实现教师与课程同步发展”。其他学科的课程标准也均从课程性质、课程理念、课程实施等方面强调了课程的实践性、综合性、探究性，提出以学生为中心，尊重学生主体地位，开展自主、合作、探究学习或以生活实例为背景的体验式、论证式或项目式教学。项目式教学的特征与以上要求十分吻合。

3. 国家课程项目式教学可破解项目跨学科的难题

以“种水稻”项目式教学为例，可设计如下驱动问题。

问题一：如何种植水稻?

水稻的种植过程可分为：整地，选种，播种，管理，收获，评价。涉及的知识领域包括水稻的种植与管理（生物学、化学、管理学）、生产工具（抽水机、收割机、脱粒机等机械类）使用（物理学、工程学）、成本核算（数学）等，这是一个典型的跨学科项目。

问题二：如何通过培育水稻的优良品种提高水稻的产量?

这个问题将项目聚焦在纯生物学领域，需要学生对植物育种（杂交育种、诱变育种、细胞工程育种、基因工程育种等）核心知识的理解、应用，在核心知识应用的过程中需要根据实际环境进行迁移，从而在理解核心知识基础上培养应用、迁移创新的能力。“水稻育种”是种植水稻这个活动的一个单元，也是一个项目，该问题设置的价值在于将项目内容聚焦在育种核心知识的理解、应用、迁移、创新上。

问题三：如何通过改进生产工具，实施规模化机械生产来提高产量?

这一问题将项目聚焦在物理学科核心知识的理解、应用上，在此基础上迁移创新。

问题四：如果某团队种植水稻的种子、工具以及从事生产的人员都是固定的，那么如何通过改进管理方式提高产量?

该问题将项目聚焦在管理学方面的核心知识的理解、应用、迁移、创新上，这会涉及中国农村联产承包责任制的问题，这是思想政治学科的问题。

问题五：

……

综上所述，跨学科开展项目式教学是可行的，关键在于驱动性问题的设计。国家课程项目式教学更加关注核心知识的理解，应用核心知识解决实际问题，学生在解决问题的过程中体验核心知识的功能和价值。如果缺少核心知识的理解和应用，就如古代工匠一样，仅仅习得一定的实践技能而缺乏艺术创作力。项目式教学培养创新人才的价值就在于“在系统理解、应用核心知识解决实际问题的过程中，培养可迁移技能、高阶思维能力、关键品格等在内的21世纪核心素养”。

三　国家课程项目式教学研究路径

开展国家课程项目式教学研究，其目的是在普通高中国家课程中落实中国学生发展核心素养的要求。学校确立了两方面的理论研究：一是由个体或小组的研究性学习向全体学生的常态化项目式学习转变策略研究；二是从局部、零散的研究性学习向系统、整合的项目式学习转变策略研究。学校用理论指导课堂教学实践，基于课程、课堂、学生发展、教师发展、教学管理五个方面开展项目式课程体系开发、项目式课堂教学模式创新、学生发展评价体系构建、教师发展路径选择和教学管理体制机制创新的行动研究，具体研究框架如图 2-4-1 所示。

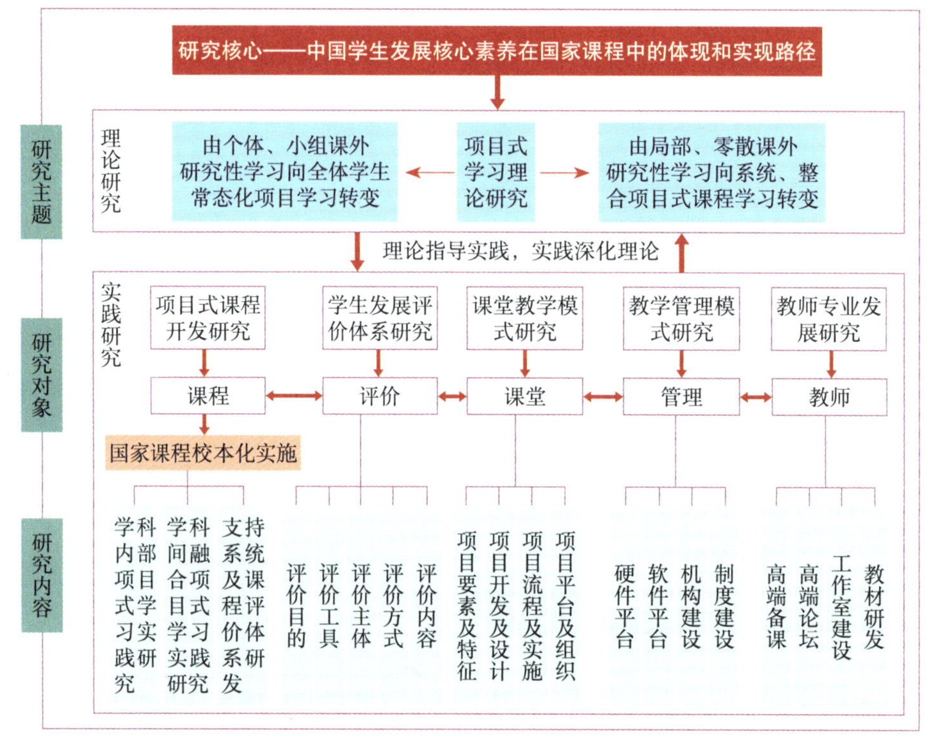

图2-4-1　国家课程项目式教学研究框架

四　国家课程项目式教学的模式与流程

在实施国家课程项目式教学过程中，学校始终秉承以下两个原则：一是坚持高中学段国家基础课程的项目式学习实践和研究；二是高校专家在我校教师研究的基础上进行指导，教师不照搬专家的研究成果。因此，学校各个教研组先是自学项目式教学的相关理论知识，然后自主开发项目课程，自主设计教学流程，形成了各具特色的项目式教学设计流程和实施流程，如数学教研组的“五环节项目整体设计”、地理教研组的“双线六步教学流程”等。

1. 五环节项目整体设计流程

经过三年的教学实践，数学教研组逐渐形成了“五环节项目整体设计”流程（图2-4-2）。

图2-4-2　“五环节项目整体设计”流程

以“基于圆锥截口曲线形状的项目式教学”为例（图2-4-3），“五环节项目整体设计”流程如下。

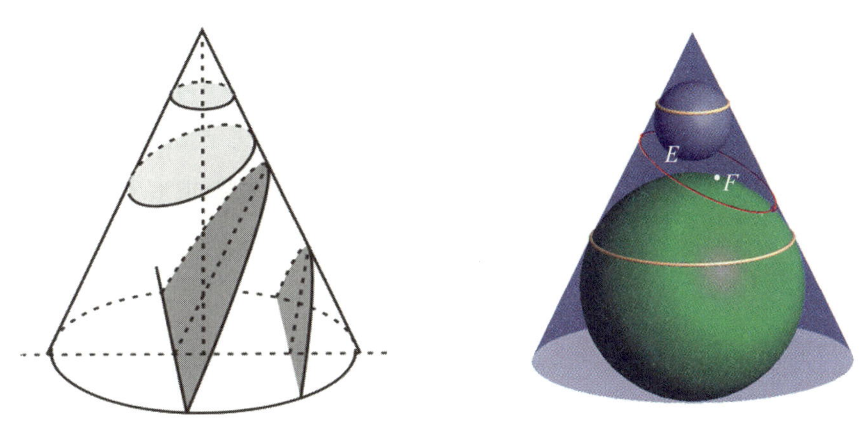

图2-4-3　圆锥截口曲线形状

（1）回归数学教材，分析教学内容

本项目是来源于人民教育出版社A版教材选修2-1中椭圆定义后的“探究与发现”部分，以椭圆的定义为核心概念，设计探究截口曲线形状，故选择了这部分作为知识载体，开展数学学科的项目式教学。

环节说明：数学学科的项目式教学不是凭空产生的，而是建立在数学学科课程标准和充分利用数学教材的基础上的，所以开展项目式教学的第一步是回归教材，抓住学科核心概念、重点知识等，寻找值得深入探究的课题。

（2）寻找生活载体，确立项目内容

在充满活力的校园里，篮球赛、足球赛等体育活动十分丰富，热爱运动的同学们时常会见到如下场景：傍晚阳光斜照时，地面上的篮球、足球会在地面上形成阴影（图2-4-4）。那么，阴影轮廓的形状究竟是什么？能否用数学方法探究并证明篮球阴影轮廓的形状呢？

图2-4-4　生活载体

环节说明：学生学习的数学知识其实是从生产和生活中总结出来的，开展项目式教学，就要尽量从学生熟悉的生活实例出发引导学生学习数学。这样，学生既明确了学习数学的目的，更提高了解决生产和生活中实际问题的能力。

（3）着手项目准备，确定小组分工

项目准备1——课前任务清单（学生自行完成）

学生回忆圆锥、圆柱、圆台、球等空间几何体的结构特征（图2-4-5），自主学习椭圆的定义及标准方程。

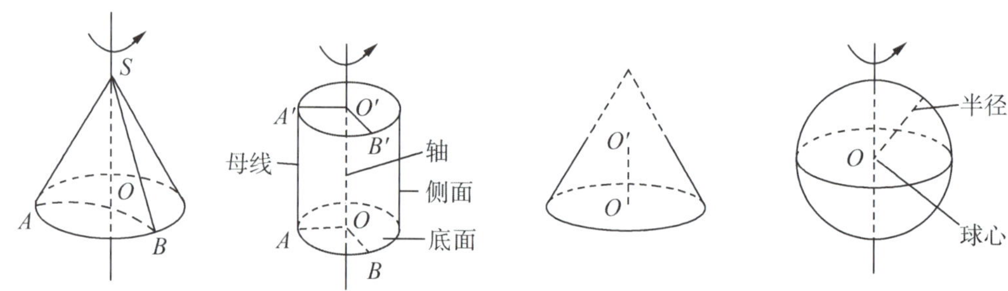

图2-4-5　圆锥、圆柱、圆台、球等空间几何体结构特征

项目准备2——小组分工与合作

根据自愿原则，自由组合，将一个班的学生分成6～8个探究小组，每组6～8人，然后按照表2-4-1所示项目任务表开展合作探究。

表2-4-1　项目任务表

任务	任务内容	标志性成果	困难或疑惑
任务1 查阅资料	查阅椭圆的发现史	将查阅成果以课件形式呈现	
任务2 动手实验	借助生活中的实物，动手实践，做出椭圆	制作椭圆模型，以实物模型、图片等形式呈现	
任务3 研读教材	研读选修2-1教材第48页“探究与发现”，了解Dandelin双球模型	小组合作，尝试动手制作Dandelin双球模型	

环节说明：为了解决项目问题，要做好如下工作。首先，学生自主学习相关知识，完成知识的输入。其次，学生通过查阅相关资料，了解相关概念的内涵及外延知识，特别是注意对一些科学史的学习和理解。科学史中含有知识的生活原型，同时含有科学家的思维过程，对于理解基本概念和原理有重要作用。再次，学生通过动手实践来理解概念或原理。

（4）设计项目任务，重视交流展示

此环节包含以下五个步骤。

步骤一　项目情境体验

要求：动手实验，做出椭圆，抽象出几何模型。

问题：在以上模型中，为什么截口曲线是椭圆？能否给出证明？

步骤二　项目探究

圆锥截口曲线是椭圆，证明圆柱截口曲线是椭圆。

要求：小组合作，自主证明，展示成果。

步骤三　项目文化拓展

阿波罗尼奥斯（前262—前190），古希腊数学家，与欧几里得、阿基米德齐名，他的著作《圆锥曲线论》是古代世界级的科学成果（图2-4-6）。

图2-4-6　项目文化拓展

步骤四　项目应用

对接高考：（高考题）如右图所示，AB是平面α的斜线段，A为斜足，若点P在平面α内运动，使得$\triangle ABP$的面积为定值，则动点P的轨迹是（　　）

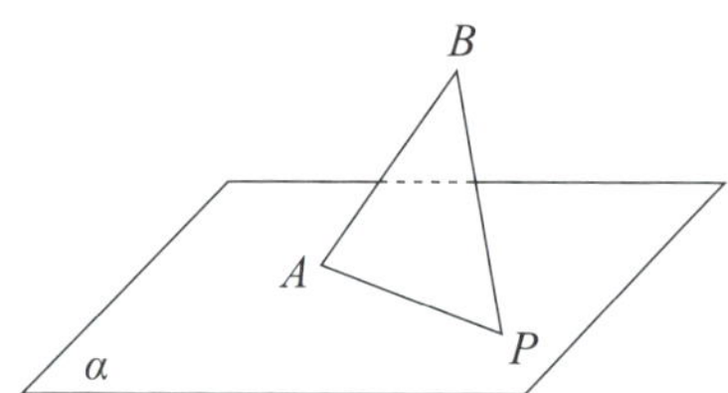

A. 圆　　B. 椭圆

C. 一条直线　　D. 两条平行直线

步骤五　项目验收

一个半径为2的球放在操场地面上，一束平行太阳光线与地面成30°，球在地面上的投影是什么形状？离心率是多少？（图2-4-7）

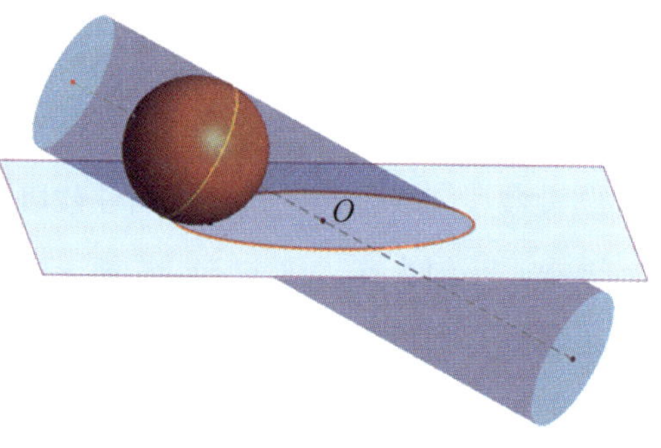

图2-4-7　项目验收配图

环节说明：这是项目式教学设计的核心环节，体现了3个“完整”，即“完整地学”“做完整的事”“完整展示”。该环节首先从情境体验入手，生成驱动性问题；其次通过项目探究，解决发现的问题，探究过程中关注科学史的学习，丰富学生的认知模型；再次通过运用所学知识和思维方式解决高考试题，体验知识的应用；最后呈现一个现实生活中的问题，学生在解决该问题的过程中，实现知识的迁移应用。

（5）对照素养要求，设计评价方案

一是组内交流、组间分享；二是在展示交流的基础上，进行项目模型优化，采用现代动态数学软件技术完善本项目解决方案。表2-4-2为本项目学生表现性评价量表。

表2-4-2　项目评价表

评价项目	评价方式	评价得分	建议	评价人签名
知识内容掌握	自评			
团队协作精神	组内互评			
敬业精神	组内互评			
项目结题作业	教师评价			

环节说明：本环节通过自评、组内互评、组间互评和教师评价，可以使学生明确自己在事实性知识、程序性知识、元认知知识方面是否存在问题，从而在下一步的学习过程中对这些问题加以改进。另外，本环节是对项目解决方案的完善及优化，可培养学生的创新能力。

2. 双线六步教学流程

地理教研组结合学科特点，形成了“双线六步教学流程”（图2-4-8）。

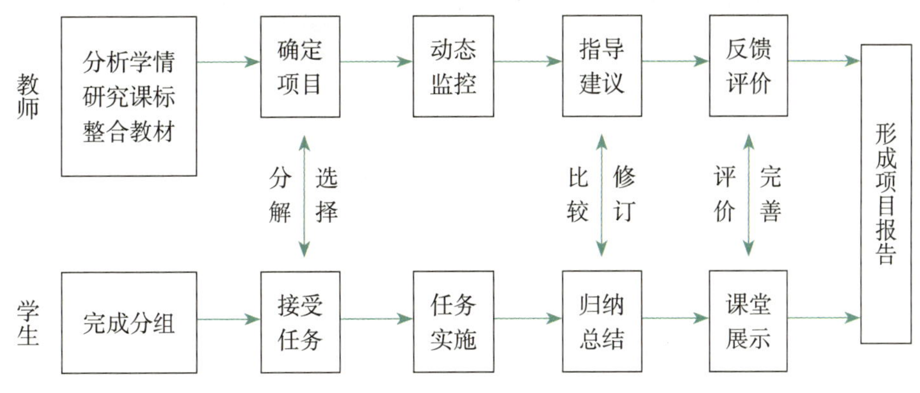

图2-4-8　双线六步教学流程

以“城镇的土地利用——青岛市市南区中心区及海岸带片区”项目为例，“双线六步教学流程”包括以下基本内容。

※教师线※

（1）分析学情，研究课标，整合教材

高一学生对地理学习的积极性很高，对地理学科有浓厚的兴趣。学生通过一学期高中地理知识的积累，具备了获取和解读地理信息的能力，地理基础知识和地理实践能力得到较大提升，已经为针对实际问题或项目开展地理问题研究奠定了基础。

《普通高中地理课程标准（2017年版2020年修订）》对“城镇的土地利用”部分的要求是结合实例，解释城镇和乡村内部的空间结构，说明合理利用城乡空间的意义。

整合各版本的教材内容以及课外关于这部分内容的专著与论文。教材内容主要有湘教版必修2第二章“城市与地理环境”，湘教版和人教版关于城乡规划的内容。课外参考书主要有吴志强主编的《城市规划原理》（中国建筑工业出版社2010年版），司马晓主编的有《深圳城市更新探索与实践》（中国建筑工业出版社2019年版）（图2-4-9）。论文方面有焦莉《结合乡土地理落实学科核心素养的

图2-4-9　课程资源的整合

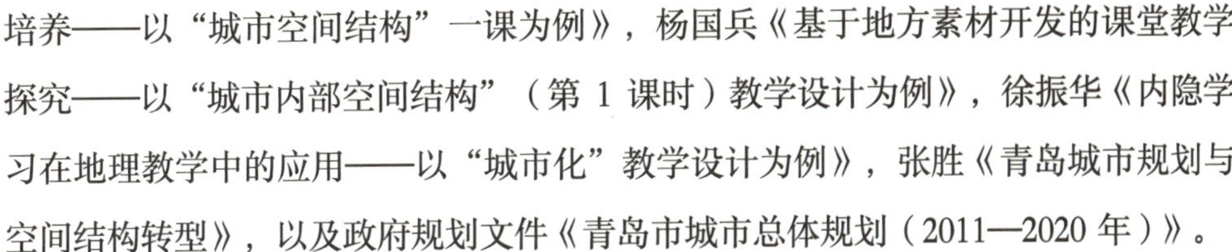

培养——以“城市空间结构”一课为例》，杨国兵《基于地方素材开发的课堂教学探究——以“城市内部空间结构”（第 1 课时）教学设计为例》，徐振华《内隐学习在地理教学中的应用——以“城市化”教学设计为例》，张胜《青岛城市规划与空间结构转型》，以及政府规划文件《青岛市城市总体规划（2011—2020 年）》。

（2）确定项目

青岛市市南区中心区及海岸带片区是青岛市的主城区之一，是青岛市的政治、文化、金融中心，市政府所在地，全市经济最发达的区域之一。该区域始终都是青岛的名片与象征，2018年青岛上合峰会在该区的奥帆基地召开，再一次引起了人们对该区域的广泛关注。面对新时代下的发展变革，未来这片区域将被赋予怎样的职责和使命？通过对青岛市市南区中心区及海岸带片区的实地考察，对青岛市市南区中心区及海岸带片区的区域现状的分析、问题的查找及具体问题的解决，为政府征集新的规划方案建言献策。

在开发课程之初，通过问卷调查和面谈交流的方式，了解学生对项目内容的欢迎度情况。结果显示，学生对该项目的热情高涨，愿意为家乡的建设出一份力，说明学生对此项目非常感兴趣。此时，选择感兴趣的项目内容，设计项目情境，学生跃跃欲试，乐在其中，在真实的问题情境中学以致用，在问题解决和项目体验中学习对生活有用的地理。

（3）动态监控

在学生完成分组，接受项目任务后的任务实施阶段，师生处于准分离状态，即教师和学生不再像传统的教学模式那样通过教室这个唯一的渠道紧紧联系在一起，而是在绝大多数学习时间处于分离状态，教师已经不再是传统意义上的中心，学生不再被动，而是由被动变为主动、变为自主学习的中心。因此，对学生项目学习的过程进行动态监控显得尤为重要。教师通过帮助学生制订项目学习计划和项目任务推进表，采取及时反馈策略、档案袋监控策略、导航和帮助策略等，时时关注学生实践及学习情况，保证项目学习的效果。

（4）指导建议

为了高效、深入地进行项目式教学，教师需要针对学生的整个项目过程进行指导，主要包括以下几个方面。

一是要求学生查阅相关资料，了解影响区位条件因素、城镇土地利用分布的一般规律、城镇主要功能区等。

二是发放学习任务清单，让学生利用寒假假期，复习整理必修2“城市”一章的基础知识，帮助学生扫除知识障碍，完善学生基础知识体系。

三是指导学生搜集关于青岛的区位资料，尝试分析青岛的区位优势。通过参观青岛市规划展览馆（图2-4-10），了解青岛市的发展历程，收集有关城市规划的资料；同时，以目前的规划现状和远景规划为思路，结合自己的观馆感受，撰写不少于800字的论文报告。

图2-4-10 学生参观青岛市规划展览馆

四是召开学生考察动员会，明确从出发地到考察地点的往返行程路线，乘坐的交通工具，出发、到达以及返回的时间；注意交通安全，穿运动鞋，亮色冲锋衣。软件、硬件准备，包括相机、手机、笔、本子、导航APP等。为了确保学生安全，家校要共同携手。为此，学校特意下发了家长告知书和学生信息登记表。

五是明确要求学生利用周末开展实地考察。为了保证有序推进项目教学进度、高质量完成项目任务，教师设计了项目推进计划表（图2-4-11）。

六是对学生在教学过程中存在疑惑的地方及时给予指导，对于学生理解困难的地方给出认知模型或解决问题的思路。

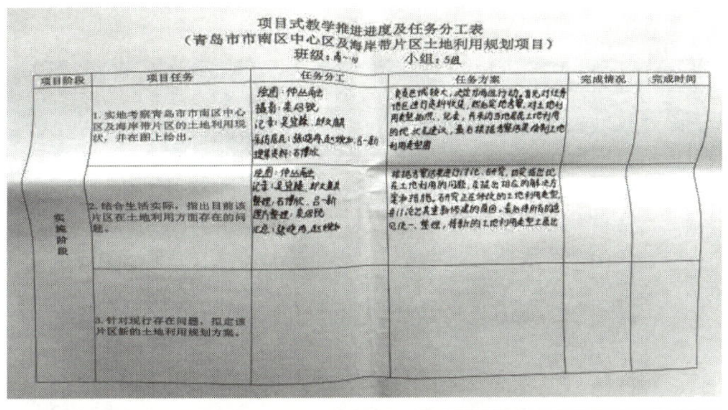

项目式教学推进进度及任务分工表
（青岛市市南区中心区及海岸带片区土地利用规划项目）
班级：高一　　小组：5组

项目阶段	项目任务	任务分工	任务方案	完成情况	完成时间
实施阶段	1. 实地考察青岛市市南区中心区及海岸带片区的土地利用现状，并在图上绘出。				
	2. 结合生活实际，指出目前该片区在土地利用方面存在的问题。				
	3. 针对现行存在问题，拟定该片区新的土地利用规划方案。				

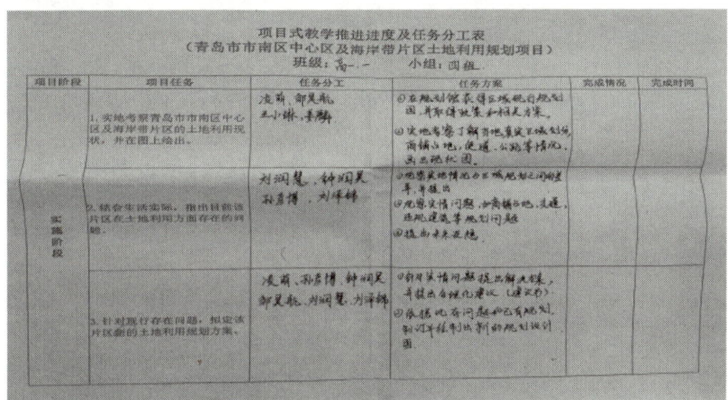

项目式教学推进进度及任务分工表
（青岛市市南区中心区及海岸带片区土地利用规划项目）
班级：高一　　小组：四组

项目阶段	项目任务	任务分工	任务方案	完成情况	完成时间
实施阶段	1. 实地考察青岛市市南区中心区及海岸带片区的土地利用现状，并在图上绘出。				
	2. 结合生活实际，指出目前该片区在土地利用方面存在的问题。				
	3. 针对现行存在问题，拟定该片区新的土地利用规划方案。				

图2-4-11　项目推进表

（5）反馈评价

对学生展示交流过程中存在的问题进行反馈；根据学生在课外实践、课堂参与、项目报告的编写过程中的综合表现以及最后的项目报告的质量给予综合评价，评价量表见表2-4-3。

表2-4-3　基于核心素养培育的地理项目式教学评价体系

项目式教学课堂教学评价（教师用）

一级指标	二级指标	评分标准（5分）
项目教学目标	教学目标地理性	项目目标没有显性表达地理核心知识和素养目标（1分）
		项目目标有涉及具体教学资源的地理知识与素养目标（2分）
		有与课程标准中“课程内容”对应的目标（3分）
		有与课程标准中“课程目标”对应的目标（4分）
		在4分的基础上，恰当设置了人地协调观、综合思维、区域认知、地理实践力中至少1项“学科核心素养目标”（5分）

续表

<table>
<tr><th>一级指标</th><th>二级指标</th><th colspan="2">评分标准（5分）</th></tr>
<tr><td rowspan="15">项目教学目标</td><td rowspan="15">教学目标表述</td><td rowspan="5">主语</td><td>没有或者少数项目目标的行为主体是学生（1分）</td></tr>
<tr><td>一半左右项目目标的行为主体是学生（2分）</td></tr>
<tr><td>多数项目目标的行为主体是学生（3分）</td></tr>
<tr><td>绝大多数项目目标的行为主体是学生（4分）</td></tr>
<tr><td>所有项目目标的行为主体是学生（5分）</td></tr>
<tr><td rowspan="5">谓语</td><td>主语是学生的目标中没有或少数行为动词具有可测量性（1分）</td></tr>
<tr><td>主语是学生的目标中一半左右行为动词具有可测量性（2分）</td></tr>
<tr><td>主语是学生的目标中多数行为动词具有可测量性（3分）</td></tr>
<tr><td>主语是学生的目标中绝大多数行为动词具有可测量性（4分）</td></tr>
<tr><td>主语是学生的目标中所有行为动词具有可测量性（5分）</td></tr>
<tr><td rowspan="5">宾语</td><td>主语是学生的目标没有内涵表述，且至少有 1 条目标内涵不明确（理解很难统一）（1分）</td></tr>
<tr><td>主语是学生的目标没有内涵表述，但所有目标内涵明确（理解无分歧）（2分）</td></tr>
<tr><td>主语是学生的目标有内涵表述，但仅对部分目标的内涵进行了表述（3分）</td></tr>
<tr><td>主语是学生的所有目标均有内涵表述，但至少有 1 条目标的内涵表述不明确（4分）</td></tr>
<tr><td>主语是学生的所有目标均有内涵表述，且所有目标的内涵表述都明确（5分）</td></tr>
<tr><td rowspan="5">项目教学过程</td><td rowspan="5">问题设计的高效性</td><td colspan="2">导入部分没有明显的问题（1分）</td></tr>
<tr><td colspan="2">提出的问题比较浅显，答案基本明确或不能明显激发求解动机（2分）</td></tr>
<tr><td colspan="2">问题具有一定的深度，答案可在课程学习的部分单元中获取（3分）</td></tr>
<tr><td colspan="2">问题具有一定的深度，答案需要在课程全部内容基础上综合或总结获取（4分）</td></tr>
<tr><td colspan="2">在 4 分的基础上，问题还具有悬疑性、趣味性或开放性，能激发强烈的求解动机（5分）</td></tr>
</table>

续表

一级指标	二级指标	评分标准（5分）
项目教学过程	问题内涵的地理性	没有明显问题，内容也不蕴含明显的地理核心知识和技能（1分）
		没有明显问题，但内容富含地理核心知识和技能（2分）
		提出了问题，并且在教学过程中表现出地理属性，用于实现“课程内容”的目标（3分）
		在 3 分的基础上，导入的问题还用于落实与“课程目标”对应的教学目标（4分）
		在 4 分的基础上，设计的问题在教学过程中对“课程内容”起到了较强的综合和统领作用（5分）
项目目标追求	项目目标指向性	教学实施过程完全以教学内容为流程，实施过程中没有明显的目标指向意识（1分）
		教学实施过程能以“课程内容”为目标，表现出能以项目目标为中心开展教学（2分）
		教学实施过程能以“课程内容”为目标，强烈表现出以项目目标为中心开展教学（3分）
		在达到 3 分的前提下，还能表现出指向“课程目标”的教学意识（4分）
		在达到 4 分的前提下，还直接以“地理核心素养”的内容为项目目标开展教学（5分）
	项目目标实现度	与“课程内容”对应的知识性目标实现度≤40%（1分）
		与“课程内容”对应的知识性目标实现度在 40%～70%之间（2分）
		与“课程内容”对应的知识性目标实现度≥70%（3分）
		在 3 分的基础上，“课程目标”层面的目标实现状况良好（4分）
		在 4 分的基础上，“学科核心素养”目标实现状况良好（5分）

（参考、改编自孙裕钰、米雪、陈昌文、卢晓旭、陆朝阳《基于核心素养的地理课堂教学转型评价研究》一文）

（6）形成项目报告

以“青岛市市南区中心区及海岸带片区土地利用现状的调查，问题分析，新规划方案”为核心，编写项目报告。

※学生线※

（1）完成分组

召开青岛市市南区中心区及海岸带片区考察说明会，内容主要包括考察区域介绍、学生分组、野外实践注意事项、帮助补充学生考察必备知识等。由于整体区域面积较大，考虑到实际考察的难度，将青岛市市南区中心区及海岸带片区划分成四个小区域（图 2-4-12），分区分组进行实地考察。根据学生自愿的原则，将班级学生分成6个探究小组，每组6～8人，自由组合，各组建立自己的微信或QQ群，小组集体行动。

图 2-4-12 青岛市市南区中心区及海岸带片区小组区域划分图

（2）接受任务

项目学习的过程分为知识储备、实践思考、实践考察、实践交流、形成项目报告等环节，由此设计了相关的项目任务（表2-4-4）。

表2-4-4 项目任务表

任务一 知识储备	①什么是区位？分析区位包含哪些要素。 ②常见的土地利用方式有哪些？ ③城镇主要的功能区及其布局特点和要求是什么？
任务二 实践思考	①参观青岛市规划展览馆，结合所学知识，分析青岛市的区位优势。 ②根据规划展览馆的图文资料及讲解员的讲解，了解不同时期青岛市城市总体规划和城市性质定位，了解青岛城市地位的历史演变和城市空间扩展路径。 ③根据规划展览馆所了解的内容，以目前的规划现状和远景规划为思路，形成不少于800字的论文报告。

续表

任务三 实践考察	①了解目前青岛市的城市规划纲要，明确市南区中心区及海岸带片区在“大青岛”区域的功能定位。 ②实地考察该区域的土地利用现状，绘制成图。 ③结合实地考察内容和生活实际体验，指出目前该区域在土地利用方面存在哪些问题。 ④针对上述存在问题，拟定该区域新的土地利用规划方案。
任务四 实践交流	①绘制青岛市市南区中心区及海岸带片区新的规划方案，绘制成图。 ②总结规划成果，小组成果汇报交流。 ③总结概括实践考察的感想、体会和收获。
任务五 形成项目报告	以“青岛市市南区中心区及海岸带片区土地利用现状的调查，问题分析，新规划方案”等相关内容为核心，编写项目报告，并对本次活动的相关感想和体会进行概括总结。

（3）任务实施

共分为三个阶段。

第一阶段：基础知识铺垫阶段。一是学习城镇区位、城镇空间结构、城镇合理布局等相关知识。二是搜集青岛的区位资料，尝试分析青岛的区位优势。三是了解宏观区位和微观区位的异同。

第二阶段：参观展馆阶段。一是参观青岛市规划展览馆。二是根据青岛市市南区中心区及海岸带片区目前的规划现状和远景规划思路，形成不少于 800 字的论文报告。

第三阶段：实践调研考察阶段。一是实地考察青岛市市南区中心区及海岸带片区的土地利用现状，绘制成图。二是结合实地考察内容和生活实际体验，指出目前该片区在土地利用方面存在的问题。三是针对问题，提出相应的改进策略。

（4）归纳总结

通过组内交流讨论，总结小组负责的项目任务完成情况，并针对存在的问题征求教师和专家的意见和建议，完善项目内容。

（5）课堂展示

全班交流展示，总结规划成果，交流实践考察的感想、体会和收获，对其他小组的成果提出质疑。同时，根据在课外实践、课堂参与、项目报告的编写过程中的综合表现以及最后的项目报告的质量，采取自评、组内评、组间评的方式，给予综合评价。学生活动记录与评价表见表2-4-5。

表2-4-5　学生活动记录与评价表

（项目式学习过程反思）

姓名：　　　　　　　班级：　　　　　　　　　　　　　　　第　　小组

1	完成项目任务活动总次数		你参加次数		缺席原因	
2	承担的具体项目任务			完成情况	□好　□一般 □较差	
3	完成项目任务的主动性	□主动完成		□在催促下完成		
4	小组讨论中发言情况	□经常	□有时	□不太发言		
5	与同学合作情况	□很好	□一般	□很差		
6	提出了什么积极建议					
7	查阅了哪些有关书籍和资料					
8	项目任务完成中遇到哪些困难					
9	项目任务完成中印象最深的事情					
10	对自己在项目活动中最满意的和收获最大的分别是什么					
11	你认为本小组的项目组织活动如何					
12	你认为本小组活动中态度最认真及贡献最大的人是谁					
13	组长意见					

（6）形成项目报告

以“青岛市市南区中心区及海岸带片区土地利用现状的调查，问题分析，新规划方案”等相关内容为核心，编写项目报告。

此外，还有化学学科的“洋葱模型”（图2-4-13）、历史学科的“八步教学法”（图2-4-14）等，具体内容不再一一介绍，详见学科分册。

第一层洋葱皮是生活中的实际问题。教学时可以以板书的形式提出问题。

第三层洋葱皮包括从什么样的角度和思路去研究物质的性质；从哪些方面进行实验假设；取实验试剂的角度是什么。在这一环节中，教师主要提问学生实验的角度和思路。

项目式教学最显著的特点是“以项目为主线、教师为主导、学生为主体”，改变了以往“教师讲，学生听”被动的教学模式，创造了学生主动参与、自主协作、创新探索，教师关注生成的新型教学模式。

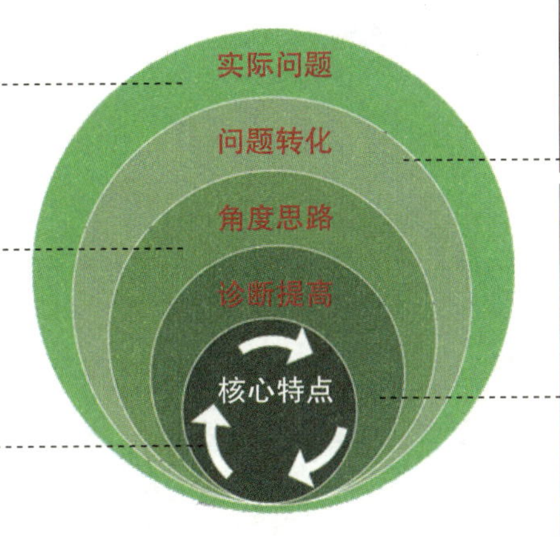

第二层洋葱皮将实际问题转化为化学问题。这个过程由学生完成，教师不要代替学生完成。转化为化学问题后的落脚点，就是物质的性质。

第四层洋葱皮包括实验试剂、实验步骤、实验现象以及化学方程式的书写。课堂时间十分宝贵，教师在设计学生活动、选择活动任务时，需要不断问自己：我为什么要学生这么设计？我这样设计的意义和价值何在？价值可以分为诊断性、发展性和反思提升。即要诊断学生的哪些知识，要发展学生的哪些能力，要让学生反思提升什么。依据关键角度和思路设计活动，这样的活动才是有着力点和针对性的。

图2-4-13　洋葱模型

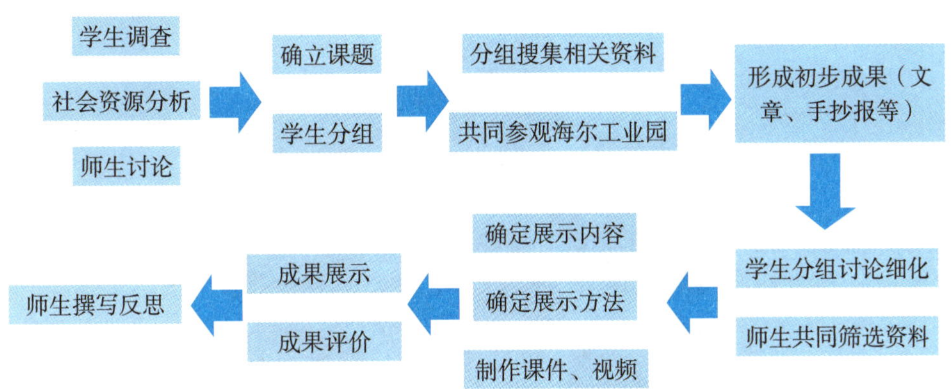

图2-4-14　八步教学法

虽然各学科都形成了独具学科特点的项目式教学设计及实施流程，但总体上来看设计流程基本包括六个步骤：①分析教学内容，确立项目主题；②根据目标主题，选择项目素材；③梳理项目内容，进行问题拆解；④设计活动任务，实施科学探究；⑤设计学习支架，提供实施保障；⑥设计评价方案，诊断素养水平，如图2-4-15所示。

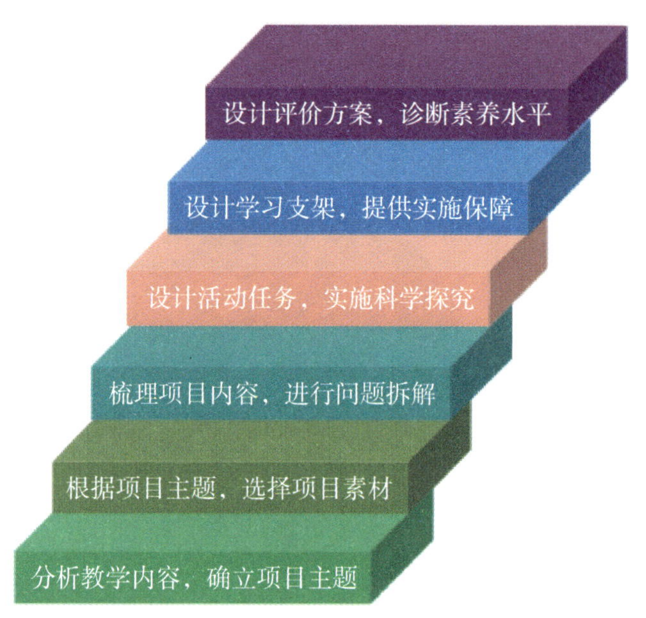

图2-4-15　项目课程设计的一般流程

项目式教学实施流程包括的六个步骤为：①选定项目，②制订计划，③审定决策，④项目实施，⑤展示交流，⑥活动评价，如图2-4-16所示。

图2-4-16　项目式教学实施流程

五 国家课程项目式教学的创新及优势

纵观国内外关于项目式教学的已有研究，发现这些研究呈现三个特征。第一，在研究对象上，主要集中在职业教育和高等教育领域，基础教育阶段的项目式教学研究薄弱，已有的研究多是幼小阶段的项目式教学，与当前我国的教育实际尚有距离，基于促进学生核心素养发展的国家课程整合的项目式教学更是一片空白。第二，在研究角度上，多从学生自主发展的角度进行研究，关注学生通过真实的情境体验获得知识技能、解决真实问题，研究的多是活动课、探究课，较少涉及将核心素养的培育融入国家课程的日常教学实践。第三，在研究内容上，多关注培养学生的自主探究意识与合作能力的研究，很少有从国家课程的整合和教学改进的层面进行项目式教学设计的研究。

学校以“创新实施国家课程、开发设计支持系统、建立各类实践平台、实施网络化教学管理、项目式课程整合和课堂改进”为创新机制开展项目式教学研究，逐步实现了学生“像科学家一样思考与研究，像文学家一样感受与表达，像艺术家一样审美与创造，像政治家一样决策与协调”的人才培养目标，形成了一系列国家课程校本化、对提升学生核心素养具有普遍借鉴意义的创新教育成果。

1. 国家课程校本化

在项目式教学实施过程中，各学科首先从核心素养出发，基于课程标准、学生生活经验、身边要解决的问题等进行设计，确定项目目标；然后将本学科目标内容进行归纳整合形成校本化表达，对教材通过解构和重组，实现国家课程校本化改造，确立项目式教学内容，各学科形成了本学科的项目课程体系（化学、生物学、地理学科分别见图2-4-17、图2-4-18、图2-4-19）；最后在上述基础上设计教学活动、支架系统及评价任务。这样的设计，首先关注的是核心素养这一目标而不是教材内容，其次关注的是内容、方法与目标的一致性。

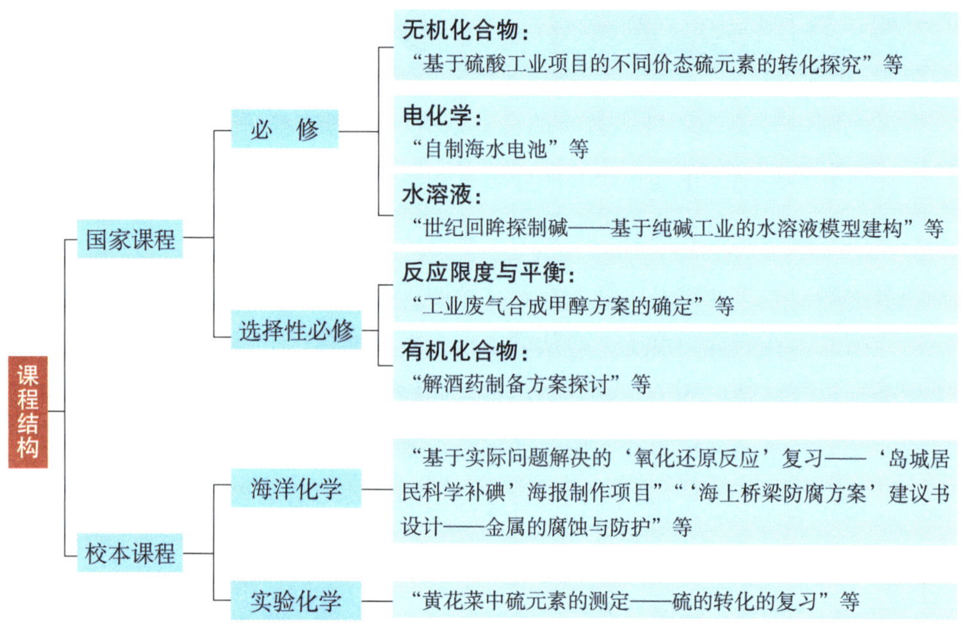

图2-4-17 化学学科项目课程体系

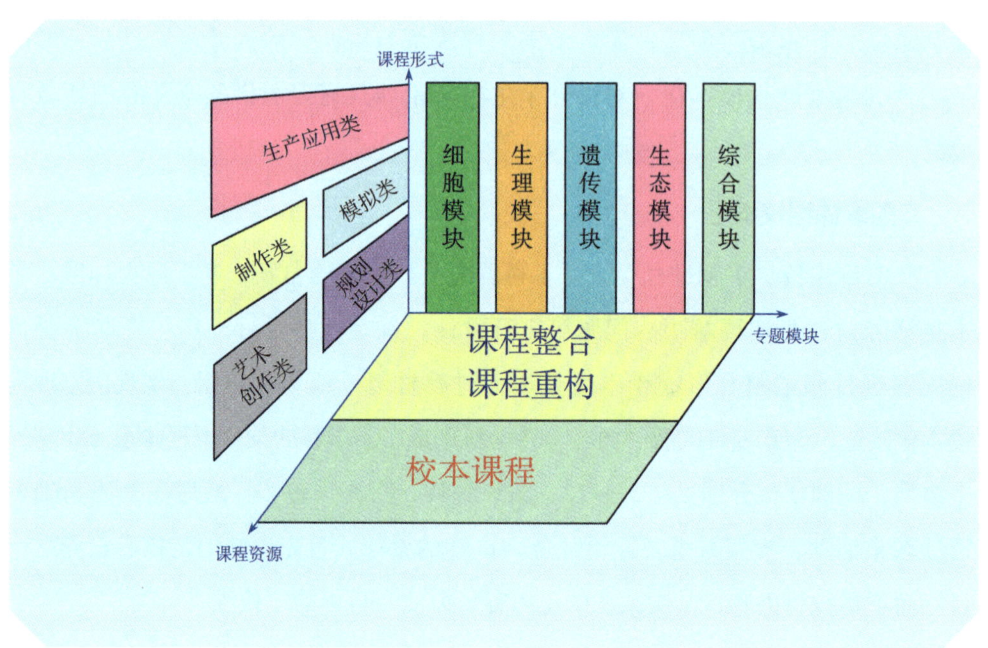

图2-4-18 生物学学科项目课程体系

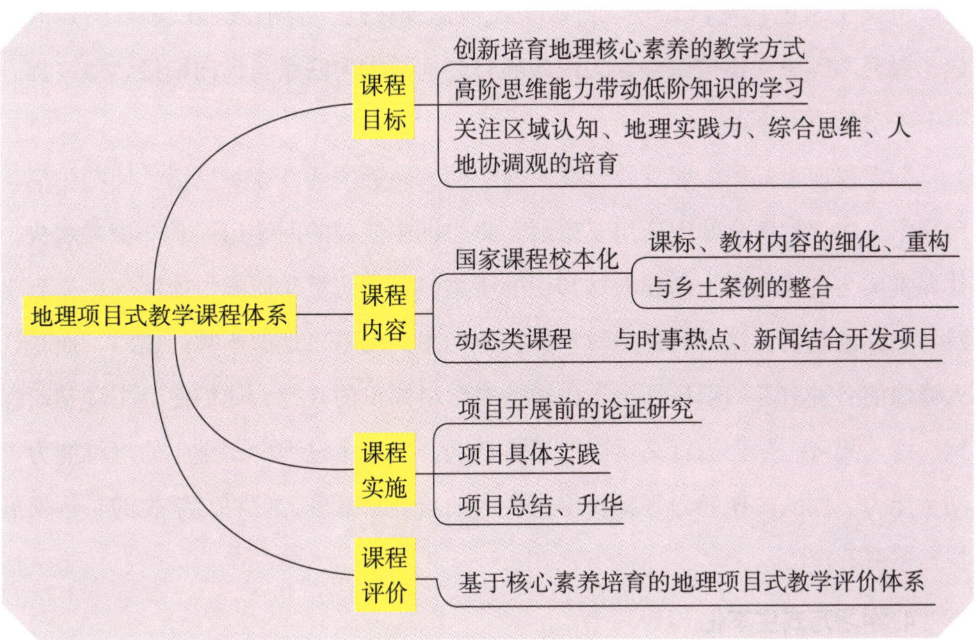

图2-4-19　地理学科项目课程体系

2. 学科内容综合化

科学上的重大发现和国计民生中的重大社会问题的解决，常常涉及不同学科的相互交叉和相互渗透。从项目式教学的设计流程可以看出，每一个项目的设计，大都是以主题方式将相关学科的教学内容有机融合，打破学科之间的界限。项目学习的“项目”，既可以是小组、班级、年级持续一两周的短项目，也可以是贯穿全学期或全学年的长项目；既可以是从单学科出发的项目，也可以是跨学科的项目。项目通常包含着来自现实生活的挑战，聚焦真实的问题以及能力的迁移。因此，项目的实施，必然要求能够综合运用多学科知识解决实际问题的综合能力。这种学科内容综合化的特性使学生开展跨学科综合学习，开阔了学生视野，加强了学生对多领域知识的理解和应用，有利于培养学生对事物的整体认识能力。

3. 教学情境生活化

项目式教学是课程实施思路的重构和课程内容的重建，它是基于学科核心概念、必备知识和关键能力的一种学习，学习内容、目的与教材和课程标准的要求一致。项目式教学强调把学习置于真实而有价值的情境中，通过学习来解决真实的问题，并实现已有知识、能力的实际运用以及新知识、能力的培养和发展。从这个意义上来说，项目式教学打破了原有的课程观，要求教师以项目问题的生成、探究和解决来建构课程，关注各项目之间的横向联系与纵向衔接，最终提升学生各学科的核心素养。

新课程理念提出，课堂教学要面向生活、贴近生活、联系生活、回归生活，引导学生将课堂所学知识应用于生活、将生活中遇到的问题用课堂知识去解决，让课堂成为沟通现实生活和教材知识的桥梁。项目式教学使学生能深刻感受到学科与生活的联系。谈到各种学科知识，他们想到的不再是做不完的题海，而是让人憧憬的各种有趣的项目。当学生重拾对学科知识的兴趣，他们便会主动钻研探索、深入思考，从而进行高层次的思维活动。在这个过程中，学生的思维能力、动手能力、团队协作能力等都将得到极大的培养和锻炼，这将对学生的长远发展发挥重要的作用。

4. 学习方式生本化

项目式教学改变了传统课堂过于注重知识传授的倾向，强调学生形成积极主动的学习态度，学生由被动地接受知识变为主动地建构知识，而教师则是项目实施中的合作者和促进者。学生可以自主选择学习项目，在发现和解决问题的过程中进行自主决策。学生获得知识和技能的过程，也是学生学会学习和形成正确价值观的过程。

在项目式教学中，学习方式以小组合作为主，学习资源可以通过书籍、资料库、网络、实践活动等多种形式和工具获取，学习过程可以利用网络和多媒体技术、课堂教学、校本课程、实践活动等完成。项目式教学多层次、多角度、合作化为学生构建了一个动态的、开放的、交互的学习环境，有利于培养学生的自主学习与合作学习能力，有利于培养学生的问题意识和质疑精神，真正发展学生的素养。

项目式学习不同于传统的接受式学习，学生不必完全听命于教师的讲授，而是根据自己的兴趣爱好、专长来选择适当的项目进行学习，以小组为单位，亲自调研、查阅文献、收集资料、解决问题、制作作品等，最后还要在课堂上展示自己的研究成果并相互交流。在项目学习中，学生能够充分调动学习愿望与动机，在小组合作、探究中主动建构各学科知识体系，运用学到的知识解决现实生活中的实际问题，综合提高多项能力。

5. 职业选择前瞻化

为解决真实情境中的现实问题，学生在项目中学习，在项目中探究，在学习和探究过程中充分认识自我，找到自己的兴趣与爱好，进而寻找适合自己发展的职业，为未来的职业选择指明了方向。这样，学生可以提前选择满足社会发展需要和自己感兴趣的专业，制订出符合自身实际情况的生涯规划，列出具体措施和日程，并积极做好知识、技能、思想和心理等方面的准备，努力实施生涯规划。前瞻性的生涯设计，可减少人生路上的犹豫和徘徊，避免浪费时光，并主动迎接未来发展的挑战。学校2018届毕业生石哲璇，开展了一项“生物修复海洋环境污染的微生物筛选”的项目研究，相关成果发表在全国中文核心期刊《中学生物教学》上，他决定将来要学习微生物专业（图2-4-20）。

图2-4-20　学生成果发表在核心学术期刊

六　国家课程项目式教学的实施保障

为保证项目式教学的顺利推进，学校进行了相关机制的创新。

1. 创建项目式教学推进机制，确保课堂改革顺利实施

（1）机构设置方面

学校成立项目式教学研究室，负责项目式教学实施的基本制度建设、活动组织运行及监督工作，保证了项目式教学的顺利开展，使学生核心素养的培养在国家基础课程的教学中得以落实。

（2）合作机制方面

学校与北京师范大学、青岛市教育局实施了“基于项目式教学促进学生核心素养发展的课程整合及课堂教学改进实践研究”合作项目。北京师范大学组织专家及助理团队，以每学科每学年六次现场指导的频率，到青岛三十九中指导教师进行教学诊断、课堂改进、学生评价和交流总结，听取学校的定期反馈、阶段性成果汇报，协助学校按时推进项目。

（3）工作制度方面

一是修订《青岛三十九中学校章程》，将“学校执行国家颁布的课程计划、课程标准，加强学校校本课程的自主开发与研究”写入章程，为项目式教学的推动奠定了良好的制度基础。二是制定了推进项目式教学实施相关的六项制度、一本手册和一份协议。

2. 创新实施国家课程，改进教育教学方式

（1）创新实施国家课程

学校以立德树人为根本任务，营造全面实施综合素质培养的氛围，使学生具备完整的现代知识结构和技能体系，达到提高学生综合素质的目的。学校组织教师对部分学科课程进行知识重组，以课题研究为载体，促进综合实践活动课程与学科课程的深度融合，并在此基础上对国家课程进行创新实施；以教研组为单位，对国家课程进行项目化改造，形成各学科由大项目、小项目和微项目组成的项目清单，由此构建起学校独具项目特色的课程体系，并探索实施项目式教学方式，推动学生的课程学习和核心素养培养。

（2）开发设计支持系统

在项目式教学实施过程中，为使学生主动参与问题解决并获得技能，学校大力开发项目式教学的支持系统。提供各类支持，如在解决抽象问题时提供认识模型、史料、设备及实验方法、问题解决的线索等。校外的支持系统包括大学教授、科研院所专家、社区工作人员、企业单位员工及家长等。校内支持系统主要是各科教师及网络资源。同时，为保证活动顺利进行，学校开发设计了学习日程表等支持系统。

（3）建设各类实践平台

为促进项目式教学深入开展，学校积极搭建实践平台。校内实践平台中，硬件平台包括各学科功能教室、海洋实验室、海洋生物科教馆、艺术楼、小剧场、宋文京工作室、徐殿平柔道馆、美式社团中心、光伏大棚、植物组培室、大型海缸等，软件平台包括艺术节、体育节、各类社团活动、英语演讲、电影拍摄等。校外实践平台，包括企业、医院、社区和各类科研院所等。这些实践平台，保证了项目式教学的顺利实施，使学生逐步习得包括知识、可迁移技能、高阶思维能力、关键品格等在内的21世纪核心素养。

（4）创新教学管理模式

首先，建立横向管理机制，强化教研组和集备组的职能，赋予教研组本学科课程开发和建设自主权。教研组全体成员通过整体规划，将国家基础课程进行课题化处理或项目化改造，形成项目清单；各集备组根据所在年级学生特点和教学进度，设计相关大项目、小项目和微项目，对同一主题可以设计成不同的项目；同时牵手北京师范大学专家团队进行高端备课，开展项目式教学研究。其次，建立纵向管理机制，形成课程中心—教务处—年级部—集备组—教师管理轴线，使项目式教学在整个高中学段顺利开展。再次，实行选课走班教学，学生依据不同的兴趣爱好和学习能力，构建不同的项目小组，开展同一主题不同项目的学习，最终习得知识、培养技能、落实核心素养。

综上所述，学校解放思想，立足改革，“创新实施国家课程，开发设计支持系统，建立各类实践平台，实施网络化教学管理、项目式课程整合和课堂改进”，解决了普通高中面临的学生研究性学习能力不足、有效沟通能力不强、创新能力缺乏及职业规划能力较弱等诸多问题，使学生获得适应终身发展和社会发展所需要的必备品格和关键能力，提高了人才培养的质量和针对性。

第5节　青岛三十九中教学改革研究成果

青岛三十九中始终走在教育教学改革的前沿，自实施教育教学改革以来，取得一系列教学成果，主要体现在海洋特色教育、国家课程课题化教学以及国家课程项目式教学三个方面。

一　海洋教育实施的成绩和效果

1. 实现了学生“海洋意识”和“科学素养”的培养

据不完全统计，自2013年起，近1000人次获得430项国家级奖项。每年均有40个以上学生研究课题获国家“海洋科研未来之星”优秀课题奖；在全国“2049年的中国”海洋科技畅想征文中，97人次获奖，其中特等奖2个、一等奖5个；在全国大中学生海洋文化创意设计大赛中获金奖2个，银奖6个；9篇学生论文发表于国家学术期刊；多个学生课题在全国海洋教育论坛等会议上展示。

学校对毕业生发展的追踪显示，学生就读高校期间各方面能力和素养发展突出，马帅同学参加全国大学生建筑设计方案竞赛，以“共享自行车道——青岛城区空间改造”获得铜奖，而这一创意就受到高中课题研究的启发。

学生在学校海洋教育的滋养下，视野不断开阔，对海洋的认知不断提升，问题意识不断增强，实验动手能力不断提高。课程的实施对提升学生科学素养起到了积极的效果，为课题研究的进行打下良好基础。

（1）激发学生兴趣，完成高中教育和大学教育的有效衔接，引领学生未来专业志向发展。

2013级付哲平同学荣获第12届全国中学生水科技发明大赛全国一等奖和第29届全国青少年科技创新大赛山东省一等奖，在中学和大学先后发表2篇关于海泥细菌电池的核心论文《海泥细菌电池电催化降解效应——一种海底石油污染生

态原位修复绿色新技术》《海泥细菌电池技术原理与特点及其应用前景分析研究——一种新型海洋可再生能源技术》。该生现就读于中国海洋大学工程学院。

2015级石哲璇同学在校期间，作为课题组长，带领组员完成长达38页的结题报告，并在核心期刊发表论文《微拟球藻对海水养殖废水中氮、磷的去除效果》。该生现就读于中国海洋大学海洋与大气学院大气专业。

（2）开展海洋教育，不断提升学生的视野，拓宽学生发展空间。

2014级董鸣泉同学进入海洋班后，在海洋科普讲座、课题研究等课程的浸润下，对海洋科学技术产生浓厚的兴趣，喜欢钻研相关专业的文献和书籍。他以“海洋科技发展”为轴线撰写的《2049年的中国——对海洋发展的分析展望》在“2049年的中国”征文活动中荣获特等奖。

（3）以兴趣为基点，培养和提升学生科学素养，为其终身发展奠基。

2015级郭晓萌同学从小对水生动物有浓厚的兴趣。自初一开始，郭晓萌在家中养殖佛罗里达螯虾，并繁育成功；在南山水产品市场形成了固定的客户群，定期为他们提供虾苗，赚取人生“第一桶金”。她还主动为学校淡水生态景观提供成虾。利用海洋教育的平台，她将螯虾作为实验材料开展了“虾肝肠孢虫感染的模式生物的可行性探究”的课题研究。在专业导师的指导下，她定期列出实验任务清单，有针对性地对复杂的专业问题进行逐个分析解决，其科学探究能力得到了极大的提高。在课题研究过程中，郭晓萌同学所展现的执着、乐于钻研的科学精神更是难能可贵。在高中课业压力紧张的情况下，她高二暑假连续20多天在学校海洋教育实践基地黄海水产研究所，带领自己的组员，开展了大量实验。因在高中阶段在课题研究方面的出色表现，在高三毕业典礼当天，她接到了黄海水产研究所海水养殖生物病害控制与分子病理学实验室的邀请。高考结束后，她作为课题负责人，在该实验室独立开展了为期三个月的“卤虫幼虫死亡和存活数量的快速计数方法”专项课题研究。

2018级缪奇晋同学在学校完成的海洋课题“利用二氧化钛对海水金属腐蚀的防治研究”，荣获国家级奖项“海洋科研未来之星”一等奖。他将课题的研究经历撰写成文章，参加了中国科协青少年科技中心等组织的“我是海洋科学演说家”的征文活动。因其独有的课题研究经历和真实的情感，他在全国决赛中脱颖而出，荣获该次活动的特等奖。

（4）激发学生学习兴趣，提升学生综合运用学科知识的能力。

2018级同学开展了“制取补碘胶囊”的课题研究，他们将化学课中学习的知识加以延伸和实践探索，从海带中提取并合成得到了KI与KIO_3溶液，然后利用细胞培养鉴定的生物学方法检测KI与KIO_3的提取率和补碘效果。

他们将化学和生物学知识有机整合，以达到解决实际问题的效果。这加深了他们对学科知识的理解，并极大地提升了知识迁移运用能力。在研究过程中，他们也提升了对学习的兴趣，培养了高考所关注的关键能力。

（5）海洋之外，还有“海洋”。

2011级侯朝阳、孙祺同学对磁悬浮产生了浓厚的兴趣，之后他们选择了“磁悬浮”课题进行研究，其成果得到大学教授的好评。两名同学在2014年高考中都选择了与设计相关的专业。

2013级杜天时课题组对空气质量进行检测和探究，完成的《青岛春节期间大气颗粒物数浓度的变化特征》论文发表在核心期刊《城市环境与城市生态》上。

2. 扩大学校社会影响

因海洋特色教育成绩突出，学校被教育部中国教师发展基金会评为“全国特色学校”，学校荣获山东省校本研究先进单位。中央电视台、中央人民广播电台多次对学校海洋教育进行报道。2011年，“青岛三十九中（海大附中）海洋教育课程”被评为山东省优秀课程资源专题资源一等奖。2014年5月，“蓝色海洋教育研究”获得山东省基础教育成果奖一等奖。2014年10月，“蓝色海洋教育课程”获山东省首届特色课程一等奖。2015年，青岛市“十二五”规划重大课题结题。2015年 5月，环球网发文《39中海洋班常科考实践　学生论文屡登核心期刊》。2015年 7月，省级课题“海洋化学校本课程研究”结题。2017年，“海洋特色校本课程”被评为青岛市精品课程。2017年3月，《中国教育报》专题报道学校海洋教育。

白刚勋校长先后被评为“2011年度全国十大海洋人物”“2016年度领军校长”，著有《大教育视野下特色课程构建——海洋教育的开发实施》一书，并多次在国家教育行政学院校长培训班、全省高中校长培训班等会议上进行典型发言。

3. 辐射带动全国海洋教育的发展

2012年，学校牵头承担了国家海洋局立项的全国中小学海洋意识教育系列教材《我们的海洋》（初中版、高中版）的编写，前后经过9稿修改。该系列教材于2014年正式出版，现在海南省全省推广使用该系列教材，学校教师先后多次为海南省的海洋教育提供教材使用培训。2014年，学校23位教师编写了《海洋文化》《海洋物理》《海洋生物》《海洋化学》和《海洋地质》海洋教育校本教材系列丛书（套书共5册），完善了学校海洋教育课程。

在学校辐射带动下，青岛市建立了100所海洋特色学校。2012年，中国海洋报社海洋编辑部落户学校。2014年，青岛市市南区成立海洋教育联盟，学校为发起单位。2017年，青岛市教育学会海洋教育专业委员会成立，学校为理事长单位。2017年，青岛海洋科普联盟成立，学校为首批重要成员。学校定期为周边兄弟学校开设海洋讲座，推进海洋教育。海南、贵州等省的多个地区在学校多次送课及培训的影响下，已全面推进海洋意识宣传教育，发展学生的科学素养。2017年11月，学校在全国“STEAM教育与学校课程建设”学术论坛做专场发言。

上海育才中学、厦门科技中学等近百所学校先后到我校参观学习。教育部基础教育司司长吕玉刚、原山东省教育厅副厅长张志勇、教育专家齐健等在论坛、专著中引用学校海洋教育成果并进行推介。

4. 产生较为广泛的国际影响

新加坡、新西兰、法国、德国、加拿大等多国友好学校来学校访问交流。2015年10月，北太平洋组织科学家来到学校考察海洋教育。副执行秘书巴特勒斯博士感叹道：“我直到上大学时才开始接触实验室的这些先进仪器。”维拉博士题词：“加油吧，同学们！你们就是未来的科学家！”2015年，丹麦皇家科学院院士比拉尔·哈克博士来校指导，对学校海洋教育给予高度评价。哈克博士坚定地认为“从青岛三十九中一定会走出诺贝尔奖的获得者”。

青岛三十九中的海洋教育经过十多年探索和实践，带动了学校教育教学改革与创新，形成了特色鲜明的办学风格。这一模式对沿海城市普通高中开展特色化办学以及教育教学改革具有一定的借鉴价值。

二 课题化教学的成绩和效果

国家课程课题化教学的实施策略，在实践中丰富了学校课程改革的理论体系，促进了教师专业发展，加速了创新人才的培养，为教育赋能，效果明显。

1. 丰富了学校课程改革的理论体系

构建的聚焦核心素养培养的基础知识、基本技能、基本思想、基本经验、基础人格“五基一体”的课程体系，丰富和发展了学校学科教学理论，有效地指导了学校的基础课程建设和发展。

学校每个学科以教研组为单位设置了学科课题清单，将适合本学科研究的课题内容进行整合，形成学科课题清单。

学校在课题化探索研究过程中形成了“1 + 1”课堂教学理念。这种理念支撑着所有课堂教学问题的设计与研究，对其的具体解读为：从课堂教学价值取向上来说，前一个“1”如果是工具性的知识掌握，则后一个“1”则为人文性的价值追求；从课堂教学方式上来说，前一个“1”如果是传统讲授，则后一个“1”则为现代探究；从课堂行为主体来讲，前一个“1”如果是教师主导，则后一个“1”就是学生主体；从课堂教学评价来说，前一个“1”如果是应试需求评价，则后一个“1”就是学生发展需求评价；从课堂文化上来看，前一个“1”如果是严格的师生等级制内敛规范型的制度文化，则后一个“1”就是师生平等的开放生成型民主文化。总之，“1 + 1”课堂教学理念实则为一种兼顾，一种和谐、包容，它的本质精神完全符合新课程理念，是新课程教学理念的具体演绎。

2. 促进教师专业发展

学校制定教师专业发展策略。通过专家引领、同伴互助、教师自我反思，拓宽教师的教育教学理论视野，提高教师的基本教学技能和教育教学专业水平，促进教师的专业发展，提升教师的学术能力及职业幸福感，使教师在教学中能够高效达成教学目标。

提升教师专业研究能力。为满足指导学生进行课题研究的需要，教师要提升自身的研究能力，能够以学科基本概念和原理为中心，选取聚焦学科概念、体现学科素养和关键能力的教学主题进行分析，诊断学生的已知点、障碍点和发展点，找到该主题学生素养发展和能力提升的功能价值与教学要求，然后对学科内容按专题进行整合，对涉及某些相关学科的知识进行深度融合，整理规划出课题目标。在教学过程中，学生在课题研究中体现的创造力和能动性又倒逼教师不断丰富自己的学科知识、提升自己的学科专业素养。2011—2015年，学校组织教师编写海洋教育校本教材，不仅完善了学校的海洋教育课程，更提升了教师的课程开发能力，也强化了教师对核心知识、关键能力的把握，使教师在指导学生实施相关课题研究的过程中更加得心应手。

促进教师的"一专多能"多元发展。课题化研究课题，既可以是小组、班级、年级持续一两周的短课题，也可以是贯穿全学期或全学年的长课题；既可以是从单学科出发的课题，也可以是跨学科的课题。课题通常包含着来自现实生活的挑战，涉及真实的问题以及能力的迁移，在课题实施的过程中需要综合运用多学科知识解决实际问题。作为课题的指导者、参与者、促进者，教师需要具备一定的跨学科知识，向"一专多能"多元化方向发展，提升自己的综合研究能力。学校一位历史学科背景的教师，负责学生综合性学习课题的立项、开题、结题报告撰写等指导工作。通过课题化教学研究，该教师已成了一位"杂家"。他进修了法律，广泛涉猎了理科方面的相关知识。出于指导学生课题的需要，他对红树林搜集资料、实地考察，进行了深入研究。学校一位生物教师带领学生进行活珊瑚养殖的课题学习。活珊瑚对水质要求很高，活珊瑚养殖在海水养殖领域一直是一个世界性难题。这位教师带领学生一起研究，最终通过探索繁育水体环境条件及珊瑚幼虫的开口饵料、控制水质条件及幼虫成活率达到活珊瑚繁殖标准。现在这些人工养殖的活珊瑚已存活3年有余。该课题成果令科研院所专家惊讶不已，能够成功繁育、养殖珊瑚并维持数年实属罕见。

构建教师学习共同体。在课题实施的过程中，教师也需要通过学习共同体的建立，促进课题研究的深入开展。为了设计出吸引学生积极参与、富有挑战性的课题研究，从课题内容设计、学科核心素养和关键能力培养、驱动性问题设置到活动目标制定、活动评价等环节的安排，集备组教师需经常交流碰撞，随时请教专家，进行各种"试验性探索"，并以"教学案例"的形式及时总结实践经验。教师对大量教学案例的整理和分析，既丰富了现有的教学资源，又形成了对某些典型问题的处理模式。课题化教学使教师队伍变成了强有力的学习共同体，共识、共享、共进，为学生课题的有机运行提供必要的保障。

在学校近几年课题化教学实践中，教师面临诸多挑战。他们迎风前行，从“提升专业研究能力”出发，积极探寻课题化教学中教师角色的转变路径以及应对课题研究挑战的各项策略，最终形成了“高端引领+同伴互助+课堂实践+教学相长”的教师专业发展模式。实践证明，专业发展成就教师，教师发展成就学生，师生共同进步成就学校。

3. 在真实问题解决中发现与培养创新人才

在全国教育体制改革创新的形势下，课题化教学有光明的前景，它能让学生的知识、能力和情感得到深层次的挖掘，极大地调动学生学习的积极性、主动性，激发学生的创新探究能力，给予学生更大的思维空间。实践证明，学生有兴趣也有能力进行这种课题化学习。课题化学习为不同认知水平、不同兴趣爱好、不同发展倾向的学生搭建了广阔的平台，培养了学生开阔的思维能力、实践动手能力，也为培养高素质的复合型人才创造了条件。学生在课题研究中进行小组讨论、撰写课题报告、进行答辩展示，这种学习体验对他们具有潜移默化的积极作用，在学生进入高校后他们的学习生活也更加如鱼得水游刃有余。

学校在创新人才培养，尤其是拔尖创新人才的发现与培养方面，有非常深厚的底蕴。课题化教学承载着发现、培养拔尖创新人才的使命。近十几年来，学校在科技竞赛方面成绩斐然。当然，创新人才不能仅仅看竞赛成绩，创新人才与竞赛之间没有必然的联系，但每一个学生在竞赛过程中表现出来的创造性潜质却应是我们研究的重点，启示我们不断探寻创新人才成长的规律，将其进一步应用到教育教学中，发现并培养更多的创新人才，为国家的发展打下坚实的基础。

4. 课题化教学模式的创新点

教学模式的创新在于：以问题为切入点，以课题研究为核心，综合运用多种教学方法，有效地实现了“授人以鱼”和“授人以渔”兼得的教学目的。与其他教学模式相比，课题化教学的创新点如下。

第一，将教师提出问题的模式改为让学生提出问题，将教师解答问题的模式改为引导学生解答问题。

第二，问题任务驱动与课题研究有机统一。提出问题是课题研究的前提，课题研究是解决问题、锻炼思维的有效途径，也是课题化教学活动的核心。

第三，获取知识与培养技能有机统一。不论是提出问题，还是课题研究，都既是一个获取知识的过程，又是一个技能训练的过程。就两者的地位而言，课题化教学模式更侧重于培养学生发现问题、解决问题的能力。

第四，知识点与知识面有机统一。对每一个课题小组成员而言，课题研究所涉及的仅是知识单元的一“点”，而通过展示课题研究成果又转化为其他课题小组成员的“面”。“点”与“面”有机结合，体现出专题化教学模式的合理性和高效性。实践证明，专题化教学模式能极大地调动学生的学习积极性，学生的独立性、创造性、学习能力、科研能力和专业兴趣也能有较大程度的提高。

课题的选择渗透着师生的社会责任感和强烈的创造精神，它凝聚着教师和学生对教育现状的关心、热爱与追求的情感。课题研究对学生的学习是一种高度自由和全身心投入的创造性过程。学生在课题研究中既要交互讨论，又要查阅大量的文献资料，还要参与社会调查。在形成研究结论的过程中，学生的知识结构会发生变化，其内化知识中还隐含着体验性缄默知识，这是显性教学无法达到的效果。

以上虽然只是学校的课题化教学模式的实践与探索，但仍然具有一定的参考性和应用普遍性。相信随着教学实践的发展以及学校间交流、沟通的不断加强，课题化教学模式将会不断得到改善，从而获得更广阔的应用空间。

青岛海滨潮间带动物生命活动观察

组长：袁宏祥　组员：王宇卓　王一帆　马恺　陈洪光　孙艺宁

指导老师：黄海水产研究所　史成银研究员

青岛三十九中　白晓歌老师

1. 研究背景

北冥有鱼，其名为鲲。鲲之大，不知其几千里也……

——庄子《逍遥游》

战国时期的先贤用神话般的笔触，为我们勾勒出海洋生物的异彩纷呈；甚至在更早的夏商时期，南方的夷人就开始以鱼虾为食，打鱼为生；而在李时珍的《本草纲目》中，更是记载了诸多药用价值极高的海洋生物。可以说，海洋生物的利用在中国有着悠久的历史。

“21世纪是海洋的世纪”，海洋中的生物资源更是一座无与伦比的宝库。高蛋白的海鲜丰富了我们的餐桌，经济鱼类的大批养殖推动了国家的经济发展。作为生于斯、长于斯的孩子，青岛海滨是我们可爱、美丽的家乡。因此，我们组就从最熟悉也是最陌生的潮间带海洋生物入手，以潮间带动物的生活习性为题，开展了本次研究性学习。

2. 研究方法

2.1 样品的采集与处理

通过现场实地考察，我们在青岛海滨选择了3处潮间带动物密集的地方作为采样地点，分别为八大关附近、麦岛附近和雕塑园附近。在查阅了《青岛海洋潮汐表》并确定了退涨潮时刻之后，从2012年1月20日至2月11日分别进行了4次样品采集。将采集到的海洋动物分别放入不同的鱼缸中饲养，定期更换新鲜海水，水温为25～26℃。每日定时投喂鱼饲料2次。

2.2 样品的分类与生活习性观察

依据《青岛海滨习见无脊椎动物》《烟台海滨习见无脊椎动物原色图谱》等文献资料，并通过互联网查询等方法，对采集到的海洋动物进行初步分类。每日观察其生活习性、活动、体色变化规律等并记录。

3. 结果与讨论

3.1 样品采集情况

在冬季青岛近海水域中，我们共采集到4种海洋动物。样品采集的时间、地点，采集到的动物种类及数量等情况详见表1。

表1　青岛海滨潮间带动物采集结果

采集日期	采集地点	动物种类及数量	备注
1月20日	栈桥附近	鱼1条	第一次海边考察
1月22日	雕塑园附近	肉球近方蟹3只	天气很冷
2月11日	麦岛和雕塑园附近	鱼4条，其中小黄鱼1条	阳光充足
2月12日	第一海水浴场	海蛇尾1只，透明粉鱼1条	采样很艰难

3.2 样品的分类鉴定与生活习性观察

3.2.1 肉球近方蟹

肉球近方蟹（图1）属于爬行纲，方甲科，主要分布在中国近海低潮线的岩石下或石缝中，进食以鱼为主。

经过11天的观察，发现肉球近方蟹在海水中很活跃，在无水的情况下很安静。其形态特征是头胸甲呈方形，前半部稍隆起，表面有颗粒及红色斑点；后半部稍平坦，颜色亦较浅。

图1　肉球近方蟹

3.2.2 痕掌沙蟹

痕掌沙蟹（图2）是沙蟹科沙蟹属动物，主要分布在中国南部沿海及北部的山东半岛，进食以鱼为主。

我们观察到该蟹的头胸甲呈方形，额窄，呈咖啡色；眼大，长椭圆形，眼窝大而深，腕节表面具有颗粒。

图2　痕掌沙蟹

3.2.3 海蛇尾

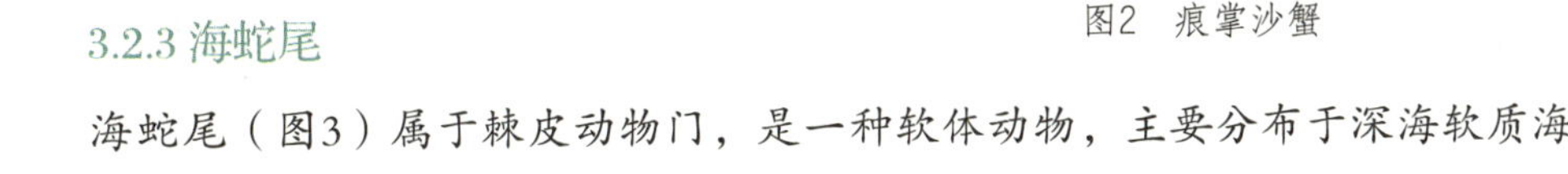

海蛇尾（图3）属于棘皮动物门，是一种软体动物，主要分布于深海软质海底。进食以海底淤泥中的有机物碎屑为主。

经过3天的观察，发现海蛇尾在海水中很安静，在无水情况下很活跃。经过多次试验验证，海蛇尾的这一生活习性与螃蟹明显不同，两者形成了鲜明的对比。海蛇尾的嘴在其身体下侧中部，且足部有许多吸盘，能使它向各个方向移动。但海蛇尾在水中几乎不运动，给我们的研究造成了很大的困难。

图3　海蛇尾

3.2.4 鱼1（小花）

在采集到的4条鱼中，有3条鱼未能鉴定出其品种。依据其体色特征，暂且称为“小花”（图4）。经过6天的观察，发现最初时其身体底色呈金黄色，花纹呈深灰色；随着时间或环境的变化，其花纹会消失或变淡。其体纹变化过程如下：①花纹呈深灰色，②出现横向花纹，③横向花纹断开，④变化为纵向花纹。

图4 鱼1（小花）

3.2.5 鱼2（小粉）

在采集到的鱼中，有1条鱼依据其体色特征，暂且称为“小粉”（图5，红圈中所示）。该鱼尾短，侧鳍小；身体无花纹，体色会变化。将该鱼放置在暗处几分钟，再移到光亮处时，鱼体色会变暗。该鱼体色浅时，全身透明，可以看到腮丝；体色深时呈深棕色。研究表明，鱼的体色明显受光照影响，可以随着周围环境的改变而出现显著变化。这种现象应该是鱼对环境的适应。

图5 鱼2（小粉）

该鱼生命力顽强，至实验结束时仍健康存活，最后我们将其放归大海。这种较强的环境适应能力，应该有利于该鱼的人工养殖。因此，该鱼是潜在的水产养殖品种之一。

4. 总结与展望

通过此次研究性学习，我们采集到了几种常见的青岛海滨潮间带动物，并进行了初步的分类；观察到了这些动物一些有趣的生命现象，初步了解了它们的生

活习性，取得了一定研究成果。但由于气候、饲养条件等客观条件的限制，有一些实验计划未能完成。下次的研学重点将集中在以下几方面进行。

①进一步观察鱼体花纹变化特征，总结变化规律，分析其变化原因。

②采集更多的潮间带动物品种进行研究。

③尝试研究并绘制潮间带生物食物网。

④研究、总结青岛海滨潮间带动物的生活习性，与世界各地典型潮间带动物习性及特点进行比较，从气候、地形、人类活动等方面分析其异同。

5. 参考文献

[1] 中国科学院海洋研究所无脊椎动物室全体青年. 青岛海滨习见无脊椎动物[M]. 北京：科学出版社，1959.

[2] 王晓安，孙虎山等. 烟台海滨习见无脊椎动物原色图谱[M]. 北京：科学出版社，2011.

三 项目式教学提升学生核心素养的成绩和效果

学校自实施项目式教学以来，取得了一系列重大教育教学成果，主要体现在学生核心素养培育、教师专业成长、学校教学水平提升等方面。

1. 关注学科核心素养，培养学生关键能力

学校将项目式教学应用于国家普通教育课程中，建立了科学设计与实践应用的相关机制。针对当前学生关键能力和核心素养培育中存在的问题，学校组织教师对项目式教学目标的确立、内容的组织、任务的设计、支架系统的建立、评价激励机制的完善等综合设计，形成了一整套符合高中学情与考情的实施策略和方法，使项目式教学的研究聚焦到与学科教学的结合点上，并关注教与学的每一个环节，使学生的核心素养在具体的教学细节中得到落实与巩固。

不同学科的项目式教学成果与产品有着不同的表达方式。

项目成果1：高中生物学学科“果酒制作”项目中，以项目问题“如何制作果酒”的生成、探究果酒制作的条件和解决问题的过程来推动学生核心素养的发展，既提高了学生的学习兴趣，又培养了学生的人文底蕴、科学精神、创新精神

和实践能力，使他们更好地应对复杂多变的问题情境。

在海报制作过程中，学生将生物学与美学结合在一起；制作模型的过程中，根据酵母菌模型向外延伸，推广到教具、儿童益智玩具、挂饰小物件，将生物学与建筑、美学结合（图2-5-1）。

（a）制作模型1

（b）酵母菌模型2

图2-5-1　酵母菌模型制作

如图2-5-2所示，作品主题为“墨微”，意思是水墨画下的微观世界，远看是山水画，近看是细胞结构图。左上是学生自己独创的诗，诗歌解释了每一部分对应着的细胞结构。那两艘小船是线粒体，远山指细胞核，弯弯曲曲的小路指内质网，其上点缀着核糖体，石兀水是液泡，最外侧是细胞膜。

图2-5-2　学生设计的中国风T恤图案

项目成果2：高中生物学学科的超然社区“田园综合体”项目，是以实践活动为载体，通过项目活动的设计与实施，调查得知超然社区遍地种植果树，生态环境优美，空气质量优良；在果树下种植蔬菜，充分利用有限的土地资源；合理使用农家肥，减少环境污染。依托超然社区良好的自然环境、资源优势和已有的产业基础，结合“三农”问题发展策略，学生设计了超然社区“田园综合体”，规划了五个功能区，每个功能区承担不同的功能。功能区规划如图2-5-3所示。

生态农牧区

为综合体发展和运行提供产业支撑和发展动力。
为了使有限的土地达到最大的生产力，设计了林下经济发展模式。

休闲娱乐区

满足游客各种需求的综合产品体系，设置垂钓区、野营区、野炊区和休闲游戏区，使城乡居民能够享受休闲、体验乐趣。

特色住宿区

居民和管理人员所在区域，同时供游客住宿。设计沼气工程，解决生产生活废弃物，实现物质的良性循环，减少环境污染。

生态观光区

吸引人流、提升土地价值的关键。以田园景观、赏花游乐和优质花艺品为基础的主题观光区域。

生态体验区

预留土地，让游客亲身体验田园生活，体验收获的乐趣。

图2-5-3　田园综合体功能区规划

整个项目化学习，以实践活动为载体，通过项目活动的设计与实施，让知识体验贯穿于整个项目活动中，使学生在活动中体验、在活动中学习，使学生的知识探索更加系统化、综合化；同时，学生的角色由被动的接受者转变成了主动的知识建构者，能够充分培养学生的自主学习能力、问题分析与解决能力、团队协作能力。

项目成果3：“决心抗疫　用心行动”主题作品。教师以疫情为背景精心设计了项目式教学的内容和课题方向，以疫情为素材，变家庭为课堂，在开展项目式教学的同时，激发学生的社会责任感。其中，小推车、灭菌灯、测温枪、测温门等学生项目式教学成果，被应用到疫情防控期间开学报到中，为开学报到的学生提供了极大的帮助，获得一致好评。“半岛新闻”对学生的项目式学习活动进行报道，山东省教育厅公众号进行转发，产生了广泛的社会影响。（相关报道见附件）

把“疫情”作为项目式教学素材，青岛这所中学的探索给我们哪些启示

山东省教育厅　山东教育发布　3月21日

利用物理电磁波知识和电脑编程，设计出红外测温枪；

利用灯管发光原理和电路图，制作出紫外线灭菌灯……

这些都是青岛三十九中高中部学生在这个假期里的研究性学习成果。

生活即课堂，疫情即知识。

近期，青岛三十九中抓住当下特殊的教育形势开展了“决心抗疫　用心行动”主题作品征集活动，各学科老师针对疫情，精心设计了项目式教学内容和课题研究方向，鼓励学生们动手参与设计和制作。学生们也交出了一份份满意的答卷，显示出了极高的素养和能力。

融合多学科知识，完成测温枪的制作

最近一段时间，青岛三十九中高二学生李奕莹完成常规学习之余，一有时间就投入到红外测温枪的制作中，查阅论文、购买器件、画原理图、完成组装、编写程序……每一步都在老师的指导下，有条不紊地进行。热爱物理专业的他在实际研究操作的过程中，愈发感受到知识的魅力。“体温枪是把不同温度物体的电磁波进行处理，输出为带有温度信息的电子信号，由于测量快，在疫情防控期间应用很广。我想深入探究它的制作原理，希望能用所学的知识完成它。”李奕莹表示。

制作测温枪是一个把多学科知识融合的过程，期间李奕莹克服了重重困难。测量原理搞不明白，他就在网上查资料，甚至阅读了多篇大学专业论文；拼接的过程中，有些部件和主板不兼容，他就更换部件反复试验；由于测量的距离、角度、周围干扰因素等导致测量结果总是有误差，他就通过电脑编程，用算法补偿了这些误差。

在这个制作过程中，他不仅体会到了学习的快乐，也使自己的实践能力、思维眼界都上升到了一个新台阶。“在这个病毒肆虐、物资匮乏的特殊时期，无数工作人员冲上了最危险的第一线。我很想拥有足够的知识，也为这场防疫战尽一份力！今后我会朝这个目标不断努力的。”李奕莹说。

在研究中激发学习兴趣，明确专业志向

另一名高二学生吴非带领小组组员共同完成了紫外线灭菌灯的制作。作为组长，吴非从一开始就给组员们分配好了各自的任务，有的搜集制作材料，有的去查灭菌灯的结构，还有的负责设计电路图。“紫外线灭菌灯主要运用了灯管发光原理和电路知识，基本上用我们高中的物理知识就能完成。”但是在实际动手操作的过程中，还有很多具体细节需要推敲。

考虑到紫外线对人体的伤害，想要实现电路白天接通晚上断开的状态，该如何设计光控开关？小组成员们结合生活实际，在网上找到了原理相似的路灯光控开关，把它运用到了灭菌灯的制作上。要把光控开关和灭菌灯连在一起，吴非一圈一圈地手动缠绕导线里的铜丝，体验了一回“电路工人”。看着手里的灯管、灯座、插头、导线、光控开关等零部件最后成功组装成了实物，吴非和组员们内心充满了成就感。

完成这个项目之后，吴非又在准备自己的新课题，他说市面上那么多不同品牌的牙膏，他想亲自进行一番实验，看看哪种牙膏的杀菌效果更好、哪种牙膏的性价比更高。“通过项目式探究学习，我了解到了教材背后的庞大世界，了解到了先贤们薪火相传的探索精神，也体会到了教材知识在实际生活中的应用，这些收获让我更加热爱学习了！”吴非说。通过这次疫情，他更坚定了内心学医的志向，希望有朝一日能在医学研究领域有所作为。

全校师生广泛开展疫情主题的研究创作

对于学生们在这个假期完成的众多项目式教学成果，青岛三十九中校长白刚勋也由衷地为学生们的突出表现点赞。他认为面对疫情，这对学生来说也是一次难得的教育契机。“根据省统考试题的命题导向，近年来高考命题逐步从考‘知识、能力’到考‘素养’，从‘解答题目’到‘解决问题’转变。”白刚勋介绍，为此学校要求全体老师结合新冠肺炎疫情，从学科角度充分挖掘命题素材，进行命题设计研究，开发相关课程，培养学生解决问题的能力。比如，思想政治学科从发挥政府职能、依法防疫等角度设置课程，凸显社会主义制度的优越性，学生在进行相关学习的同时，也增强了制度自信和道路自信。

同时，青岛三十九中把疫情当作项目式教学素材，鼓励学生开展以“决心抗疫 用心行动”为主题的作品创作，作品主题可以聚焦疫情防控一线的医护人员和各行业工作者的感人事迹；深入研究新冠肺炎的症状、特点、预防知识及各级部门防控政策；针对疫情防控，如何利用学科知识、发明创造为疫情防控助力；调查新冠肺炎传播途径、影响范围及相关人员的心理波动等方面，李奕莹和吴非的制作成果都是该活动中的一部分。“希望三十九中学生人人都能‘在研究中学习，像科学家一样思考’，全面提高实践能力、理性思考能力和社会责任感。”白刚勋表示。

来源：半岛新闻（记者：孙雅琴）

项目成果4：学生开发了丰富多彩的项目产品，开展了许多实验探究项目（图2-5-4～图2-5-6）。

图2-5-4　语文课上学生组织排演的项目情景剧展示现场

图2-5-5　生物课上学生展示制作的果酒解说现场

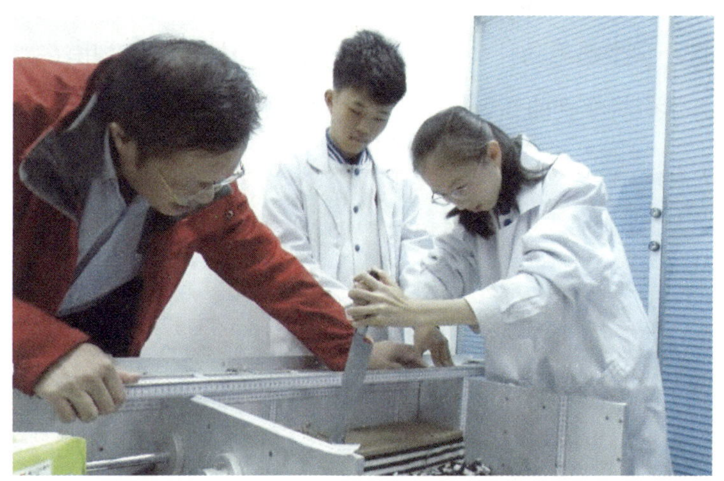

图2-5-6　大学教授在指导学生开展项目课题研究实验

2. 契合高考评价体系要求，落实核心素养，凸显高考能力

项目式教学与发展学生核心素养、落实课程标准和中国高考评价体系理念高度契合，近几年不少教师设计的项目活动与高考试题“撞车”。例如，我校化学项目式教学中，宋立栋老师“联合办厂——基于硫酸工业项目的元素化合物模型构建”、顾喜阅老师“食品中硫的测定——硫的转化的复习”的问题背景和设问，“撞车”高考试题的内容（2018年全国高考理综试题全国Ⅰ卷化学实验试题的第27题）。

语文学科的项目式教学是整本书阅读，倪蕴佳老师在2017年进行的整本书阅读“《论语》读人”课堂教学（图2-5-7），与2018年北京高考语文试题中微写作的其中一个题目不谋而合：读了《论语》，在孔子的众弟子之中，你喜欢颜回，还是曾参，或者其他哪位？请选择一位，为他写一段评语。

共读整本书，提升核心素养

——项目式学习之语文教学改革实践与感悟

青岛三十九中　高中语文组　倪蕴佳

一、学生阅读与阅读教学的现状

朱永新教授曾经说过“一个人的精神发育史就是他的阅读史，一个民族的精神境界取决于阅读水平。”目前，对于大部分学生而言，语文教材是进行阅读的主要载体。从教材编选上来看，我们主要采取单元的方式，每个单元中由单篇的选文组成。虽然在这些单元中都有统一的教学目标，但是很多时候这是一种人为

图2-5-7　倪蕴佳老师课堂的课件图片（部分）

2020年山东省高考思想政治试题第17题（图2-5-8），试题情境设置为治理高空抛物坠物这一学生熟悉的社会现象，引导考生学法守法懂法用法，积极参与社区治理，考查学生将学到的知识应用于新情境、解决实际问题的能力。

17.（9分）

关于治理高空抛物坠物的“呼”与“应”

民有所呼

近年来，高空抛物坠物危及人民群众人身财产安全的事件时有发生。社会公众强烈呼吁各方彻底整治高空抛物坠物。

某智库针对社区治理进行的一次网上“微调研”显示，在应对高空抛物坠物等问题上，30.03%的人认为社区采取过有效措施；26.40%的人认为社区虽采取过相关措施，但大都流于形式；39.60%的人表示所居住的社区并未采取相关措施。

法有所应

第一千二百五十四条　禁止从建筑物中抛掷物品。从建筑物中抛掷物品或者从建筑物上坠落的物品造成他人损害的，由侵权人依法承担侵权责任；经调查难以确定具体侵权人的，除能够证明自己不是侵权人的外，由可能加害的建筑物使用人给予补偿。……

物业服务企业等建筑物管理人应当采取必要的安全保障措施防止前款规定情形的发生；……

发生本条第一款规定的情形的，公安等机关应当依法及时调查，查清责任人。

——摘自《中华人民共和国民法典》

治理高空抛物坠物是全社会的共同责任。结合材料，运用政治生活知识，说明社区居民应如何参与社区的高空抛物坠物治理。（9分）

图2-5-8　2020年山东高考思想政治试题（部分）

学校政治组王哲老师2017年设计了“从青岛露天烧烤专项整治行动看政府权力运行”项目教学，项目任务是共建美丽青岛需要全社会的共同努力，学生分角

色扮演群众、商家、专家、政府，讨论应该如何整治青岛露天烧烤。情境设置为学生熟悉的社会现象，引导学生树立法治意识，提升公共参与，为社会治理建言献策，培育学生用所学知识创造性解决开放、复杂、真实情境中的问题的能力，并能进一步迁移运用到其他情境。该项目式教学所设任务与高考题设问方向一致且思维逻辑更加周全严密，引导学生构建公民与政府等相关主体的联系，培育学生进行多角度思考和综合论证的能力。

2020年山东省高考化学试题第12题，以α-氰基丙烯酸异丁酯用作医用胶为真实情境命制试题，取材于鲁科版选择性必修模块《有机化学基础》第二章的一个微项目素材。该题从物质微观角度分析和预测物质的性质，建构解决一般物质性质预测的思维模型，落实微观探析与模型认知核心素养的思路。该题目与学校梁蒙老师“制备医用胶”项目思路基本一致。

还有多个学科老师开发的项目都不同程度地与高考题的命制不谋而合。如果说一个题目的“撞车”属于偶然，那么多个题目、多个学科同时“撞车”就不是偶然了，而是备考方向和教学改革方向一致的表现。这更进一步说明了学校开展的国家课程项目式教学精准地把握了备考方向。

在项目式教学中，教师通过驱动项目任务，拆解为项目问题，提供学习支架保证学生的学习活动顺利进行，并通过诊断、追问、示范帮助学生进行问题转换、科学探究、获取证据、解决问题，最终形成成果。在这一过程中，学生掌握了必备知识，自觉反思了认知方式，提升了关键能力，发展了学科素养，从而使情感态度升华形成核心价值、关键能力，进而提高了高考的备考能力与高考成绩。由此可见，项目式教学是解决“如何在教学实践中发展学生核心素养”这一问题的有效途径。

3. 项目式教学实施，促进教师的专业发展

项目式教学要想获得更好效果，需要教师有深度、有思考的全面指导。而在高中学科教学中，一方面，对分数的关注往往让教师更多地关注应试技巧，所以在对学生进行引导时不可能真正关注到学生的兴趣点，存在换汤不换药、热闹不少深度不够的情况；另一方面，项目式教学对教师而言也是需要探索的新形式，所以在项目研究及实施过程中也会存在教师不知道怎样做的情况，面对学生难以完成的任务教师可能忍不住会有包揽一切、替学生完成任务的想法。

要探讨有效的措施，就要求教师转变角色，做到眼里有学生、与学生共设计。项目式教学中，对教师的角色可以重新定义。教师可以大胆转变角色，除了做引导者，还可以尝试向学生求教，共同探讨研究驱动型问题，使项目活动取得实效。这个过程既能增强学生的参与热情和意愿，也能让教师逐渐发生转变，真正去思考教学的方式和意义。

项目式教学使曾经只囿于教材和教辅之间的教师转向了项目教学与情境创设。教师把学生引向了社会，引向了鲜活的生活，引向了学术著作和期刊；为此，就必须要自己先走进社会、关注生活、研读学术著作。

2017年8月，项目式教学研究与实践在学校全面展开，学校形成了“高端引领+同伴互助+课堂实践+教学相长”的教师专业发展模式。多名年轻教师在这一模式下，将项目式教学实践作为攻读硕士研究生的研究课题，完成多篇毕业论文（表2-5-1），极大地提升了年轻教师队伍的专业素质。图2-5-9所示为张锐老师的硕士论文《项目式教学在高中物理教学中的应用研究》在中国知网的截图。

表2-5-1 我校年轻教师硕士研究生毕业论文在中国知网收录情况

学科	作者	硕士论文	毕业学校	毕业时间
物理	张锐	项目式教学在高中物理教学中的应用研究	华东师范大学	2019.9
思想政治	王馨	项目教学法在高中思想政治教学中的应用研究	华东师范大学	2019.12
语文	韩乔	基于项目式学习的国家统编高中语文教材实践研究	华东师范大学	2020.6
历史	张洪悦	项目式学习在高中历史教学中的实践研究	华东师范大学	2020.6
化学	顾喜阅	高中化学元素化合物模块下的项目式教学研究	西南大学	2020.6
英语	王笛	项目式教学法在高中英语教学中应用的行动研究	东北师范大学	2020.6
数学	陈雪	项目式教学在高中数学教学中的策略研究	西南大学	2020.6
		……		

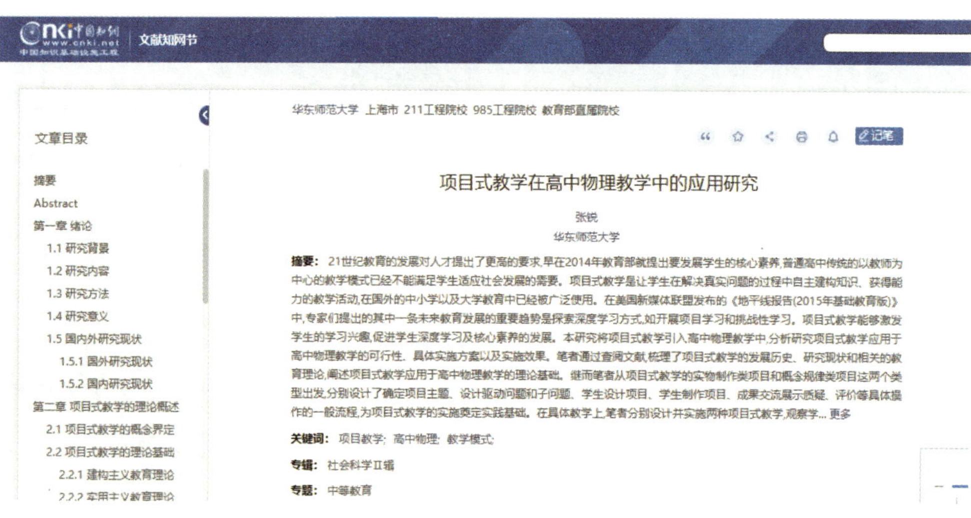

图2-5-9　中国知网截图

各学科教研组核心成员已在学科核心期刊及教育综合期刊如《教育家》《中国教育学刊》等杂志发表系列论文（表2-5-2）。

表2-5-2　我校各学科教研组核心成员系列论文情况

学科	作者	论文标题	刊物名称	发表期数
教育	白刚勋	项目式学习：搭建学生的人生观景台	《教育家》	2019.9
数学	李洪忠	基于数学核心素养培育的项目式学习研究	《中国教育学刊》	2019.12
教育	逄淑萍	在专业挑战中成就自己	《教育家》	2019.9
教育	王振敏	唤起每个学生的探索欲	《教育家》	2019.9
数学	孙云霞	用所学知识解决真实世界的问题	《教育家》	2019.9
生物学	张树峰	在项目中学习　在学习中提升	《教育家》	2019.9
语文	关在龙	项目式学习：让阅读从书本走向生活	《教育家》	2019.9
英语	曹峰	用项目式学习促进知识构建	《教育家》	2019.9
化学	宋立栋	基于项目式教学的含硫物质转化复习教学设计与实施	《化学教育》	2019.19
生物学	马凯阳	基于项目学习的“生态工程的基本原理”教学设计	《生物学教学》	2019.12

续表

学科	作者	论文标题	刊物名称	发表期数
语文	逄淑萍	基于项目式教学的“整本书阅读与研讨”——以《论语》为例	《语文教学通讯》	2020.12
化学	李晓倩	氧化还原反应复习的项目式教学设计与实施——探秘“84”消毒液	《化学教育》	2020.17
		……		

2020年8月，学校历史教研组张洪悦、胡晓凡、曲鹏、郑天鸣4位历史老师的项目式教学案例成功入选郑林教授主编的国家级高等教育历史通用教材《中学历史教学论》，在入选的全国优质教学课例中占比最大，这也从侧面反映出青岛三十九中在项目式教学方面的探索得到了学界的认可与好评。

学校各学科骨干教师的教育教学科研能力大幅提升，多学科多课题结题。如2017年至2020年，白刚勋校长主持的山东省“十二五”重点课题“自主导学合作生成学科个性化教学模式研究”、教育部“十二五”重点课题“创新人才培养视域下的中学海洋教育实践研究”、青岛市“十三五”重点课题“中学生生涯规划研究”，逄淑萍书记主持的青岛市“十三五”重点课题“中华优秀传统文化教育创新性实践研究”，化学学科宋立栋老师主持的市级课题“学科素养目标下高中化学项目式教学实践研究”，化学学科刘翠老师主持的市级课题“新高考改革下高中化学课程整合及项目式教学实践研究”，历史学科马国旗老师主持的青岛市“十三五”教师课题“基于核心素养培育的中学历史‘PBL’教学模式的研究”，地理学科武剑英老师主持的青岛市“十三五”教师课题“新课标导向下通过项目式教学提升学生地理核心素养的实践研究”……这些课题都顺利结题。截至2020年7月，全校已有4名教师被评为正高级教师，7名教师被评为山东省特级教师；刘翠老师化学学科成果获得山东省基础教育教学成果二等奖。

4. 提升学校教学水平，增强教学的引领与辐射作用

学校项目式教学研究成绩突出，2017年《教育家》杂志集中推送学校项目式教学成果。白刚勋校长先后被评为“山东省首届教育名校长”“齐鲁名校长”，获得“第三届全国教育改革创新优秀校长奖”，2018年4月又入选“国培计划”中小

学名校长领航班。

借助高校力量，改进课堂教学模式，提升核心素养。学校在项目式教学推动学生核心素养发展、转变教师教学观念、提升教师科研素养和能力方面取得了显著成效，并对全省教学改进起到了引领和辐射作用。

2017年12月，学校成功举办“核心素养导向的学科课堂教学改进研究暨‘山东—北京—福建’三地名师名校长交流活动”。此次交流活动很好地展示了学校项目式教学改革与实践的第一阶段成果与经验，增强了山东省、北京市、福建省三地的名师名校长之间的经验交流。

2018年3月，为推广青岛三十九中的成功经验和做法，由山东省教育科学研究院、北京师范大学教育团队、青岛市教育局主办了“山东省项目式教学与教师专业发展现场会”。学校九个学科分别以项目式教学的新型课堂教学模式进行两节展示课的示范，山东省各市区教育科学研究院负责人、高中学校校长、骨干教师等700多人分享了学校的经验与做法并一致给予好评。

2020年7月，学校被教育部确定为首批新课程新教材实施国家级示范学校，成为山东省仅有的三所国家级示范校之一。

学校将群策群力、乘势而上，全力推动青岛市、山东省乃至全国新课程新教材实施的探索工作，辐射带动其他地区以及能力薄弱学校做好课程教材实施工作，进一步推动普通高中课程的教育教学改革，发挥我校鲜明的办学特色和生机勃发的项目式教学研究体系在培养核心素养中的独特作用，为新课程新教材的全面实施作出应有的贡献。

附件

第一部分：毕业生追踪研究

表1　我校毕业生在大学获奖情况统计（抽样部分）

姓名	获奖证书	奖项等级	发奖单位	获奖时间
马帅	全国大学生建筑设计方案竞赛	铜奖	中国建筑学会	2017
袁啸天	2017军训标兵		贵州医科大学	2017

续表

姓名	获奖证书	奖项等级	发奖单位	获奖时间
袁啸天	贵州省高等学校大学生创新创业训练计划项目"基于TLR4/P38Mapks信号通路探究绞股蓝总皂苷对大鼠动脉粥样硬化的影响"		贵州省高等学校大学生创新创业训练计划	2018

第二部分：项目式教学研究教师及学校荣誉

1. 山东省项目式教学与教师专业发展现场会成果（图1，表2，表3）

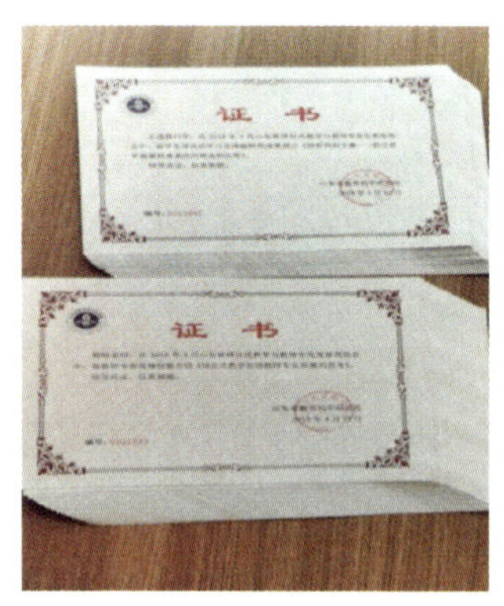

图1　山东省项目式教学与教师专业发展现场会证书

表2　山东省项目式教学与教师专业发展现场会证书列表

证书列表	获奖教师
山东省项目式教学与教师专业发展现场会公开课证书	管霞、王媛媛、衣军潼、邹旭涛、赵萍、丁明群、张锐、王婕、顾喜阅、宋立栋、宋潇洁、马凯阳、刘锋、王馨、张洪悦、曲鹏、张喆、张天效
山东省项目式教学与教师专业发展现场会项目式教学实施经验分享证书汇总	丁宁、刘晓、马国旗
山东省项目式教学与教师专业发展现场会教师专业发展经验介绍证书汇总	逄淑萍、刘翠、孙云霞、王哲、柳艳

表3　山东省项目式教学与教师专业发展现场会公开课列表

学科	教师	课题	上课地点	评课地点
语文	管霞	我看项羽——《史记》人物形象探究之项羽	B108	B108
	王媛媛	我看贾迎春——《红楼梦》书册阅读	B108	
数学	衣军潼	解锁“人造卫星”的轨迹方程	H104	H104
	邹旭涛	基于高度问题的解决——正余弦定理应用	H104	
英语	赵萍	Ethnic Culture ——Simon Wakefield’s Yunnan Diary	B311	B309
	丁明群	The Violence of Nature	C410	
物理	张锐	基于火箭制作的反冲运动学习	B307	B302
	王婕	人类对原子结构的探索	B307	
化学	顾喜阅	食品中硫的测定——硫的转化复习	A118	A118
	宋立栋	联合办厂 ——基于硫酸工业项目的元素化合物模型建构	A118	
生物学	宋潇洁	植物组织培养	B202	B213
	马凯阳	生态规划设计——生态工程原理的理解及应用	B202	
思想政治	刘锋	运用联系观看校内超市的治理	H102	H102
	王馨	共享单车的前世今生——用发展的观点看问题	H102	
历史	张洪悦	中国近代城市化进程——以德占时期为例	C506	C506
	曲鹏	中国近代社会工业发展——以青岛啤酒为例	C506	
地理	张喆	城镇土地利用的合理布局 ——以青岛市市南区中心区及海岸带片区为例	B412	B414
	张天效	大气污染及其防治——以燃放烟花爆竹为例	B412	

2. 山东省中小学海洋教育现场会成果（表4）

表4　山东省中小学海洋教育现场会观摩活动公开课列表

学科	年级	授课教师	授课课题	授课时间	授课地点
物理	高二	丁宁	海水的折射率	8:30-9:15	小剧场
化学	高二	邢瑞斌	“海上桥梁防腐方案”建议书的设计——海水中金属与防护	8:30-9:15	A楼111化学教室
生物学	高一	郑中英	小丑鱼的人工养殖	8:30-9:15	A楼211生物教室
地理	高一	胡学娇	海岸地貌及其价值	8:30-9:15	A楼509班级教室

3. 学校获得荣誉（图2，图3，图4）

图2　全国教育科学规划教育部重点项目结项证书

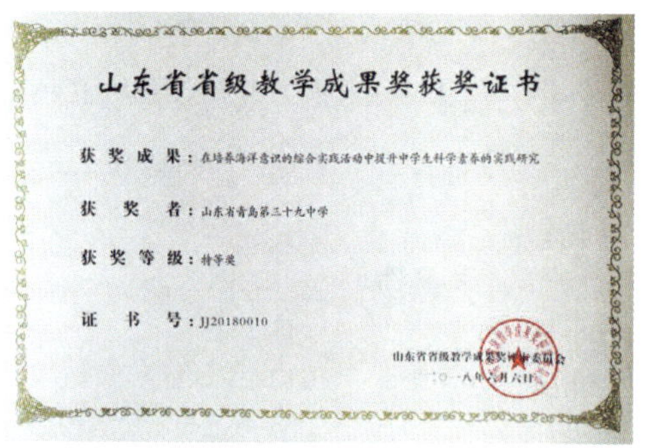

图3　山东省省级教学成果特等奖证书

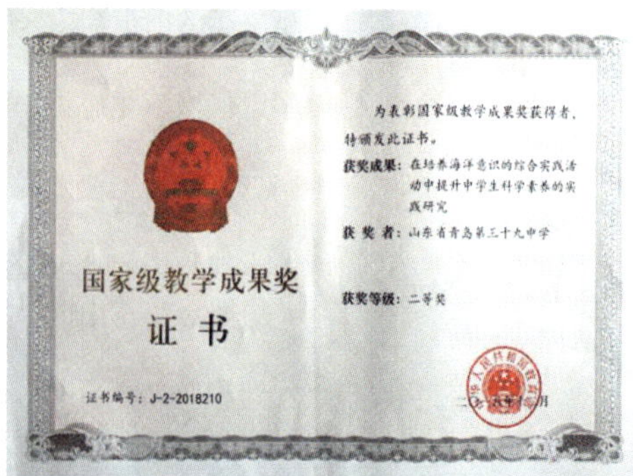

图4　全国教育教学成果二等奖证书

第3章 青岛三十九中项目式教学实施策略

第1节 制订规划

《国家中长期教育改革和发展规划纲要（2010—2020年）》明确提出“以培养创新人才为目标，把改革创新作为教育发展的强大动力”。《山东省基础教育综合改革试点实施方案》措施之一是“实施‘高等学校与特色高中联合育人计划’”。2019年，教育部出台《关于加强和改进中小学实验教学的意见》，提出“创新实验教学方式”的要求，指出各级各类学校“在实验教学中要遵循学科特点，积极推动学生开展研究型、任务型、项目化、问题式、合作式学习。鼓励学校向学生开放实验室，方便学生利用课余时间，以独立或小组合作方式开展实验探究”。在此背景下，积极推行教学改革，创新教育教学方式，是时代发展的大势所趋，更是基础教育义不容辞的责任。

一 学校规划

1. 指导思想

坚持以习近平新时代中国特色社会主义思想为指导，落实立德树人的根本任务，以《国务院办公厅关于新时代推进普通高中育人方式改革的指导意见》为指导，切实加强核心素养培养，探索、实施国家课程项目式教学，发挥学校在国家新课程改革中的示范作用。

2. 基本原则

（1）立足时代，把握方向

始终坚持以习近平新时代中国特色社会主义思想为指导，全面贯彻党的教育方针，落实立德树人根本任务。全面落实中国学生核心素养，更新理念、面向未来，推动学生德、智、体、美、劳全面发展，更好地服务于新时代的人才培养。

（2）科学发展，全面育人

尊重学生的主体地位，充分发挥学生的主动性，把提高学生核心素养作为新课程新教材实施的出发点和落脚点。尊重教育规律和学生身心发展规律，满足学生不同学习层次的需要，进一步提高学生的综合素质，培养造就具有理想信念和社会责任感、具有科学文化素养和终身学习能力、具有自主发展能力和沟通合作能力的人才。

（3）重点发展，突出特色

高度重视课程改革工作，严格执行普通高中课程方案，规范使用审定教材，展现较强的课程领导能力、课程建设能力、课程实施能力和校本教研能力。重点做好国家课程项目式教学改革的推进工作，创造性地开展海洋特色教育、艺术教育，培养学生的创新精神和实践能力，培育学生的社会主义核心价值观。

（4）改革创新，辐射引领

以新课程改革为重点，鼓励教师进行大胆探索和试验，依托新课程新教材的实施，创新推进国家课程项目式教学，积极发挥学校的辐射带动作用，引领全省乃至全国的新课程教学改革。

3. 组织机构

成立领导小组、项目式教学研究室、学科实施小组，依托北京师范大学专家团队和青岛市教育局的支持，扎实有序地推进对项目式教学的探索与实践。

（1）校内方面

①领导小组职责：全面统筹项目式教学建设工作，定期研究、部署教学改革相关工作，研究制订项目式教学的有关规章制度和奖励办法，协调各方面关系，形成工作合力，确保项目式教学改革顺利开展。

②项目式教学研究室职责：根据学校项目式教学研究与实践的规划，制订项目式教学工作计划，撰写项目式教学工作总结，做好对项目式教学的指导、研

究、实施等工作；落实项目式教学的评价制度和奖励办法，并组织对项目式教学的评价；组织建立项目式校本课程资料库以及项目式教学案例库，进行教材开发等。

③学科实施小组职责：落实本学科项目式教学实施以及项目式教学案例的收集、整理工作等；组织本学科教师进行项目式教学的理论学习，规范教学行为，提高教育教学能力；设立档案员，做好本学科项目式教学实践研究的档案管理工作；形成可借鉴、可推广的本学科项目式教学优秀案例，配合学校做好本学科项目式教学成果的推广和宣传工作。

（2）校外方面

①北京师范大学专家团队：每学年每学科六次进学校、进课堂指导项目式教学工作，全程参与项目审定、项目设计、支架系统开发及项目评价，并就学科核心素养培养提出建设性指导意见，帮助教师从“理论研修＋教学诊断＋课程整合＋课堂改革＋学生评价”等方面进行项目式教学改进工作。

②青岛市教育局：每年拨款200万，大力支持学校通过聘请专家、开展活动、外出培训等方式推动项目式教学的实施。

4. 阶段规划

（1）第一阶段（2017—2018年）

借助北京师范大学专家团队指导，组建项目式教学研究团队，在进行理论研修的基础上，全学科整体实施国家课程项目式教学，初步形成各学科项目式教学的课程实施方案及教材编写纲要，积累各学科项目式教学优秀案例。

（2）第二阶段（2018—2019年）

深化与北京师范大学就国家课程项目式教学的合作研究。各学科根据学科特点和学科核心素养培养要求，形成具有学科特点的项目式教学模式及评价方式，推出一批可供借鉴、可推广的优秀项目式教学案例；在分学科实施项目式教学的基础上，形成跨学科项目式教学的设计与实施方案；总结国家课程项目式教学经验，形成一批项目式教学成果。

（3）第三阶段（2019—2020年）

积极总结并输出国家课程项目式教学研究成果。依托教育部领航校长工作室与部分省市高中学校形成联动机制，合作研究与实施国家课程项目式教学。通过举办国家课程项目式教学现场交流会、建立学校对口帮扶工作机制、开展教师培训与交流等方式，向高中教育界推介项目式教学在新课程新教材实施中的成功经验，发挥好学校的示范引领和带动作用，扩大学校在全国的知名度和影响力。

5. 成果推广

（1）制订推广计划

成果推广分为“两步走”。第一步“请进来”，即通过引进帮扶学校或者对口支援学校教师，实行跟岗学习的方式，进行项目式教学成果的推广和培训。第二步“走出去”，即在相关成果初步验证和具体试点的基础上完善和调整，派出优秀教师到相关学校或者地区进行经验推广。在推广过程中做好交流与改进工作，及时发现相关成果存在的不足或者问题，在相关专家或教育同人的协助下，实现成果的完善，提高成果的可借鉴性和可操控性。

（2）建立推广机制

为进一步推广学校项目式教学的研究成果，扩大学校研究成果在新课程新教材实施中的影响，学校构建了“四种机制保障”，即专家指导评价机制、成果推广激励机制、多元交流合作机制、跟踪回访机制。专家指导评价机制是指学校聘请相关专家，对成果进行论证和实施的指导，促进成果的持续性完善；成果推广激励机制是指学校加强对成果推广的人力物力的支持，并对相关学科成果研发突出者进行奖励；多元交流合作机制是指立足项目成果的开发与推广，搭建高校专家、学校名师的交流合作平台，强化成果的指导与落实；跟踪回访机制是指学校定期派出优秀教师到试点学校进行跟踪指导，建立长效的校际合作机制。

（3）拓宽推广渠道

依托国家课程中心构建多元的推广渠道。建立以教育行政部门、高校专家资源、学校合作为主体的推广渠道。强化互联网媒体的传播，发挥教育学会年度教育高峰论坛的传播作用。立足全国名校长工作室、名班主任工作室和名师工作室的教研培训机制，扩大项目式教学成果的影响力。

二 各学科规划

各学科制订了详细的项目式教学方案，以全面推进国家课程项目式教学改革，提升学生的核心素养，包括培养学生的关键能力与必备品格。以下为部分学科（语文、数学、物理、历史）的项目式实施方案。

1. 语文学科

高中语文项目式教学实施方案

一、项目式教学的背景

转变教育理念，推动教学方式变革是当前我国教育最主要的方向。创新型国家的根基在于培育创新型人才。2016年《中国学生发展核心素养（征求意见稿）》发布，旨在落实立德树人根本任务，培养未来社会所需要的创新型人才。高中语文成为培养学生学科核心素养与发展能力的重要学科。

1. 国家、省、市教育政策鼓励项目式教学改革

《国家中长期教育改革和发展规划纲要（2010—2020年）》提出："推动普通高中多样化发展，鼓励普通高中办出特色。"山东省的有关文件指出："支持普通高中办出特色。推进学校办学模式和育人方式多样化、个性化，支持鼓励普通高中建设特色课程，形成自身办学特色。"这些政策为项目式教学的开展提供了很好的政策支撑。

2. 语文学科核心素养支持项目式教学改革

《普通高中语文课程标准（2017年版2020年修订）》将"语言建构与运用""思维发展与提升""审美鉴赏与创造""文化传承与理解"列为语文学科核心素养，要求学生在积极的语言实践活动中通过积累与构建，将语言能力及品质在真实的语言运用情境中表现出来，充分反映在语文学习中获得的语言知识与语言能力，思维方法和思维品质，情感、态度与价值观。新课标提出语文学科核心素养的培养要求为语文学科项目式教学进一步指明了方向。

3. 语文学科特点契合项目式教学要求

语文是一门兼具人文性和工具性的学科。人文性强调的是课程的思想性，而工具性强调的是课程的知识性。只有将知识与语言实践活动进行关联，语文学习的效益才能真正发挥出来。项目式教学是依据课程标准和课程内容，以项目研究、项目实施为基本学习方法，由教师创设教学情境，以项目问题的生成、探

究、解决、运用来培养学生的创新精神和实践能力，全面提升学生的核心素养的一种探究式教学方式。项目式教学为语文教学提供了一种新的思路，有利于激活学生的言语实践，让知识转化为能力。

二、项目式教学的设计

1. 语文项目式教学的含义

语文项目式教学颠覆了传统的语文教学模式，真正把课堂交给了学生，旨在培养学生的高层次问题解决能力、综合性社会交往能力、自我调节与发展能力以及情感态度与价值观。

尽管学界对语文项目式教学的定义有不同的认识，但对其基本要素的认定还是达成了一致。语文项目式教学包括项目主题、语文知识与能力、语文活动三个核心的要素。项目主题是最直接的内容表现，语文知识与能力是语文学习的目标，语文活动则是具体的实现方法。在语文活动启动后，阶段性成果逐渐形成并最终汇集成终结性成果。成果的产生过程不是为了功利目的而是发现、遴选学生典型问题与经验的过程，也是教学内容展开的过程。这些“里程碑”式的阶段成果，设计时应有详细的说明，尽可能多样化，便于学生拾级而上获得丰富的学习体验。

2. 语文项目式教学的内容选择

语文项目式教学的活动设计，应根据不同文体的具体特点，确定不同的学习目的，设计不同的项目任务。语文学科的项目活动设计意在结合所阅读的作品，在了解不同文体作品写作的一般规律的基础上，根据诗歌、散文、小说、剧本等不同艺术表现方式的具体特点，引导学生从语言、构思、形象、意蕴、情感等多个角度欣赏作品，并以提升相应的语言建构与表达能力、获得审美体验、认识作品的美学价值作为项目活动目标制定的主要依托。

以“整本书阅读与研讨”项目设计为例。如若选择阅读一部长篇小说，目标制定重在引导学生反复阅读品味，深入探究，欣赏语言表达的精彩之处；感受、欣赏人物形象，探究人物的精神世界；体会小说的主旨，研究小说的艺术价值。如若选择阅读一部学术著作，目标设定重在学会梳理全书纲目关联，做出全书内容提要；把握书中重要观点和作品的价值取向；了解该书的学术思想及学术价值；探究该书的语言特点和论述逻辑。

3. 语文项目式教学的目标制定

项目活动是以学生完成一个最终的项目成果作为结束的，而语文学科特点又决定了语文教学重在关注过程而非结果，而合理的项目目标的制定则在其中发挥着必要的桥梁作用。项目目标既是活动过程中预期实现的能力训练目的，也是项目成果完成的必要条件。因此，项目目标的最终确定要以具体项目的能力训练指向为着眼点，并结合具体学段的学情来完成。具体来说，语文项目式教学的目标包括以下四个方面。

第一，培养学生建构与运用语言的能力。语文项目式教学要摒弃“纯内容分析式”的讲读教学，而是从具体语言文字的运用入手，通过对语言的品味、咀嚼来探索文本的意蕴；或者从整体阅读的感悟出发，到语言文字中寻找认知的依据。通过自主言语实践活动，学生能积累较为丰富的语言材料和言语活动经验；能将具体的语言作品置于特定的交际情境和历史文化情境中理解、分析和评价；能将自己获得的言语活动经验逐渐转化为富有个性的具体的语文学习方法和策略，并能在语言实践中自觉地运用。

第二，提升学生发展思维的能力。语文项目式教学重视思维情境创设，强化问题意识，鼓励学生深入思考、大胆质疑。语文项目式教学要求学生在阅读与鉴赏、表达与交流活动中分析、比较、归纳和概括基本的语言现象和文学形象，并运用批判性思维审视言语作品，形成自己对语言和文学的认识；自觉分析和反思自己的言语活动经验，提高语言运用的能力和思维的深刻性、批判性、独创性，进而激发更深、更广、更活跃的思维方向。

第三，培养学生审美鉴赏的能力。在语文项目式教学中，学生通过阅读、体验和写作来提升审美鉴赏与审美创造能力。教师应引导学生在阅读过程中发现美、体验美、鉴赏美、评价美。学生在长期欣赏文学形象之美的基础上可以拓宽视野，体验生活中的真善美，体验自然万物的真实美，并学会融入自己的独特体验和独立思考的创意表达，富有创意地表现美和表达美。

第四，促进学生理解与传承文化。语文项目式教学重视文化传承和文化自信。教师应引导学生继承发扬中华优秀传统文化，尊重不同民族、国家的多样文化，关注并积极参与当代文化传播与交流，树立积极向上的人生理想，增强为实现中华民族的伟大复兴而努力学习的使命感和社会责任感。

三、项目式教学的实施

语文学科的项目式教学是对传统教学全方位、多层次的改革。在教学中，学生根据文本内容、依据教学需要，可以确定不同的项目主题，然后围绕主题深入研读选文，自主研究。任何一种新兴的教学模式都将在实践中不断完善与发展，项目式教学模式也不例外。学校在充分实践的过程中，遵循上文提到的四个原则设计了若干项目式教学精品课例。综观这些课例，可以归纳总结出高中语文项目式教学以下六个实施步骤。

1. 分析教学内容，确立项目主题

根据现阶段教学的知识点和学生的能力水平，分析整合教学内容，确立项目主题。教学内容的分析要基于以下几点：一是涵盖课程标准中规定的课程内容；二是承载语文学科思想方法和语文学科发展核心素养；三是贴近生活、贴近社会，是真实、有意义的内容。

2. 依据项目主题，选择项目素材

大量丰富的学习材料是语文项目式教学的基础，项目式教学的学习材料需要教师筛选与学生自主选择相结合。教师要根据学生的实际情况和新课程标准进行材料的选择，注意材料选择的质与量。

教学素材涵盖的内容十分广泛，从教材、课程标准、教学参考资料等线下资料到影视资料等线上资料皆包含在内。教师和学生也可以从网络、报刊和教材中寻找教学素材。教师如果将相关的名言、对联、作者的创作谈、名家的评论等，在阅读教学的适当环节中精选、利用、穿插，那么不仅能够开阔学生的眼界，还能增加语文课堂教学的韵味，显现课堂教学的雅致氛围。另外，教师还可以从本土中寻找教学素材。在教学中“就地取材”，恰当运用本土素材，往往能化平淡为神奇，在增强学生对本土知识的理解的同时拨动学生心灵深处的乡情之弦。

3. 梳理项目内容，进行问题拆解

在弘扬创新精神、倡导万众创新的时代背景下，在语文教学过程中培养学生发现问题、提出问题、解决问题的能力以及思维能力就显得比任何时候都重要。在项目式教学的课堂上，教师的问题设计不应是随意的、分散的、凌乱的；相反，教师应以教学目标和教学内容以及学生的生成为依据，使问题的设计达到有中心、有序列、相对独立而又紧密联系的水平；如能有一根无形之链将教学的各个环节连成一个整体，形成目标明确、层次清晰的完整的教学过程，教学效果会更佳。

教学中的“问题链”像一条锁链，能把问题与教学目标紧紧联系在一起，打开学生的学习思路，引导学生思考问题、探究问题，达到对知识理解和掌握的目的。随着课程改革的深入，打造高效课堂成为新课程改革追求的一个目标。

4. 设计活动任务，实施科学探究

语文项目式教学把项目主题研讨作为课程内容的统领，让学生有充分的自主权在主题之下去研究自选的“研究问题”。教师和学生在此过程中自主建构教学和学习材料，以改善传统教材限制性和碎片化的问题。

语文的项目式教学课大致分为以下两种活动类型。

一是阅读与鉴赏类。在阅读、鉴赏整本书的过程中进行问题探究，看学生能否主动积极地提出问题、分析问题和解决问题并形成自己独到的观点，能否综合、归纳整本书中同一类型的言语现象或文学现象并发现这类现象中寄托的作者思想，能否将不同领域、不同时代的问题或现象关联起来并比较其差异性和关联性。

二是表达与交流类。教会学生准确表述阅读过程中发现的问题，用简明的语言概括问题探究活动中形成的观点和见识；在撰写研究论文或研究报告的过程中，通过锤炼语言来凝练思想；在不同阶段的交流、展示和汇报中，培养阳光自信的心理和尊重他人的态度。

5. 设计学习支架，提供实施保障

语文项目式教学虽冠以“教学”之名，其意涵远远超出传统意义上的语文教学的范畴，而是以“项目”研究为核心，涵盖课程开发、教学实施和学习评价等环节的语文整体教学模式。其中，“项目”包含两个层面的含义：一个层面是语文课程内容的集合，起到划定学习领域、明确研究对象、聚合教学材料的作用，可称为“课程项目”；另一层面是在课程项目统领下，教师限定或学生自主发现的有研究价值的学习问题，可称为“学习项目”。

在实施课程项目时，教师应规划出相对独立完整的课程周期，把课程目标、课程资源、教学方略、评价方案等课程要素统筹起来进行学习支架的整体设计和系统安排，制订项目式教学课程方案。这种学习支架既不同于学科课程的传统“教案”，也有别于活动课程的“活动方案”，而是把两者的优势结合起来，既能使学生在教师的指导下静心读书、建构经验、钻研有价值的语文问题，又能使学生在教师的组织下充分交流观点并形成有质量的学习成果。

6. 设计评价方案，诊断素养水平

在设计语文项目式教学评价方案时，一方面，应着眼于学生读书过程中的学习态度和学习质量，将基于学习表现的过程性评价和基于学习成果的终结性评价规划适当的比例，设计课程评价表。设计时要注意评价主体的多样性。教师因为具有较强的专业性而应该是学习成果的评价主体，学生也要进行自评、互评。

另一方面，要采取适当的评价策略。引导部分学生正视在学习态度、方法和能力上存在的问题。关注学生的“进步幅度”，对学习成果绝对质量不太佳但进步幅度大的学生要特别予以表扬，对绝对质量尚可但进步幅度较小的学生要及时提醒。教师要依据课程评价表，及时记录每个“课段”的学习过程和结果，用等级或分数反馈给学生；课程修习结束给出总评，作为课程的最终成绩。

四、项目式教学的评价

1. 着眼于核心素养的整体发展

语文课程评价的根本目的在于全面提高学生的语文学科核心素养。项目式教学评价的过程即学生学习的过程，应围绕阅读与鉴赏、表达与交流、梳理与探究等学习活动，在具体的语文学习情境和活动项目中，全面考查学生语文学科核心素养的发展情况。

2. 全面把握项目和学习任务群的特点

语文项目课程评价要把握项目的特点、语文学习任务群的特点以及两者之间的关系，综合统筹评价过程。每个项目学习目标与内容以及项目所涉及的任务群的具体内容，各自独立又彼此关联。评价时既要突出每个任务群的学习重点，又要兼顾任务群之间的联系，体现学习目标、内容与评价的一致性。

3. 倡导项目评价主体的多元化

语文项目评价应该面向全体学生，尊重学生的主体地位。评价要注重展示学生自我发展的过程。在保证基本目标达成的基础上，评价要考虑学生的个体差异，关注学生的不同兴趣、表现，满足学生的不同发展需求。在具体项目的评价中，教师应提供细致的描述性反馈，提出具有操作性的建议，引导学生通过评价反馈调整学习进程，梳理学习方法，确立学习目标，制订学习规划。

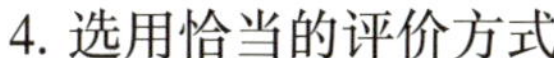

4. 选用恰当的评价方式

语文学科核心素养需要在真实的语文学习任务情境中综合考查。教师应根据实际需要，在项目式教学的过程中，整合诊断性评价、形成性评价、终结性评价等多种评价方式，考查学生语文学科核心素养的发展情况。每种评价方式都有自身的优势和局限，教师应根据特定的评价目的选择使用；可采用纸笔测试、现场观察、对话交流、小组分享、自我反思等多种评价方式，提高评价效率，增强评价的科学性和可靠性。对学生的评价，既要有对基本目标的确定性要求以确保底线，也要注意以恰当的方式对希望继续提高的学生予以指导。

5. 明确必修和选修课程评价的重点和联系

项目式教学的评价要关注必修、选择性必修和选修之间的差异性，突出层次性，以促进学生个性发展。其中，必修课程评价应立足共同基础，考查学生在不同学习情境和实践活动中学习和运用语言文字的基本能力；选择性必修的评价应该更关注学生语文学习内容“面”的广度；选修的评价则应更关注学生语文学习内容在“点”上的深度。

2. 数学学科

高中数学项目式教学实施方案

一、项目式教学的目的和意义

项目式教学是传统式课堂教学和课题制教学基础上结合课程实际形式而形成的教学模式。该模式以纵向或横向课题为载体，以科学、合理组织课题的具体实施过程为主线，将教学内容课题化、教学方式实战化。对学生来说，通过转变学习方式，在主动积极的学习环境中，激发好奇心和创造力，培养分析和解决实际问题的能力。对教师来说，通过对学生的指导，转变教育观念和教学方式，从单纯的知识传递者变为学生学习的促进者、组织者和指导者。对学校来说，建立全新的课程理念，提升学校的办学思想和办学目标，通过项目教学法的实施，探索组织形式、活动内容、管理特点、考核评价、支撑条件等的革新，逐步完善和重新整合学校课程体系。

二、项目式教学的目标

项目式教学的目标是提升学生的核心素养，培养全面发展的人。核心素养是学生在接受相应学段的教育过程中，逐步形成适应个人终身发展和社会发展需要的必备品格和关键能力。学科核心素养是指本学科给予学生未来发展所需要的必备品格、关键能力及核心认识。学科的核心素养是在解决复杂的、不确定性的现实问题过程中所表现出来的综合品质或能力。学科的核心素养是三维目标的整合。数学学科的核心素养包括六个方面：数学抽象、逻辑推理、数学建模、直观想象、数学运算、数据分析。项目式教学的目标具体来说包括以下三个方面。

1. 提高学生的数学学科核心素养

在项目式教学过程中，学生通过发现问题、探索问题来提高数学抽象、逻辑推理、数学建模、直观想象、数学运算、数据分析的数学学科核心素养。

2. 提高学生的学习能力

数学学科核心素养强调学生站在更高的视野和境界上进行自我发展，以培养完美人格和终身学习习惯为宗旨。在项目式教学过程中，学生自主学习能力得到提高，面对纷繁复杂的知识能够进行筛选和学习，这对以后的终身学习是一笔巨大的财富。

3. 提高学生的实践创新能力

在项目式教学的过程中，学生以探索交流的方式解决实际操作中遇到的各种意想不到的问题，不仅提高了解决实际问题的能力，而且促进了在发现问题方面的发散性思维的提升。学生运用各类所学知识解决实践中遇到的复杂问题的过程，正是增进学生跨学科综合创新素养和合作交流能力的过程。

三、项目式教学的实施

教师可以试着把部分内容设置成项目的方式，以解决实际问题的形式进行驱动。依据数学的学科特点及高中数学应用的广泛性，教师需根据新课标要求，适时分解项目任务，将庞大复杂的实际问题分解成若干小的项目，引导学生有针对性地逐个学习，化繁为简，在有限的学时内最大化地实践所学内容，采取学习共同体的方式，体验问题探究的基本过程，突破学习中的难点。

1. 实施特点

①以学生为主体，调动学生的主观能动性。

②面向全体学生，普遍性和差异性相统一。

③注重实践应用性，知识与技能并重。

2. 实施保障

①教师统一认识，共同研讨，达成共识。

②选择适合的教学内容，设计成课题研究的方式。

③建立较完善的课程实施方案。

④充分发挥学科教室的作用。

⑤组建数学学习共同体，培养学生数学学科项目式学习的方式。

3. 实施方式

项目式教学实施的主要方式有数学建模、数学实验、数学探究学习、数学主题阅读等。

数学项目式教学应遵循“情境创设—提出问题—建立数学模型—求解—解释和应用”的基本过程展开：第一阶段，教师带领学生了解与项目式教学内容相关的前沿知识、学科交叉知识，采用高密度集中的方式传递，使学生了解所学理论知识的发展前沿；第二阶段，在教师引导下，学生提出问题、优化问题，师生共同进行数学建模，确定研究课题，进行学生分组；第三阶段，教师进行学习方法的指导，包括文献检索、查阅方法、卡片制作、提供相关书目、网上查找方法等；第四阶段，学生开展小组活动进行交流合作，用所学数学知识进行理论解答；第五阶段，将理论成果转换为实际结果，进行成果展示。

项目式教学过程中，课堂教学不再以把教师掌握的现成知识技能传递给学生作为追求的目标，或者说不是简单地让学生按照教师的安排和讲授去得到一个结果，而是在教师的指导下，学生去寻找得到这个结果的途径，最终得到这个结果，并进行展示和自我评价。学习的重点在于学习过程和实践成果，而非学习结果。学生在这个过程中培养各种能力。教师在教学中不再处于主导地位，而成为学生学习过程中的引导者、指导者和监督者，以充分发挥学生的主观能动性。

项目式教学最显著的特点是“以课题为主线、教师为主导、学生为主体”，改变了以往“教师讲，学生听”被动的教学模式，创造了学生主动参与、自主协作、探索创新的新型教学模式。

四、课程评价

1. 基础性评价

评价分为学习中的过程性评价和达标测试性评价两部分。

（1）过程性评价

由学生自评、小组互评和师评三部分组成。评价指标如下。

①学生上课出勤情况统计，课堂纪律表现，课堂学习状态、参与程度，课堂学习效果等方面的及时评价。

②作业评价：作业交送、完成的数量和质量，订正情况。

③合作交流：参与小组活动的表现情况，作品展示、学科评比活动、竞赛成绩等。

④自主学习情况：预习表现和效果，自习课学习表现，疑难问题的解决态度和表现情况。

（2）达标测试性评价

由单元过关测试、期中测试和期末测试三部分组成。评价指标有单元过关测试、期中测试和期末测试。

2. 发展性评价

建立发展性评价制度，实行学生学业成绩与成长记录相结合的综合评价方式。综合运用观察、交流、测验、实际操作、作品展示、自评与互评等多种方式，为学生建立综合、动态的成长记录手册，全面反映学生的成长。

3. 物理学科

高中物理项目式教学实施方案

一、项目式教学的目的和意义

项目式教学是一种建构主义理念下以学生为中心的教学方式，它主张学生通过小组合作解决一项源自真实情境的任务。项目式教学打破了传统的“教师讲，

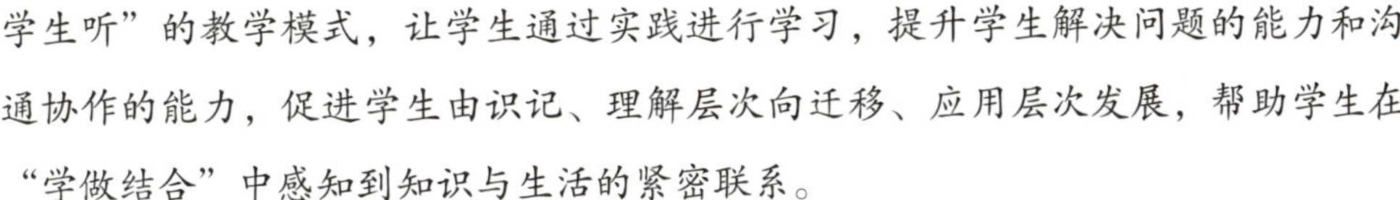

学生听”的教学模式，让学生通过实践进行学习，提升学生解决问题的能力和沟通协作的能力，促进学生由识记、理解层次向迁移、应用层次发展，帮助学生在“学做结合”中感知到知识与生活的紧密联系。

二、项目式教学的目标

项目式教学的目标是提升学生的核心素养，培养全面发展的人。物理学科核心素养是学生在接受高中物理教育过程中，逐渐形成的适应个人终身发展和社会发展所需要的必备品格和关键能力，它包括四个方面：物理观念、科学思维、科学探究以及科学态度与责任。项目式教学的目标具体来说包括以下三个方面。

1. 激发学生的物理学习兴趣

项目式教学使学生的身份由被动学习者转变为主动探索者，让学生通过同伴协作进行学习，拓宽了学生的学习渠道，增加了学生接受知识的方式手段。项目式教学中的课程重新设计与整合，使教学内容更加符合学生的实际水平，让学生感受到物理学习的成就感、增强物理学习的兴趣、体会进步的喜悦。

2. 提高学生解决问题、将知识应用于生活的能力

物理源自生活，又回归于生活。只有与真实生活密切关联的物理课堂，才能逐步促进学生提高解决问题的能力而非仅仅提高解题能力。项目式教学强调以真实问题情境为载体设计项目任务和项目问题，将专业的物理知识融入情境中，让学生更深刻地理解物理原理。

3. 发展学生的物理学科核心素养

项目式教学的主题选取和任务设计聚焦核心的物理概念和物理规律，发展物理观念。学生在课前自主经历科学探究的过程，在课堂上通过展示、同伴交流、基于问题的解释和质疑辩论等提高科学思维与科学探究素养。通过解决一个个与真实情境相关的问题，学生能够感受到物理与生活、科技、环境等的联系，坚定学好物理的信念，发展科学态度与责任感。

三、项目式教学的实施

1. 实施特点

①突出物理学科的实验探究特点。

②关注物理知识在生活中的应用。

③注重对不同层次学生的分层指导。

2. 实施保障

①选择合适的教学内容，形成课程体系。

②充分发挥物理实验室、物理学科教室的作用。

③组建物理项目学习小组，让学生以团队形式进行自主探究学习。

④积极探究项目评价方法。

3. 实施方式

物理学科的项目式教学的实施分为两阶段七环节。第一阶段，项目实施，包括学生项目设计与规划、学生项目探究、项目改进和实验验证以及形成项目成果四个环节；第二阶段，项目交流展示，包括学生课堂展示、师生交流和项目评价三个环节。

物理学科依据核心素养的培养要求、项目式教学的特征以及物理学科的特点，开发了三类项目：第一类是立足于单元的可操作性实物制作项目，如“制作测量电梯加速度的仪器”整合了一章的内容，最后的制作成果为电梯加速度测量仪；第二类是立足于章节的非制作类项目，如“探寻押加比赛的制胜本质”是针对牛顿第三定律的内容展开学习；第三类是立足于章节模块、融入常规课堂的项目，如“潮汐发电”通过对整个选修3-2的电磁感应、交变电流的产生与描述、变压器以及远距离输电的多节内容的整合帮助学生建构知识系统。

在项目式教学中，教师针对真实情境下的驱动问题，精准且有梯度地设计教学环节和学生活动任务。首先组建项目活动小组，明确师生、生生之间的任务分工。活动小组为完成学习任务、解决某一核心问题需完整地研读学习内容并设计活动方案。活动形式包括实验、访谈、调查、设计及制作模型、辩论、搜集资料等。此过程中，学生可充分利用各种校内外资源，包括当地社区、科研院所、人文地理环境、交通部门、民政部门、史志办、企业等，开展活动，最终得到实验报告、访谈纪要、模型、舞台剧甚至是对某一民生问题的建议等活动产品。活动中，教师要指导和引导学生经历探究的全过程，做完整的事，在活动中感悟项目的意义和价值。展示环节最能体现出学生的深度学习和深度思考，小组成员在互助学习、合作交流的基础上形成整体的展示思路和展示内容，通过展示进一步树

立自信心和团队荣誉感。

四、课程评价

1. 过程性评价

过程性评价主要包括教师评价和学生评价等，评价指标包括学生上课出勤情况统计、学生在课前探究过程的表现及课堂参与交流的情况等。教师可综合运用观察、交流、作品展示等多种方式，为学生建立综合、动态的成长记录手册，全面反映学生的成长状况。

2. 终结性评价

终结性评价包括学生单元学习测试和期中期末测试、学生学科能力测试及核心素养测试等，教师可借此深入研究项目式教学与学生学业成绩的关联情况。

4. 历史学科

高中历史项目式教学实施方案

一、指导思想

《普通高中课程方案和语文等学科课程标准（2017年版2020年修订）》的出台为项目式教学在高中教育的大规模展开提供了充足的理论依据。课程方案指出，要大力推进教学改革，关注学生的学习过程，“创设与生活关联的、任务导向的真实情境，促进学生自主、合作、探究地学习，注重对学生学习过程的评价”，并用“核心素养”取代“三维目标”，培养具有“终身学习能力、自主发展能力和沟通合作能力”的学生。项目式教学为培养学生的核心素养和提高学生的21世纪关键能力提供了抓手。它改变了传统教学以知识为本、以教师为中心的教学模式，形成了以能力为本、以学生为中心的新的教学模式。项目式教学可以让历史学科教学鲜活起来，有效地解决知识碎片化问题；但历史情境的选择需要学生从已有认知出发来增强代入感，激发问题探究意识，这就需要历史情境的可视化，让学生能够触摸生活中的历史，用历史解决现实中的问题，以更好地落实“唯物史观、时空观念、史料实证、历史解释、家国情怀”等五个方面的历史学科核心素养。

二、总体目标

1. 学生层面

第一，落实历史学科核心素养，注重培养学生个人价值和社会价值的结合。

第二，以项目为主线，培养学生历史核心知识的再建构和历史思维的迁移能力。

第三，促进学生由低阶驱动到高阶驱动的学习能力提高。

第四，进而培养学生探究和解决实际生活问题的能力。

第五，结合项目评价，学生形成具有凝结核心知识的、指向驱动性问题解决的公开成果。

2. 教师层面

第一，促进教师的专业成长及组织、管理、评价能力的提高。

第二，提升教师对历史学科核心素养的整体认知与把握，进而促进学科核心素养的落地。

第三，促进教师课堂教学理念、教学实施由传统向现代的转变。

3. 学校层面

形成基于项目式教学的历史学科课程体系，进而形成学校项目式校本课程。

三、项目保障

第一，前期学校开展的海洋特色教育、课题化教学等教学改革为项目式教学的实施打下了基础。经过长期探索，学校形成了基础课程 + 拓展课程 + 实践课程“三位一体”的海洋特色课程体系。

第二，北京师范大学专家团队提供理论培训，专家面对面地进行指导。

第三，青岛市教育局及学校提供资金和设备支持。可以走进高校、购买相关书籍等提升教学改革能力。

第四，社会资源丰富。项目实施可以充分利用社会资源的支持。这些资源具体分为人力资源、技术资源、环境资源、文本资源等。

四、项目实施过程

1. 历史学科项目教学模式探索（三种模式）

①基于高中历史教材内容的整合与重构。

②基于乡土资源的开发与实施。

③基于史料研习的学习与探究。

2. 历史学科项目式教学流程

（1）项目背景

构建项目背景是实施项目式教学的第一步。项目背景应该是由教师创设的，能够引发学生进行自主探究的一个具体情境。

（2）项目目标设计

项目目标不只是教师的教学目标，更是学生的学习目标，完成目标的行为主体是学生。因此，项目目标的制定非常重要，能起到统筹全局的作用。从目标类型的角度来划分，项目目标包括知识目标、能力目标、情感目标和素养目标等几个维度。

（3）项目框架

项目式教学在知识和能力上对教师提出了更高的要求，要求教师对课程有一个系统的思路，明确学生的学习进程，根据学生特点设计出全面平衡的项目框架，使学生积极参与到课程的学习中来。

（4）项目实施

项目实施是项目式教学的主体，是项目式教学区别于其他传统的教学活动的一个重要特征。在此阶段，教师更多地是学生学习的组织者与领导者。教师组织和引导教学过程，以学生为主体展开项目式教学活动。

（5）项目评价

项目评价主要针对学生在应用所学知识和技能解决新情境下的问题时所体现出的学科核心素养水平。教师应该根据教学需要提供多种评价方式，如过程性评价、终结性评价、组内互评、组间互评、教师评价、个人自评等，注重评价主体的多元化和评价方式的多元化，多维度地进行学习评价。项目评价应该贯穿于项目进行的始终，将教、学、评有机结合，在项目过程中及时发现学生的强项和弱项，为学生提供相应的建议，促进学生自主学习、合作学习和探究学习的开展，促进个人和小组的进步。

（6）自我反思

在进行完项目式教学之后，教学反思可以激活教师的教学智慧，改进教学环节，不断探索项目式教学模式与历史学科教学更好地结合的形式。

第2节 专项培训

教育质量的高低关键取决于教师队伍的整体素质。高素质教师队伍是学校发展的基石，也是学校教育教学改革的推动力。在项目式教学实施过程中，教师需要仔细观察每个学生的学习进展，了解学生对新知识的掌握情况；根据学生的状态调整教学计划和教学内容，指导学生开展项目，参与学生的问题讨论并对他们提出的各种问题给予解答。这种教学方式要求教师具有极大的创造性和应变能力，了解项目实际操作过程中的每一个细节和任何可能关联的知识点。因此，为了加快项目式教学理念革新以推动教师队伍专业化成长，学校联合北京师范大学等优质培训平台，坚持专家引领下的校本培训与外出培训相结合的方式，打造学校的培训体系。

一 指导思想

2018年1月，中共中央、国务院颁发了《关于全面深化新时代教师队伍建设改革的意见》，这是中华人民共和国成立以来围绕教师队伍建设工作层级最高、针对性最强、内容最具体的专门文件，标志着新时代教师队伍建设被摆在了前所未有的战略地位上。学校认真落实党和国家的教育方针以及新高考改革和课堂教学创新的具体要求，以《国家中长期教育改革和发展规划纲要（2010—2020年）》为指导，通过提高教师学科素养和专业素养，推动师德建设，打造一支讲正气、讲奉献、讲创新、讲理念的高素质教师队伍。

二 发展目标

教师项目式教学专项培训依托上级教育主管部门的培训规划，立足学校的教育教学改革，通过可持续性的培训计划实施实现以下目标。

1. 全面提升教师的专业素养

新高考改革对教师专业素养提出了更高的要求，教师面临着前沿学科知识和技能的再学习以及教学理念转变、角色定位转化等多种发展任务。因此，要通过可持续的教师培训计划的实施，促进教师专业技能的提升，拓宽教师专业知识面，提高教师教育教学的改革创新能力。

2. 提高师德建设水平

师者为师亦为范，为师不但要做到学而广、学而尖，更要做到德而优。因此，学校依托上级教育主管部门的培训方案，促进校内师德建设方案的完善，实现修师德扬正气的目标。

3. 助推青年教师快速成长

青年教师是学校发展的未来。因此要通过教师培训方案的实施，依托教育名家的培训，从教育教学方法、教育教学理念、教育教学规范、教育教学思想等方面促进年轻教师的快速成长。

4. 发挥骨干教师的引领作用

伴随时代的变革，新思想、新精神、新理念不断融入教育教学工作。学校应把握教育变革的大趋势，不断矫正方向，促进学校发展。学校的发展是以骨干教师为核心的，而骨干教师的教育理念决定着学校发展的方向。因此，学校要通过针对性的、个性化的培训方式，促进骨干教师对新理论、新改革的学习，助推学校的各项改革。

三　实施方式

1. 专家指导

2017年7月，北京师范大学、青岛市教育局和青岛三十九中三方签约合作项目“基于项目式教学促进学生核心素养发展的课程整合及课堂教学改进实践研究”（图3-2-1）。同月，“北京师范大学教育实践基地”落户我校。

图3-2-1 北京师范大学、青岛市教育局和青岛三十九中三方签约，
探索项目式教学促进学生核心素养发展

图3-2-2 青岛三十九中教师与北京师范大学专家团队合影

根据双方协议，北京师范大学九大学科专家团队在两年内共108批400余人次（每学科每学年六次）进学校、进课堂指导项目式教学工作，全程参与项目审定、项目设计、支架系统开发及项目评价，并就核心素养落地和学科关键能力培养提出建设性指导意见（图3-2-2）。学校教师与北京师范大学专家按照“理论研修 + 教学诊断 + 课程整合 + 课堂改革 + 学生评价 + 总结交流”的合作形式开展工作。

在与北京师范大学项目专家的一次次对接交流中，学校始终秉承两个原则：一是坚持高中学段国家基础课程的项目式教学研究；二是要求学校教师要有自己的研究，不能照搬专家的研究成果。在此基础上，学校形成了项目式教学培训的新模式，即“专家引领—跟踪式”。“专家引领—跟踪式”培训模式是以行动研究理论为基础，结合新课程的理念和成人学习的特点而设计的，具体是指在教师教学实践基础上完成专家听评课—交流研讨会—专题讲座—项目研究—跟踪指导等步骤，形成融认知、互动、反思、研究、实践于一体的教师培训模式（图3-2-3）。

图3-2-3　北京师范大学专家指导我校教师探索项目式教学

（1）“专家引领—跟踪式”培训模式的类型

“专家听评课”是指专家在现场听课的基础上，针对教师课堂教学每一个环节中存在的实际问题，一对一地进行点评和指导。

“交流研讨会”是指专家和教师针对教育教学中的热点、重点、难点问题，进行面对面的交流和研讨。在此过程中，专家和教师都以主体的身份出现，通过大家的讨论、沟通、分享，问题得以解决。

“专题讲座”是指专家在听评课和交流研讨会的基础上，针对学校和教师迫切需要解决的问题进行专题讲座或专题报告。教师以研究者的身份出现，以研究者的心态对待自己和他人在教学中存在的问题，促使教师从“教书匠”到研究型教师的转化。

“项目研究”是指专家在培训工作中发现值得研究的问题，就把它确定为科研项目，与培训学校教师共同进行研究、探讨，并将研究的成果应用于课堂教学检验其是否可行并有效，经过进一步完善后用于教育实践。

“跟踪指导”是指教师在进入常规教学活动后，专家对其进行跟踪式指导，巩固前期指导的效果，解决新的问题。“跟踪指导”途径有两种：通过网络交流平台，根据教师实际需求提供个性化交流指导；深入到常规课堂进行听课，继续为教师解决教学中遇到的问题。

（2）“专家引领—跟踪式”培训模式的特点

①立足课堂，重视实践能力的培养。教育教学实践活动是实现教师专业化的真正途径。“专家引领—跟踪式”培训模式最大的特点是将培训的重心放在课堂上，结合每所学校的实际情况，结合每个教师的具体情况，通过培训使教师的教学实践和教学理论紧密结合，避免了以往培训过于强调理论讲述的现象。从听评课阶段、交流研讨会阶段到跟踪指导阶段，专家们都能够用理论指导教学实践，在实践中检验理论、发展理论，达到学以致用的目的。例如，针对青年教师进行培训时，青年教师先讲解自己的教学设想（包括对教材的理解、教法及学法设计、效果检测），经过专家和学科组长研讨后在课堂上实际操作，听课专家及同行进行课堂观察和记录，共同进行客观的评价与分析，找出教学实施中的成功之处及存在的问题，授课教师经过反思后改进教学设计方案，并再一次进行课堂实施。可见，对于教师的指导，从问题的发现、研讨到问题的解决，始终在课堂上，而且每一步都没有离开实践去空谈理论。只有这种富有实践性的指导，才是教师提高课堂教学水平的有效途径。

②按需施教，突出个性化的指导。传统的教师培训课堂要面对几十人、几百人，讲授的是一样的知识，没有考虑到教师的专业发展阶段不同及所面临的问题不同。另外，不同地区、不同学校教育教学的实际状况也存在差异。“专家引领—跟踪式”培训针对以上弊端提出了“个性化”的指导。“个性化”包括两个方面，一是关注教师已有的个体背景和经验进行一对一指导，对每位教师的具体问题进行具体分析，确保每位教师职业个性化的发展；二是培训要关注“学校”，即要从学校的具体情况出发，根据学校本身的实际设计不同的培训方案，

尤其要提升学校原有的优势，通过培训将其不断深化，不仅使学校教育教学和科研得到发展，而且使学校形成自身的特色。在已有的专家指导中，被听评课的教师有的是市级骨干，有的是刚毕业的年轻教师，还有处在专业发展中间阶段的教师。面对不同水平的教师，专家们给出了“个性化”的指导。骨干教师教学经验丰富，应侧重培养和提升其教育理论和教育能力，促使其将教学经验上升为教育理念，着重培养他们进行教学科研的意识，提高他们的科研能力。年轻教师对学校和课堂的认识较为理想化，工作非常认真，但缺乏对不同教学情境的分析和灵活处理能力，对课堂的驾驭能力不够成熟，教学中遇到疑难问题会缺失信心。对于此，专家要帮助年轻教师树立信心，指导其吃透教材，把握教学重点、难点，注意教学设计的系统性、精练性等。对于处于中间阶段的教师，专家们帮助他们找出自身存在的问题，研究解决的对策，使他们顺利突破教师专业发展的瓶颈，尽快成长为成熟的教师。这种针对性的指导，既尊重了教师本人和学校的具体特色，又保证了培训紧跟新课程的改革步伐，使理论有了生命，使培训更符合教师个性化发展的需要。

③精细指导，重视互动与交流。传统的教师培训以粗放型为主，主要解决理念和理论等方面的问题，对教师在教学实践中遇到的微观问题关注不够。而项目式教学下的“专家引领—跟踪式”培训把宏观的理论和微观的实践结合起来，更注重在微观层面对教师进行指导。例如，对在课堂上如何组织教学内容、如何运用教学方法和教学手段、如何运用教学语言和表情、如何把握项目目标、如何引导自主合作探究学习方式、如何设计课堂提问、如何把握教学节奏、如何评价学生等问题，专家们都给予了详细的指导。在指导的过程中，专家们强调教师的主动参与；专家与教师始终处于交流互动的气氛中，教师不再是单纯的被培训者，而是通过自己的思考与专家、同行进行交流、讨论，产生新的思想，接受新的观念，生成新的能力。一次次的交流、讨论切实提高了教师的教育教学能力。

表3-2-1是北京师范大学专家团队各学科负责人及首席专家名单。

表3-2-1　学科负责人及首席专家

学科	学科负责人及首席专家
语文	北京师范大学文学院　郑国民教授
数学	北京师范大学数学科学学院　曹一鸣教授
英语	北京师范大学外国语言文学学院　王蔷教授
物理	北京师范大学物理学系　罗莹副教授
化学	北京师范大学化学学院　王磊教授
生物学	北京师范大学生命科学学院　王健副教授
思想政治	北京师范大学哲学学院　李晓东副教授
历史	北京师范大学历史学院　郑林教授
地理	北京师范大学地理科学学部　王民教授

通过北京师范大学专家团队的指导，学校形成了项目式教学三年梯度发展规划（图3-2-4），即：第一年学习理解，反思诊断项目的初步设计与实施，规划课程整合设计；第二年应用实践，项目深入指导与完整实施，改进课程整合设计；第三年迁移创新，教师自主设计项目课程，完善课程整合设计。

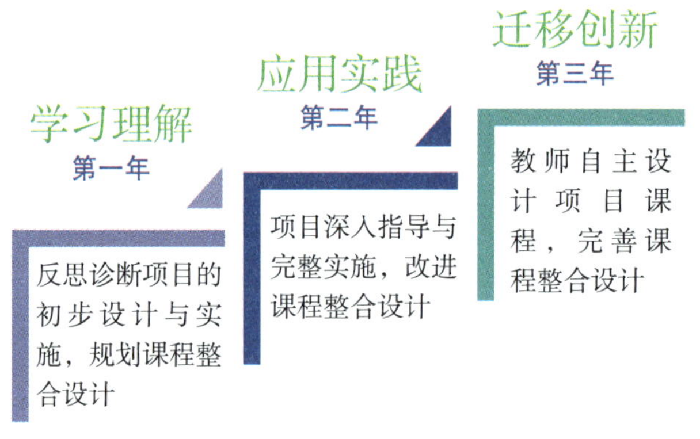

图3-2-4　项目式教学三年梯度发展规划

2. 校本培训

雄厚的师资力量成为学校的优质品牌。学校现有全国模范教师、优秀教师、省特级教师、省市优秀教师、教学能手、学科带头人近百人，入选山东省齐鲁名师工程、青岛市名师培养工程、青岛市名师工作室主持人、青岛市名班主任工作室主持人等的教师人数位居全市第一。未来，学校将继续优化整合教师资源，实现高端引领、团队培养、整体提升，促进教师专业化发展，为青岛市基础教育的高质量发展提供智力支持和人才保障。

（1）成立特级教师工作室

特级教师工作室主持人是驱动全校教师专业发展的中坚力量。学校定期开展特级教师工作室教师论坛沙龙活动，特级教师工作室主持人做专题讲座，全校教师聆听学习（图3-2-5）。

图3-2-5　学校成立特级教师工作室

（2）短期培训

利用教师业务学习时间、晚上或节假日部分时间，组织教师进行短期培训。内容包括以下几个方面。

①专题报告。组织名师、骨干教师、优秀教师等定期做报告，介绍项目式教学的国际背景、发展前景及实践案例，并进行经验交流。

②现代教育技术培训。由学校信息技术教师依托智慧校园建设，结合信息化课堂建构，对教师进行信息化课堂技术培训，辅助项目式教学课堂。

③组织新高考、新课程、新课标、新课堂的学习研讨活动，将项目式教学与新高考、新课标相结合，明确高考命题方式。

④组织学科组之间开展教学案例分析、教育案例分析交流活动，实施跨学科项目式教学。

⑤依托海洋教育、艺术教育、职业生涯规划教育、社团活动等，促进校本课

程开发，以校本课程开发带动教师的专业提升。

（3）举办教育教学专项活动

①开展教研组项目式教学主题读书活动。每位教师要结合自身的实际情况，制订个人学习计划，不断充实新的科学文化知识，不断完善自己的知识结构，以胜任项目式教学的工作要求。学校提供一定的学习资料，并定期举办读书活动交流会、报告会。

②开展项目式教学课堂展示活动。开展名师展示课、骨干教师示范课、年轻教师汇报课等教学评比活动。开展教学设计比赛、优秀教育论文评选、教学学案评比等教学常规活动。

③实施“青蓝帮扶工程”。通过新入职老师的拜师活动，让优秀教师引领年轻教师的专业成长。学校定期开展青蓝帮扶经验交流会、师徒共上一节课等课堂培训活动。

（4）合作学习

鼓励教师之间进行专业切磋、协调、交流与合作，共同分享经验，互相学习，彼此支持，共同成长，防止出现教师各自为战的孤立无助现象。教师与教师之间互动，相互启发、相互补充，然后集中总结，使教学观念、方法更加完善和科学。

（5）课题研究

以课题研究带动校本培训。鼓励开课教师积极参与项目式教学课题研究，在课题研究实践中学习，在实践中充实知识、提升能力。近3年以来，共有35人次在《教育家》《中国教育学刊》等杂志发表文章。

3. 外出研修

依托于上级行政管理部门的规划，同时结合学校自身的发展需要和教师专业的个性化成长需求，开展具有针对性的外出学习培训。应北京师范大学各学科负责人之邀，学校选派优秀教师赴京参加项目式教学高端备课及理论提升培训等（图3-2-6～图3-2-12）。

图3-2-6　语文组参加北京师范大学项目式教学语文研究组组织的共读经典活动

图3-2-7　数学组参加北京师范大学第七届数学课堂教学研究国际论坛

图3-2-8　英语组参加北京师范大学英语项目式教学高端备课

图3-2-9　物理组、化学组、生物组、地理组参加北京师范大学科学教育研究国际中心成立仪式暨京师科学教育高峰论坛

图3-2-10　化学组参加北京师范大学第十六届“高端备课”项目总结交流会

图3-2-11　历史组参加北京师范大学第二届全国高等师范院校历史教师教育论坛

图3-2-12　地理组参加北京师范大学高中地理项目式学习（PBL）课程研讨会

四　各学科项目式教学培训成果

1. 语文学科

图3-2-13　语文教研组

《普通高中语文课程标准（2017年版2020年修订）》所规定的语文学科核心素养是学生在积极的语言实践活动中积累与建构起来，并在真实的语言运用情境中表现出来的语言能力及品质；是学生在语文学习中获得的语言知识与语言能力，思维方法与思维品质，情感、态度与价值观的综合体现。项目式教学是一种全新并具有前瞻性的教学方式。它以学生为中心，以主动学习和团队合作为路径，链接真实世界，解决真实问题，并演化为学生行走世界的思维方式。项目式教学让学生的学习接近本源，让学生在自主学习中主动建构知识，促进深度学习和迁移学习，发展创新思维和实践能力，将学习融通生活，让学习真实发生。项目式教学在高中语文学科的应用能够很好地推动学生核心素养培育落地。

学校语文教研组（图3-2-13）在北京师范大学教学专家团队的指导下，对项目式教学进行了卓有成效的探索。目前，语文组已形成了项目式教学“六步走模式”：分析教学内容，确立项目目标→依据项目主题，制订实施计划→项目细化分解，开设不同课型→指导项目过程，提供学习支架→结合评价方案，诊断素养水平→总结项目策略，进行迁移应用。表3-2-2是语文组项目式教学实践过程中开发的优秀案例。

表3-2-2　语文组项目开设一览表

序号	项目名称	授课教师	授课年级
1	带着困惑回溯作品　由浅入深品悟精髓 ——《平凡的世界》整本书阅读与研讨	王文飞	高一
2	《论语》与“交友之道”	倪蕴佳	高二
3	我看贾迎春——《红楼梦》整本书阅读与研讨	王媛媛	高一
4	我看项羽——《史记》专题阅读	管霞	高二
5	平凡博物，馆藏世界 ——《平凡的世界》整本书阅读与研讨	段燕霞	高一
6	探秘大观园——《红楼梦》整本书阅读与研讨	陈丽晶	高二
7	女性的人生追求之比较 ——《平凡的世界》整本书阅读与研讨	苗涵	高一
8	我读战国四公子——《史记》整本书阅读与研讨	王文飞	高二

项目式教学课后感悟录

学生：同学们通力合作，不懈努力，展现出了模型、手札、报告等多种多样的学习成果，获益匪浅。探秘大观园，探秘青春年华，让我们在成长的过程中对人生、对社会有了更深层次的思考。读红楼，解红楼，《红楼梦》一学期陪伴我们走来，见证了我们的欢笑与泪水；从最初的抗拒到最终的痴迷，我们对中华传统文学有了更浓厚的兴趣，在探索语文学习过程中收获了欢乐。

教师陈丽晶：在项目式教学中，情境化、策略化、问题化、项目化的学习方式，本质都是反对传统意义上的知识操练，而鼓励学生通过完成有挑战性的任务、问题、项目等来推动学生对《红楼梦》这部名著展开整本书阅读，是对传统课堂的一次颠覆和革命。项目式教学，真正使教师实现了由知识的传授者到学生学习的引领者、组织者、合作者的角色转变。

北京师范大学郑国民教授：在青岛三十九中语文项目式教学课堂上，学生的创造性超出了教师的想象，授课教师角色发生了转变，真正成为学生学习的组织者、合作者，成为陪伴学生共同成长的伙伴。这是平等、民主，积极参与、自由表达的课堂。在这样的课堂上，学生主动、自由地发言，师生共同成长。

2. 数学学科

图3-2-14　数学教研组

《普通高中数学课程标准（2017年版2020年修订）》指出：高中数学教学要以发展学生数学学科核心素养为导向，创设合适的教学情境，启发学生思考，引导学生把握数学内容的本质。高中数学项目式教学是以解决真实世界中复杂的、具有挑战性的问题，或完成一项源自真实世界经验且需要深度思考的任务为项目背景，整合数学教材，在教师的指导下围绕一个项目或多个子项目开展的教学活动。

学校数学教研组（图3-2-14）基于高中数学核心素养的落实，在北京师范大学专家曹一鸣教授团队指导下开展课堂教学实践探究，历经理论学习、教材整合、项目确立、高端备课、教学实施、反思评价等六个环节，收获颇丰。表3-2-3列出的是数学组项目式教学实践过程中开发的优秀案例。

表3-2-3　数学组项目开设一览表

序号	项目名称	授课教师	授课年级
1	探秘杨辉三角，再寻数学规律	杨淑英	高二
2	圆锥曲线的光学性质及其应用	周梦鸽	高二
3	导数的概念	孙云霞	高二
4	截口曲线为什么是椭圆	甄晓	高二
5	基于高度问题解决正余弦定理应用	邹旭涛	高一
6	历史回眸（牟）——牟合方盖体积计算	陈雪	高一
7	三角函数模型的应用	李元基	高二
8	社团化项目式教学	胡月	高一 高二
9	基于教育储蓄兴衰的项目式教学——数列知识的应用	于志昌	高一
10	解锁“人造卫星”轨迹方程	衣军潼	高二

项目式教学课后感悟录

学生：在课堂上，各小组轮流进行了项目展示，我们将所想的内容用实验做了出来，虽然实验有难有易，但都能切实地帮助我们理解这堂课的知识点，也提高了我们的动手操作能力，使我们对未来的学习产生了更大的兴趣和动力。

教师杨淑英：在项目式教学的课堂上，学生有激烈的讨论，有理智的征服，真正成为课堂的主角。他们通过小组合作不断设计、修正不同求解方案来构建新知，不同小组运用不同的展示方式向大家证明自己的结论。这样的环节营造出精彩纷呈、民主和谐、积极活跃的课堂氛围，学生在勇于探索解决项目问题的过程中增强了实践能力，数学学科素养得以真正落地。

北京师范大学曹一鸣教授：青岛三十九中的数学项目式教学的课堂设计从实际问题出发，跨学科结合物理学知识，以学生自主探究为主要途径，通过教师的恰当引导，得出解决方案。在研究的过程中采取课内研究与课外实践相结合的形式，引导学生从设计、实践、反思三个层次运用数学知识解决生活中的具体问题。学生在这样的研究性学习后，热情高涨，对数学产生了较为浓厚的兴趣，学习数学的积极性也会有极大的提高。

3. 英语学科

图3-2-15　英语教研组

根据《普通高中英语课程标准（2017年版2020年修订）》，普通高中英语课程应使学生在接受高中英语教育后在语言能力、文化意识、思维品质、学习能力等学科核心素养方面获得提升和进步，使学生在获得文化知识、理解文化内涵的同时，学会比较文化异同，汲取文化精华。在此背景下，学校英语教研组（图3-2-15）采用项目式教学方式，通过给学生设定有现实意义的大项目，帮助学生逐步完成与所学内容相关的小项目，从而达到英语学习的目的，逐步提升学生的英语学科核心素养。

经过几轮的研讨探索，英语组在北京师范大学教学专家团队的指导下，归纳出了从课前备课到课后评课的“三阶段六环节”全过程架构，即“调研・立项—集备・打磨—实施・评课”以及以阅读课为主的项目式教学模式探索。三个年级从外研社版的高中英语教材中选取了七个模块中的精读课文，展开项目式教学。表3-2-4列出的是英语组在项目式教学实践过程中开发的优秀案例。

表3-2-4 英语组项目开设一览表

授课教师	主题语境	主题语境内容	课程选择	文体形式	话题	项目内容
石磊磊 魏晓娜	人与社会	人际沟通、城市介绍	必修一	对话	A Lively City 活力城市	制作青岛城市宣传手册
王丽	人与自我	健康生活、生命价值	必修二	记叙文 说明文	No Drugs远离毒品	禁毒宣传及社会调查
丁明群	人与自然	自然灾害与防范，安全常识与自我保护	必修三	说明文	The Violence of Nature 自然灾害	防御飓风、台风等自然灾害
孙振宇	人与社会	社会进步、科技发展	必修四	说明文	The City of the Future 未来城市	规划未来城市
吴元钊	人与自然	人与动物、动物保护	必修五	记叙文 说明文	Saving the Antelopes 拯救藏羚羊	藏羚羊的生存现状调查及保护
赵萍	人与社会	民族文化、文化遗产	选修七	游记	Simon Wakefield's Yunnan Diary 云南游记	介绍云南少数民族，文化异同分析
于静	人与社会	少数民族、传统节日	选修七	说明文	The Bai Ethnic Group 少数民族——白族	介绍少数民族，尊重民族文化

项目式教学课后感悟录

学生：老师在项目式教学的过程中发挥引导和辅助作用，我们才是学习的真正主体，这种体验让我们的自信心和表现力都得到了提升。在自主探究的过程中，我们不仅收获了知识，还突破了以往笔头英语的限制，真正做到能表达、会表达，自如地借助英语阐明自己的观点看法。

教师王丽：每月一次同北京师范大学专家的交流，虽然时间不长、频率不高，但积攒下来也让我有了非常大的收获和进步。正如王蔷教授所言，学生的学习是一项自主的认知活动，不管教师“教”了多少，都是属于教师的；而不管学生“学”了多少，都是属于学生的。因此作为教师，我们必须在教学过程中尽最大可能帮助学生发挥他们的学习主体作用，引导学生知行合一，在实践中应用所学知识，实现学科能力的综合发展。

北京师范大学孙晓慧教授：作为一种注重理论与实践相结合的教学模式，青岛三十九中实施的英语项目式教学对学生认知能力和教育教学资源有较高要求，同时也对培养学生的学科能力和核心素养有重要意义。它在一定程度上激发了学生英语学习的内驱力，拓展了学生学习的宽度和深度，引导学生将学习与生活相结合，有助于学生养成合作学习的好习惯。

4. 物理学科

图3-2-16　物理教研组

随着《普通高中物理课程标准（2017年版2020年修订）》的推出以及学业水平考试的改革，相应学科的教学组织形式、教学策略和学习方式必然要随之改变。物理项目式教学让学生在实践中获得知识与技能，实现了对学生创新能力、观察能力、表达能力、沟通能力、协作能力等素养的培养。

学校物理教研组（图3-2-16）项目式教学在北京师范大学罗莹副教授的指导下，历经对物理学科项目式教学的了解、理解、实践应用和迁移应用等过程，现已形成完整的项目式教学案例12个（表3-2-5），包含必修和选修模块，基本形成了高中物理学科项目式教学体系和代表案例，为下一步的项目式教学探索提供指导。

表3-2-5　物理组项目开设一览表

序号	项目名称	授课教师	授课年级
1	反应时间测量仪（力学，展示一节）	丁宁	高一
2	电梯加速度测量仪（力学，展示一节）	刘晓	高一
3	反冲运动火箭（力学，展示一节）	张锐	高二
4	发电机的设计与制作（电磁学，展示一节）	刘晓	高二
5	制作欧姆表（电学，展示一节）	宁文文	高二
6	人类对原子结构的探索（原子物理，展示一节）	王婕	高二
7	把白光玩出彩来（光学，展示一节）	丁宁	高二
8	测量海水的折射率（光学，展示一节）	丁宁	高二
9	押加比赛的制胜本质（力学，展示一节）	鹿英妮	高一
10	描述从你家到青岛三十九中新校的运动（力学，展示多节）	姜希明、张锐	高一
11	潮汐发电为青岛居民供电（电磁学，展示多节）	丁宁	高二
12	传感器的设计与制作（电磁学，展示多节）	丁宁	高二

项目式教学课后感悟录

学生：这样的学习方式让我觉得很新颖很有趣。在我们设计和制作火箭的过程中，我们将动量守恒定律应用到了真实的情境中，但是制作的过程仍然是充满了艰辛。我们小组的每个成员都在想办法解决问题，老师也给了我们一些关键的指导，最终我们制作的火箭才能成功发射。这种学习方式让我们在完成项目的过程中将所学的知识整合起来，同时也学习到了新的知识和方法，这让我们觉得学习是很有成就感的，课堂上学的物理知识是很有用的。

教师刘晓：多次参与项目式教学，我最大的感触是教师角色实现了彻底的颠覆，由原来的讲授者变为了参与者和指导者。这种指导贯彻于课前、课中与课后。从项目式任务的提出到项目活动的开展，我全程参与了学生项目任务的指导活动，或是解答问题，或是指定书目让他们去阅读，让学生在研究中不断突破自己。

北京师范大学罗莹副教授：项目式教学的方式把课堂真正交给了学生，学生和教师在课前做了很多工作，学生把做习题的时间拿出来做项目，他们在制作的过程中有了更深层次的思考，研究问题的深度远高于传统课堂，学生对知识的迁移与创新是在传统课堂中很难看到的。在目前高考改革进行选课的现状下，我们物理教师要让课堂能吸引学生，同时还要让核心素养在课堂中落实。面对这些压力，青岛三十九中的项目式教学为我们提供了一种新的思考方向。

5. 化学学科

图3-2-17　化学教研组

项目式教学要求教师创设一个真实的问题情境贯穿始终，对复杂的问题进行拆解，使学生在解决问题的过程中建立一个系统性的思维，培养学生的核心素养和能力。学校化学教研组（图3-2-17）在北京师范大学专家的指导下，将学生的培养目标确立为在完成高中阶段化学学习内容的基础上，培养学生化学学科素养，提升学生解决问题的能力，发展学生的高阶思维能力和批判性思维，使学生学会合作探究；同时，形成了化学组项目式教学模式，即分析教学内容，确立项目目标→根据项目主题，选择教学素材→梳理项目内容，进行问题拆解→设计课堂活动任务→设计课堂学习支架→设计评价方案，开发出了很多典型优秀案例（表3-2-6）。

表3-2-6　化学组项目开设一览表

序号	项目名称	授课教师	授课年级
1	基于实际问题解决的“氧化还原反应”复习——“岛城居民科学补碘”海报制作	邢瑞斌	高一
2	基于项目学习氧化还原反应——揭秘“84”消毒液	李晓倩	高一
3	基于硫酸工业项目的不同价态硫元素的转化探究	宋立栋	高一
4	实验室里研究不同价态硫元素的转化	顾喜阅	高一
5	化学电池——海水电池的制作	赵洪红	高一
6	联合办厂——基于项目式教学的含硫物质转化复习	宋立栋	高二
7	黄花菜中硫元素的测定——硫的转化复习	顾喜阅	高二
8	探秘膨松剂——碳酸氢钠的性质	梁蒙	高一
9	世纪回眸探制碱——基于纯碱工业的水溶液模型建构	李晓倩	高二
10	解酒药的研制与开发——基于模型建构的乙醛性质研究	邢瑞斌	高二
11	“海上桥梁防腐方案”建议书设计——金属的腐蚀与防护	邢瑞斌	高二
12	车用燃料的选择和优化	王忠昌	高一

项目式教学课后感悟录

学生：探秘“84”消毒液这一项目研究的是真实问题，是围绕我们学校游泳池所用消毒剂展开的。课前我们小组首先调查消毒剂使用的具体情况，通过本节课学习又优化了学校游泳池的消毒方案，把优化的方案用到学校游泳池里，让我们觉得特别有意义。在实验过程中，有两个实验没有实验药品的限制，开放度和难度比较大，后来通过小组成员集体思考、讨论，我们才设计出最佳的实验方案。汇报实验方案时，我们与老师进行了交流，与其他小组相互质疑和补充，思路得到了拓展，收获真的特别大。

教师李晓倩：设置真实的情境是项目式教学的关键。从为学校游泳池设计消毒方案这个真实的主任务出发，设置了一系列驱动性问题，最后回到设计方案上来，让学生感受到身边真实的化学知识。同时，教师还需要引导学生将项目拆解成化学问题，比如消毒剂这个项目就将总任务拆解成四个子任务。项目式教学需要教师在课前做充足的准备，课堂上也会出现一些意外的情况，因此教学不再仅仅是课前的预设，课上自由度比较大，学生自己设计方案、进行实验，对教师把控课堂的能力要求很高，极大地促进教师专业成长。

北京师范大学王磊教授：项目式教学是基于真问题真情境的、具有强烈驱动性的、能够激发学生主动求知欲望的教学方式。它对教师拆解问题的能力要求很高。学生的思维千差万别，需要教师在课堂教学中很好地把控住项目拆解的方向。青岛三十九中的化学项目式教学以学生提出的真实问题为切入点，发挥学生的主动性，让学生主动分析问题、解决问题，将主任务一步步拆解为几个分任务，使学生成为课堂的主体，并在解决问题中提升学科素养，教师成为课堂学习的支架和课堂学习的引导者、指导者。

6. 生物学学科

图3-2-18　生物教研组

项目式教学是一种建构主义理念下以学生为中心的教学方式。它主张学生通过一定时长的小组合作方式，解决一个真实世界中复杂的、具有挑战性的问题或完成一项源自真实世界经验且需要深度思考的任务，在解决问题或完成任务的过程中，精心设计项目作品，规划和实施项目任务，进而逐步习得知识以及培养包括可迁移技能、高阶思维能力、关键品格等在内的21世纪核心素养。生物学学科核心素养是学生在生物学课程学习过程中逐渐发展起来的，在解决真实情境中的实际问题时所表现出来的价值观念、必备品格与关键能力，是学生知识、能力、情感态度与价值观的综合体现，包括生命观念、科学思维、科学探究和社会责任。

在北京师范大学专家的指导下，生物教研组（图3-2-18）根据高中生物学课程体系的内容，结合学校实际，经过不断的探索与教学实践，提炼出了高中生物学项目教学课程体系，开发出了系列优秀案例（表3-2-7）。

表3-2-7　生物组项目开设一览表

序号	课程类型	课题名称	授课教师
1	细胞学	果酒制作——细胞呼吸	柳艳
2		植物组织培养	宋潇洁
3	生理学	免疫恩仇录——免疫调节	徐丹
4	遗传学	小细菌，大梦想——基因工程及其应用	王文斐
5		基因编辑婴儿引发的思考——基因对性状的控制	郑中英
6	生态学	生态规划设计——生态工程原理的理解与应用	马凯阳
7		“瓶”水相逢，筑微景观之美	柳艳
8	综合类	尼莫的新家——生态系统的结构	郑中英

项目式教学课后感悟录

学生：生物项目式学习给了我们宝贵的机会，使我们可以亲自体验生物学研究的酸甜苦辣。从实验条件、实验过程到最后的汇报总结，我们初步感受到了生物学研究的科学性与严谨性，在实验中进一步巩固了课堂上学习的理论知识，亲自验证了书上的文字。在一次次的失败中，我们学会了分析实验设计、操作上的种种问题，越来越仔细认真地去完成任务。当历经艰辛，看到那小小的苗茁壮成长时，再多的疲劳都被抛在脑后，激动、喜悦以及前所未有的成就感填满心头。

教师柳艳：项目式教学实施过程中采用较多的是小组合作的学习方式。它不仅有益于学生特长的发展，而且有助于培养学生的责任感和协助精神。在项目式教学中，以往课堂上学生被动接受的学习方式得到改变，教师创造条件让学生能积极主动地探索尝试。在探究活动中，从信息的收集、计划的制订、方案的选择、项目的实施、信息的反馈到成果的评价，学生参与整个过程的每个环节，成为探究活动的主人。同时，教师身份在项目式教学活动中经常变化。在解决实际问题所提供的真实环境中，当学生学习新技能时，教师是知识技能的传授者；当学生运用已知技能时，教师是引导者；当学生主动开展活动时，教师是观察指导者；当学生汇报实验或讨论结果时，教师起到总结提升的作用。

北京师范大学王健副教授：生物学是基于观察、实验证据的一门科学，许多基础知识和能力都需要学生在做中学、在做中培养。中学生物学教材不应该只是学生头脑中存储的知识，更应该看作前人搭建的一个平台。这个平台有生物学的基本概念，有生物学探究的思路和方法，有学科特有的思维角度和观念。项目式教学这一模式允许学生在这个平台上去奔跑，去实践，去了解生物学的本质。青岛三十九中走在了教学改革前面，也希望这种方式能为其他学校提供经验样板。

7. 思想政治学科

图3-2-19　政治教研组

培育担当民族复兴大任的时代新人是教育的根本任务。当前思想政治教学从立德树人出发，推动学生核心素养的培育，从而坚定社会主义道路自信、理论自信、制度自信和文化自信，提升自身的综合素养。学生成长需要的不是对教材知识的刻板记忆，而是从教材引申出的对现实问题的认知与思考。项目式教学能够促进学生的学习走向生活，有效提升学生对知识的理解与运用能力。

在北京师范大学专家的指导下，政治教研组（图3-2-19）结合思想政治学科特点和学科素养，围绕“讲好政策”“讲好生活”“讲好故事”的三大原则，对项目式教学案例进行了系列化开发（表3-2-8），形成了基于文本教材的整合开发、基于生活案例的调研开发、基于国家大政方针的落实开发三类课程。

表3-2-8　政治组项目开设一览表

<table>
<tr><th>模块</th><th>主题</th><th>课题</th><th>授课教师</th><th>年级</th></tr>
<tr><td rowspan="6">经济建设</td><td>生产</td><td>唯改革者进，唯创新者强
——从中车集团探索企业成功密码</td><td>刁丽丽</td><td>高三</td></tr>
<tr><td rowspan="2">分配</td><td>从青岛地铁11号线看我国的基本经济制度</td><td>王哲</td><td>高一</td></tr>
<tr><td>坚持“两个毫不动摇”</td><td>付立国</td><td>高一</td></tr>
<tr><td rowspan="3">交换</td><td>从蜗居点点到广厦万千
——使市场在资源配置中起决定作用</td><td>刁丽丽</td><td>高二</td></tr>
<tr><td>从外卖行业发展看市场配置资源（开发）</td><td>王一如</td><td>高一</td></tr>
<tr><td>从青岛房价探讨如何更好地发挥政府的作用</td><td>赵乙丹</td><td>高一</td></tr>
<tr><td rowspan="7">政治建设</td><td>公民</td><td>走近居委会，做合格公民
——生活在人民当家作主的国家</td><td>王馨</td><td>高一</td></tr>
<tr><td rowspan="2">政府</td><td>政府：国家的行政机关
——从快递外卖行业说起</td><td>王哲</td><td>高一</td></tr>
<tr><td>从青岛露天烧烤专项整治行动看政府权力运行</td><td>刁丽丽</td><td>高一</td></tr>
<tr><td rowspan="3">社会主义民主政治</td><td>走近广西壮族自治区
——了解民族区域自治制度</td><td>赵乙丹</td><td>高一</td></tr>
<tr><td>聚焦“政协”
——人民政协在国家治理体系中的地位和作用（开发）</td><td>王馨</td><td>高一</td></tr>
<tr><td>落实依法治国　打造法治国家（开发）</td><td>刘锋</td><td>高一</td></tr>
<tr><td>国际社会</td><td>从中美贸易摩擦看坚持国家利益至上</td><td>王馨</td><td>高一</td></tr>
</table>

续表

模块	主题	课题	授课教师	年级
文化建设	文化的传承与创新	从《中国诗词大会》看传统文化继承	王馨	高二
		回归“诗意生活” ——当代社会的文化传承与文化创新（开发）	赵乙丹	高二
		传统文化还是财富 ——探究对传统文化的正确态度（开发）	赵乙丹	高二
	发展中国特色社会主义文化	文化的力量有多大 ——探究中国特色社会主义文化的起源和发展过程	付立国	高二
生活中的哲学	辩证法	青岛三十九中校内超市的调研与治理 ——世界是普遍联系的	刘锋	高二
		共享单车的前世今生——用发展的观点看问题	王馨	高二
		滴滴发展大事记——用对立统一的观点分析问题	赵乙丹	高一

项目式教学课后感悟录

学生：我们小组的同学都很喜欢项目式学习方式，它将枯燥的知识学习与具体生活相结合，让我们在对生活问题的探究中获取了相关知识。通过参与此次活动，我主要有以下几点感悟：一是在调研中学习，加强了与同学之间的合作，弥补了自主学习的不足，从而实现整体学习的提升；二是实现了自身的全面发展，从小组分工、组织实施到成果产生、汇报演讲，我们全程参与，我感觉自己语言表达能力提高了，组织协调能力也有了大幅度的提升。

教师刘锋：项目式教学强调理论与实践的结合，通过对现实问题的认识和解决，提高学生对知识的理解和运用能力，做到学以致用。因此，项目式教学的任务要考虑学生生活实际，尽量选择能够贴近学生真实生活，学生具有真实感受的社会案例作为研究背景。只有将学习引入生活，才能激发学生的学习兴趣。在项目式教学过程中，我立足学生的学习和能力提升需求，将抽象的哲学知识引入生活，让学生通过对身边超市的调研以及问题的发现与解决，促进对相关知识的学习与运用。在调研中，合理划分小组促进了学生之间的合作学习，培养了学生的团队意识，让每一个学生在团队的碰撞中获取自身的认知。

北京师范大学李晓东副教授：我们的生活处处有联系，联系就在我们的身边。

青岛三十九中的项目式教学能够选取学生身边的生活片段，将联系知识的学习融入日常生活中，寓学习于生活之中，将生活素材引入课堂，让我们看到了不一样的教学方法和风格。从项目成果的展示，到问题的发现，再到问题的解决，在整个过程中，学生以小组为单位，进行自我操控，将知识的学习内化为实践活动，并且通过相关问题的解决来验证知识的学习效果。教师在课堂上起到了引导、点拨、拓展的作用，真正处理了教师与学生的关系，体现了学生的主体地位。

8. 历史学科

图3-2-20　历史教研组

历史学科核心素养的培养旨在通过学生的历史学习过程，培育学生的历史学科核心素养，使学生逐渐形成具有历史学科特征的、在解决真实情境中的问题中所表现出来的正确价值观念、必备品格和关键能力，从而体现出历史教育特殊的“求真”“求实”“求思”“求本”的功能，进而达到历史教育立德树人的目的，它关注学生的真实需要，强调学生的主体地位，以此为着力点，转变教学方式和学习方式。

在北京师范大学专家的指导下，历史教研组（图3-2-20）根据高中历史课程体系的内容，结合学校实际，经过不断的探索与教学实践，形成了高中历史项目式教学课程体系，即基于项目式教学的国家课程整合与重构和基于项目式教学的本土资源开发与实施，具体见表3-2-9。

表3-2-9　历史组项目开设一览表

模块	授课教师	题目	主要内容
基于项目式教学的国家课程整合与重构	高辉英	回望“海上丝路”——马尼拉大帆船贸易	新航路开辟；近代前夜的迟滞与发展
	曲鸿飞	溯望千年：解开苏格拉底审判的谜码	雅典城邦的民主政治
	胡晓凡	循例与破格——中国古代选官制度的变迁	中国古代选官制度的变迁
	郑天鸣	论法的精神——异国“审判”苏格拉底	雅典城邦的民主政治；古罗马的政治与法律
	曲鸿飞	战争记忆与记忆战争——从新闻热点探究中日历史争执（史料教学）	抗日战争；口述史
	张洪悦	从马王堆汉墓及海昏侯墓看西汉历史	西汉政治、经济及思想方面的发展演变情况
	郑天鸣	《长安十二时辰》中的盛唐历史	唐代政治制度、城市规划、军事民族政策及唐代文化
基于项目式教学的本土资源开发与实施	曲鹏	从近现代中国经济发展看社会变迁——以青岛啤酒发展史为例	工业文明崛起和对中国冲击；中国社会主义经济建设发展道路的探索
	张洪悦	从建筑中发现历史——德占青岛的历史影响（1897—1914）	近代中国社会经济结构的变动；新潮冲击下的社会生活；西学东渐
	胡晓凡	改革开放下海尔企业的重生与崛起——纪念改革开放40周年	经济体制改革；对外开放格局形成
	高辉英	青岛纺织业的前世今生	近代中国社会经济结构的变动；民国时期民族经济的发展；三大改造；改革开放；口述史

项目式教学课后感悟录

学生：在我的印象中，历史学科学习的特点是死记硬背拿高分。但进入高中阶段的学习之后，我发现以往对待历史学科的方法完全不适用，高中阶段历史学科的学习着重考查的是历史思维，要懂得从不同的角度审视历史，学会甄别史料，分析观点。项目式学习方式让我在质疑与探究的课堂上迷上了历史，也让我在阅读与探究中掌握了史学研究的一些方法，懂得了移情理解。

教师胡晓凡：常规的历史课不一定非要按照常规的途径来上，我们可以去探索一种新的路径，也就是项目式教学。现在的历史高考不仅仅是考学生的基本知识，更多的是对于学生的综合素质的考量，所以我们必须在实际的教学中培育学生的学科核心素养。新高考要求我们不能再用常规的思路去进行历史教学，而应该顺应历史高考改革的方向，项目式教学就是一种行之有效的方法。

北京师范大学郑林教授：高考，寻根探源考查学生的知识调动与运用能力，结合新材料新情境来解决问题。生活中呈现的材料是多元的，生活的问题解决方法是开放的，因而项目式教学就是让他们接受新的情境，通过情境调动所学知识，应用技能，解决新情境的问题。项目式教学模式形式多样，但是历史学科的本质不能丢弃。中学历史教学的思想方法是知识之后讲求能力，能力之后讲求思想和方法。青岛三十九中历史项目式教学模式与常规教学进行有机渗透，融项目式的批判性思维训练、探究式能力训练于日常教学当中，在学生素质初步成形的基础上，把现实情境当中的问题迁移到历史学科当中进行探索，使得枯燥的知识变得生动，这一过程也有效地培养了学生的历史学科核心素养。

9. 地理学科

图3-2-21　地理教研组

落实地理学科核心素养，需要教师反思日常教学和评价的方式和方法，在继承传统教学优点的基础上，尝试更多地运用问题式教学、实践教学、信息技术支持下的教学等，鼓励学生独立思考和相互探讨，发现并提出问题；要以学生的基础和需求为出发点，把握教学内容，设计教学过程，丰富教学活动，积极创造条件开展地理实践教学；要辅以必要的直观手段和生活经验，在地理情境中强化学生的思维训练；要将过程性评价与终结性评价相结合，用评价引导学生在地理学习中学会认知、学会思考、学会行动。

在北京师范大学专家的指导下，地理教研组（图3-2-21）根据高中地理课程体系的内容，结合学校实际，经过不断的探索与教学实践，提炼出了高中地理项目式教学课程体系（图3-2-22），开发了系列优秀教学案例（表3-2-10）。

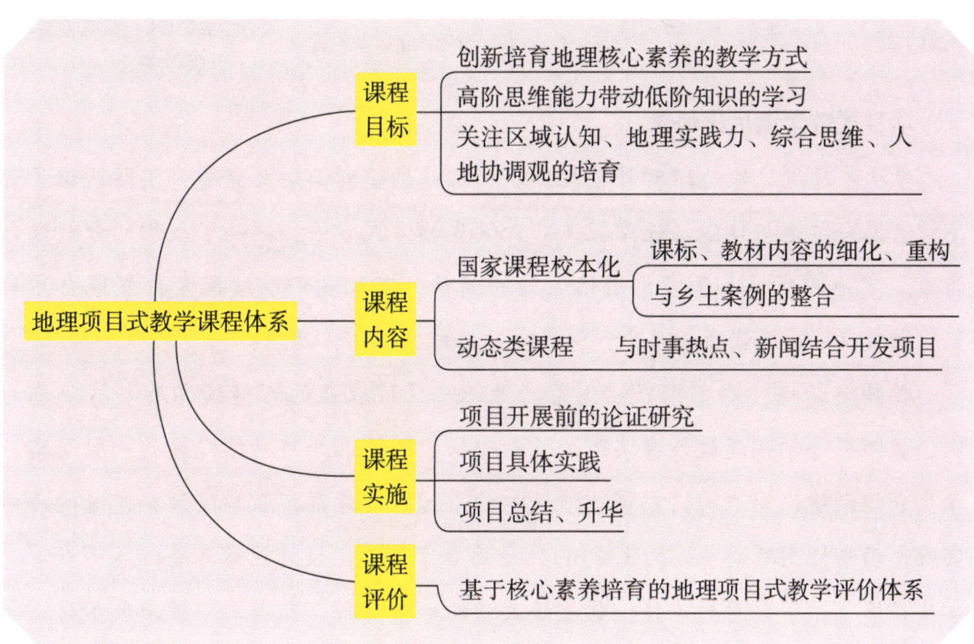

图3-2-22　地理学科项目课程体系

表3-2-10　地理组项目开设一览表

授课教师	项目主题	实践地点	研究方法（学生）
胡学娇	一山一海识地貌——海岸地貌	石老人景区	文献研究、实地考察、问卷调查
赵绍梅	一山一海识地貌——山岳地貌	崂山仰口景区	文献研究、实地考察、问卷调查

续表

授课教师	项目主题	实践地点	研究方法（学生）
张喆	城镇的土地利用 ——以青岛市市南区中心区及海岸带片区为例	青岛城市规划馆、市南区	文献研究、实地考察、问卷调查
张天效	大气污染及其防治 ——以燃放烟花爆竹为例	市北区丰盛路、市北区汶上路、三十九中校园	文献研究、实地考察、问卷调查、实验法
时圣彦	追寻家族渊源——人口迁移	学生各家庭	文献研究、访谈法
赵绍梅	振兴崂山茶产业 ——区域农业的可持续发展	沙子口茶园茶厂、惜福镇茶园、王哥庄众品香茶园茶厂、市区崂山茶经销商	文献研究、实地考察、问卷调查、实验法
胡学娇	海岸地貌	石老人景区及附近	文献研究、实地考察、问卷调查

项目式教学课后感悟录

学生：通过这次地理野外考察，我们切身感受到山川之秀美，实际认识了青岛特有的一些地质地貌，还掌握了野外调查的方式方法，提高了我们的分析综合能力。实地考察培养了我们团结互助的精神，激励我们继续探索，发现自然奥秘。相信在以后的实践活动中，大家会更好地完成集体活动！

教师赵绍梅：以“振兴崂山茶产业——区域农业的可持续发展”这节课为例，教师引导学生通过亲身实践，总结出探索区域农业可持续发展的一般思路。学生分组到崂山周边的惜福镇、沙子口的茶园实地考察，在学校设施先进的海洋实验室动手检测所到茶园的土壤pH，走访多家茶商，设计问卷开展问卷调查等。学生在课下做了大量的工作，收集了大量的一手资料。在成果分析与展示时，学生们能够大胆、自然地表达出自己的看法。从项目构思设计、调研实践到反馈总结、成果展示，该项目式教学历时近三个月。在这个过程中，我们时时能感受到教学相长带来的喜悦。通过项目式教学，教师引导学生掌握一种分析方法，举一反三，在此过程中让地理学科核心素养真正落地。

北京师范大学王民教授：青岛三十九中的项目式教学，能让人感受到是很真实的：学生们真实地讨论、真实地研究、真实地回答问题。千教万教教人学真，千学万学学做真人，这便是教育的底线。一堂优秀的地理课，应该让学生在学习知识的同时能有情感的触动，在分析理解地理现象的同时能提升地理实践力。我们所倡导的地理项目式教学理念在青岛三十九中的地理课堂上得到了很完整的体现，这与我们当前的地理学科核心素养的培养十分契合。

第3节　机制保障

为给项目式教学改革的有效推进提供机制保障，学校采用建立合作机制、成立指导机构、制定工作制度、完善保障机制等策略，从根本上解决普通高中学生面临的研究性学习能力不足、有效沟通能力不强、创新能力缺乏等诸多问题，使学生获得适应终身发展和社会发展所需的必备品格和关键能力，提高人才培养的质量和针对性。

一　建立合作机制

北京师范大学以青岛三十九中为试点单位，与青岛市教育局开展“基于项目式教学促进学生核心素养发展的课程整合及课堂教学改进实践研究”合作项目。北京师范大学组织专家及助理团队，以每学期两次现场指导的频度，定期到我校指导教师进行教学诊断、课堂改进、学生评价和交流总结，协助学校推进项目式教学，定期反馈、汇报项目的阶段性成果。学校教师按照“理论研修 + 教学诊断 + 课程整合 + 课堂改革 + 学生评价 + 总结交流”的合作形式开展工作，双方精诚合作、勠力同心，共同开拓了一条切实可行的教学改革之路。

二　成立指导机构

学校成立课程中心，下设项目式教学研究室，负责国家基础课程项目式教学的最高决策与管理、项目式教学实施的基本制度建设、活动组织运行及监督工作（附件1，附件2）。

青岛三十九中（海大附中）项目式教学研究室工作职责

一、指导思想

以习近平新时代中国特色社会主义思想为指导，全面贯彻国家教育方针，落实立德树人根本任务，聚焦学生核心素养发展，鼓励教师积极参与项目式教学课程建设，建立和完善开放多元、适应不同学生发展需要、体现全面育人目标的项目式教学课程体系，推进我校课程改革与创新，促进学生个性发展和全面发展，全面提高教育质量。

二、工作职责

1. 根据学校项目式教学研究实践发展需要，制订学校的项目式教学工作计划，撰写项目式教学工作总结，做好指导、研究、实施、评估等工作。

2. 制定项目式教学的有关规章制度并组织实施考核和奖励。

3. 制定《青岛三十九中（海大附中）项目式学习（课程）的实施纲要》，组织项目式校本课程实施以及项目式教学项目库的建立、教材开发等。

4. 组织教师进行项目式教学的理论学习，规范教学行为，提高教育教学能力。

5. 深入项目式教学实施课堂，指导项目设计的实际应用，及时总结经验，做好项目式教学成果推广和宣传。

6. 做好项目式教学实践研究的档案管理工作。

三、领导及实施部门

1. 项目式教学领导机构

组长：校长

组员：分管副校长，课程中心主任、副主任，项目式教学研究室组成人员，各学科教研组组长

2. 实施部门：项目式教学研究室

主任：张树峰

成员：邢瑞斌、丁宁、王媛媛、郑天鸣

其他成员：各教研组组长

项目式教学研究室具体分工规划

一、任务分工

1. 主持、协调项目式教学研究室工作，协调推进各学科子课题研究。

2. 各类项目式教学外围支架系统的设计，包括调查问卷、甘特表（时间轴）、项目设计模板、案例模板等。

3. 创新点和示范性的梳理。

4. 本校各学科组资料收集，包括各学科组方案、项目清单、与北京师范大学对接活动日程表、成熟案例（文字稿）、所有项目的设计、完成项目的支架系统等。

5. 成果收集，包括上课（报告）教师课件、教学设计、学生作品、录像视频、照片、媒体报道（辐射效应）等。

6. 查阅文献，包括国内外理论、做法、案例、评论、宣传报道等，按类梳理。

7. 其他日常工作，包括各类会议、培训、名师工作室活动安排等。

二、预期结果

1.《青岛三十九中（海大附中）项目式教学项目设计（××学科）》（9本）。

2.《青岛三十九中（海大附中）项目式教学案例集（××学科）》（9本）。

3. 成果报告。

4. 各学科课题结题证书。

5. 相关论文。

6. 省级名师工作室。

7. 活动材料。

8. 影响材料。

同时，各学科组成立由教研组组长和集备组组长组成的学科核心团队，负责该学科组项目清单的制定、项目设计、教学实施、项目评价、产品研发等工作。

北京师范大学专家团队每学年六次进学校、进课堂指导项目式教学工作，全程参与项目审定、项目设计、支架系统开发及项目评价，并就核心素养落地和学科关键能力培养提出建设性指导意见，保证项目式教学的顺利开展，使学生核心素养的培养在国家基础课程的教学中得以落实。

三 制定工作制度

1. 修订《青岛三十九中学校章程》

学校将“学校执行国家颁布的课程计划、课程标准，加强学校校本课程的自主开发与研究”写入章程，为项目式教学的推动奠定了良好的制度基础（图3-3-1，图3-3-2）。

青岛市教育局文件

青岛市教育局
局属学校章程核准书

第 5 号（青岛三十九中）

山东省青岛第三十九中学：

根据《中华人民共和国教育法》《青岛市中小学校章程制定规程》，你校上报我局的《山东省青岛第三十九中学章程》，经市教育局审查，现予核准。

核准书所附章程为最终文本，自即日起生效，未经法定程序不得修改。你校应当以章程作为依法自主办学、实施管理和履行公共职能的基本准则和依据，按照建设中国特色现代学校制度的要求，完善法人治理结构，健全内部管理体制，依法治校、科学发展。

青岛市教育局
2015 年 8 月 27 日

图3-3-1　青岛市教育局局属学校章程核准书

平等地享有受教育权，全面培育合格人才。

第二十四条　学校坚持以人为本、德育为先、全面发展、特色育人、因材施教、兴趣引领的原则，以促进教与学方式的转变为重点，不断深化教学改革。

学校倡导自主学习、探究学习、合作学习、实践学习，增强学生主体意识，加强学生人生规划指导，培养学生的终身学习能力、实践能力和创新精神。

第二十五条　学校德育工作坚持以爱国主义、集体主义教育为主线，以行为规范养成训练为主要内容，实施优秀传统文化引领、海洋精神培育、艺体活动搭台的学生培养策略。学校定期举办传统文化节、艺术节、海洋科技节、游戏节、读书节等节日。

第二十六条　学校坚持教书育人“一岗双责”，推行全员育人导师制、班级教导会等德育制度。学校重视发挥共青团、学生会在学校德育工作中的作用，建设一支高素质的德育队伍。

学校改进德育评价方法，发挥制度引导、激励、约束和保障作用。

第二十七条　学校设立年级组和教研组。年级组负责协助学生处、教务处开展教育教学管理工作。教研组负责教学研究和教师专业指导，下设集备组开展工作。

第二十八条　学校执行国家颁布的课程计划、课程标准，加强学校校本课程的自主开发与研究，建立传统文化、艺术教育、海洋教育特色课程体系。学校开展心理健康教育和法治宣传教育。

第二十九条　学校落实《国家学生体质健康标准》。学校制订并实施阳光体育运动方案，开足并上好体育课，每年举办全员

图3-3-2　青岛三十九中学校章程（部分）

2. 制定相关制度

学校制定了推进项目式教学实施相关的六项制度、一本手册和一份协议。

①《青岛三十九中（海大附中）学生综合素质发展课程开发纲要》，见附件1。

②《青岛三十九中（海大附中）国家课程课题化实施方案》，见附件2。

③《青岛三十九中（海大附中）项目式教学工作方案》，即《青岛三十九中（海大附中）项目式教学研究室工作职责》。

④《青岛三十九中（海大附中）项目式教学研究课管理办法》，见附件3。

⑤《青岛三十九中（海大附中）项目式教学学生管理及评价办法》，见附件4。

⑥《山东省青岛第三十九中学项目式教学专家指导工作及接待方案》，见

附件5。

⑦与青岛市教育局、北京师范大学签署《“基于项目式教学促进学生核心素养发展的课程整合及课堂教学改进实践研究”合作协议》（图3-3-3、图3-3-4）。

⑧学校在每年的《青岛三十九中（海大附中）学校工作计划》中都将推进项目式教学列为重要的工作内容。

其中，在2017—2018学年工作计划中对项目式教学推进工作的要求是“加强与北京师范大学合作，以‘基于项目式教学促进学生核心素养发展的课程整合及

北京师范大学与青岛市教育局和青岛39中合作开展"基于项目式教学促进学生核心素养发展的课程整合及课堂教学改进实践研究”协议

甲方：北京师范大学（以下简称“甲方”）

乙方：青岛市教育局（以下简称“乙方”）

丙方：山东省青岛第三十九中学（以下简称“丙方”）

2016年9月，《中国学生发展核心素养》正式发布，进一步推进了以“核心素养”为宗旨的新一轮普通高中课程改革。同时，经过十多年的普通高中新课程改革实践，涌现出了大批有研究和推广价值的经验和做法。为深入研究如何在十年改革经验的基础上，将核心素养落地到教育教学的主战场——课堂教学中，进一步深化教育改革，甲方整合校内学科资源，充分发挥在教学、科研等方面的优势，在青岛市与乙方、丙方合作开展基于项目学习推进核心素养落地的课程整合及课堂教学改进实践。

三方本着“优势互补，互利共赢，平等自愿，协同发展”的原则，就相关事宜，达成如下合作协议。

一、合作方式与时间

1.1 甲方在乙方支持下，在丙方开展基于项目学习推进核心素养落地的课程整合及课堂教学改进实践研究合作。三方以项目合作为契机，创造性地开展工作，努力拓展合作领域，实现合作共赢，并不断深化和运用合作成果，促进三方教育发展。

1.2 项目合作时间：2017年9月-2020年8月，历时3

图3-3-3 北京师范大学、青岛市教育局和青岛三十九中三方签署合约（部分）1

个月，任一方均可解除终止本协议。不可抗力导致一方延迟履行、不完全履行或无法继续履行而解除终止本协议，承受不可抗力的一方无需向其他合作方承担违约责任及其他法律责任。一方因不可抗力不能履行合同的，应当及时通知其他合作方，以减轻可能给其他合作方造成的损失，并应当在不可抗力事由发生后 15 天内向其他合作方提供书面证明文件。

5.6 因本协议引起的或与本协议有关的任何争议，三方应本着友好协商的原则协商解决；如协商不能解决，则通过法律诉讼，提请乙方所在地人民法院诉讼解决。

六、其他

本协议一式陆份，叁方各执贰份。未尽事宜，由三方在开展合作时，就相关合作内容、权利义务、违约责任等另行签订具体协议。

北京师范大学 代表： 2017年　7月　10日	青岛市教育局 代表： 年　月　7日10	山东省青岛第三十九中学 代表： 2017年　7月　10日

图3-3-4　北京师范大学、青岛市教育局和青岛三十九中三方签署合约（部分）2

课堂教学改进实践研究’为抓手，以学科课程标准为指导，以提升核心素养为目标，突出学生实验、体验、合作、探究，对国家课程进行项目学习研究，基于教师素养提升实现学生素养的提高”以及“深化课程和教学改革，提升学生核心素养，打造高效课堂（共享共生氛围）。全面开展与北京师范大学‘基于项目式教学促进学生核心素养发展的课程整合及课堂教学改进实践研究’合作，各教研组要加强与北京师范大学学科专家的日常沟通交流，完善各学科‘课程整合实施方案’，依据项目清单开展学科课例设计研究，推进项目式教学在课堂教学的实施”。

在2018—2019学年工作计划中对项目式教学深入推进工作的部署是“总结提炼教育成果，提升教师工作内涵。以项目式教学为契机，丰富‘立德树人教师论坛’系列活动内容，促进教师学习交流、实践反思”，以及“推进项目式教学实践。初二级部开展化学项目式教学试点，高中部加强项目式学习研究室工作，规划落实项目式学习研究与实践工作。依据学科课程标准，落实学科项目分年级布局；完善大、中、微项目设计，建立项目式教学案例库；推进学科项目式学习子课题研究。承办组织好山东省STEM教育与项目式教学现场会。在校本培训的基础上，初中各教研组依据项目清单开展学科课例设计研究，集备组制定大项目设计方案，教师个人开发精品微项目，同时推进项目式教学在课堂教学的实施，加强交流学习，不断提升项目式教学课堂的实效性”。

⑨在《青岛三十九中（海大附中）教职工考核方案》中对推进有力的个人实现政策倾斜。

青岛三十九中（海大附中）学生综合素质发展课程开发纲要

一、指导思想

根据《山东省普通高中课程设置及教学指导意见》，以课程方案及各科课程标准为依据，以提高学生的全面素质为宗旨，以培养学生创新精神和实践能力为重点，促进教学方式和学习方式的变革，努力满足每个学生终身发展的需要，全面落实普通高中教育的培养目标。规范课程教学行为，推进教育教学创新，努力形成具有我校特色、充满活力的普通高中课程教学体系。

二、制度建设与实施保障

1. 学校课程领导小组负责协调各处、室、部门的工作，促进各方面分工合作，对原有的管理制度进行修订或重订。组织全体教师认真学习《山东省普通高中课程设置及教学指导意见》以及课程方案中的各科课程标准和《山东省普通中小学管理基本规范》。

2. 学校将修订或重订后的有关管理制度编印成册，并运用它们对全体师生进

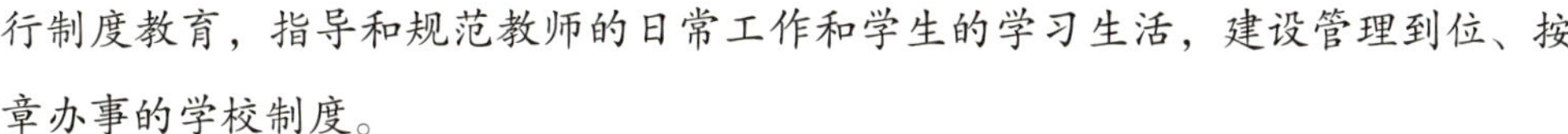

行制度教育，指导和规范教师的日常工作和学生的学习生活，建设管理到位、按章办事的学校制度。

3. 学校课程领导小组对各项制度在课程实施过程中的运行情况进行跟踪调查，对出现的问题应及时总结，并根据实际情况进行修订，以保证制度的科学合理、运行有效。

三、主要内容

1. 课程计划管理

（1）制定学校课程方案

成立学校课程方案制订与管理小组，具体负责学校课程方案的制定和实施。

学校课程方案制订与管理领导小组组长：白刚勋

副组长：于德生、张玉华

组员：蒋美云、朱秀海、刘翠、逄锦胜、武伟伟、付立金、陈杰、郝建梅、梁文孔、武剑英

职责：具体负责学校课程方案的制订、指导和实施。使各项管理要求简便易行、落到实处；相关制度相互配套，互相衔接，形成整体，发挥综合效应。

高中一年级主要设置必修课程，从高一下学期逐步开设选修课程。选修学分Ⅰ课程的总体开设率达到60%以上。年级备课组、教研组根据课程标准、学校教学规划和实施要求，根据市教研室的具体安排，结合我校实际情况于各个学年开始前制定学段、学期、学年和整个高中三年课程开设方案报教务处；教务处根据教研组上报的学科课程实施方案统筹安排制订学校年度课程实施方案和高中三年总体方案，报校长审批。

学校年度课程教学实施方案包括各年级的课程门类、课时分配、课程表、作息时间表、课程实施要求与评价建议等内容。

学校抓好各学科教学实施计划的制订，抓好集备组、教研组、年级组乃至教师个人教学实施计划的制订，严格执行各项教学计划和方案。

我校将全面开设课程方案规定的语言与文学、数学、人文与社会、科学、技术、艺术、体育与健康和综合实践活动八个学习领域的课程。每学年都要设置各领域的课程，保证学生每一学年在所有学习领域都能获得一定学分。

学习领域包括科目有语文、数学、外语（英语、日语、俄语等）、思想政

治、历史、地理、物理、化学、生物学、技术（信息技术、通用技术）、艺术（或音乐、美术）、体育与健康等。我校要严格执行有关规定，开齐所有科目，开足课时，并尽量多开设选修模块，促进每个学生的全面发展和个性发展。

学生每学年在每个学习领域都必须获得一定学分，三年中获得116个必修学分，在选修课程中获得28学分，其中学校课程至少6学分，总学分达到144学分方可毕业。学生可以根据自己的兴趣爱好选修更多课程，获得更多的学分。

（2）开发校本课程

学校成立校本课程开发实施领导小组，学校将校本课程纳入学校课程方案，统筹安排开课计划，做好校本课程评价的各项工作，采取措施鼓励教师积极参与校本课程的开发与实施。

校本课程开发实施领导小组组长：白刚勋

副组长：于德生、张玉华

组员：蒋美云、朱秀海、刘翠、逄锦胜、武伟伟、陶安军、马国旗、陈凤梅、付立金、陈杰、郝建梅、梁文孔、武剑英、学生代表、家长代表

职责：负责学校课程开发与实施的组织与管理工作。主要包括：课程审议、教学管理、学校课程评价、教师校本培训、学校课程管理岗位职责及激励制度等。负责审议校本课程开发实施过程中的重大决策，制定与《学校课程开发实施方案》相配套的制度，检查评估开发与实施的执行情况等。

（3）落实综合实践活动、技术类、艺术类课程

认真实施综合实践活动课程。统筹管理，全面协调学校研究性学习活动、社区服务和社会实践的实施。对学生开展的研究性学习、社区服务和社会实践情况加强研究、交流和评估。建立管理到位、安全保障、富有特色、活动有效的机制，引导学生关注社会，学会学习和探究，通过活动锻炼实践能力和创新能力，培养人文精神和科学素养。

学校调整技术领域中信息技术和通用技术的开设顺序。音乐和美术隔周开设。

研究性学习活动高一、高二年级每周3学时，2学时在课内实施，一般连排使用；1学时安排在课余和假期时间进行，以学生自主完成为主。

学校课程主要指普通高中课程方案的“选修学分Ⅱ”。

社会实践由学校统一组织实施，社会实践包括参加生产劳动、军训、参观考

察、社会调查等。社区服务是学生在课外时间为社区提供公益性的义务服务，三年累计完成10个工作日，每个工作日不少于5小时。

学校在组织综合实践活动前，将活动方案告知家长，征求家长意见。家长结合子女的实际情况把意见反馈给学校，以便在学生因特殊原因不能参加某种形式的综合实践活动的情况下，由学校提供更为合适的活动供学生选择。在活动过程中，学校进行必要的安全教育，增强安全防患意识，保障学生身心健康与安全。

2. 教学常规管理

（略）

3. 质量监控管理

（略）

4. 教科研管理

（略）

5. 教学行政管理

（略）

6. 课程设置安排

（略）

7. 三年课程内容安排

（略）

青岛三十九中（海大附中）国家课程课题化实施方案

国家课程是国家教育行政部门规定的统一课程，它体现国家意志，是专门为培养未来公民接受基础教育之后所要达到的共同素质而开发的课程。目前的国家课程体系仍旧是以学科课程为主，综合课程不足；以知识课程为主，动手课程不足；选择性有增强但与学生适应还有差距。

我校把“每个孩子都优秀，每个学生都精彩”作为育人理念，把培养“像科学家一样思考与研究，像文学家一样感受与表达，像艺术家一样审美与创造，像政治家一样决策与协调”的人才作为学校培养目标。基于我校在海洋教育课题研究方面成功促进了学生全面发展，经校委会研究决定，以教研组为单位，开展国家课程课题化教学的实践，特制定本方案。

一、国家课程课题化实施的指导思想

依据《国家基础教育课程改革纲要》，从我校办学理念、培养目标和办学特色出发，实施国家课程课题化教学，以体现个体差异、全面育人的开发宗旨，为学生提供品德形成与人格发展、潜能开发与认知发展、身体与心理发展、艺术审美、综合实践等方面的学习条件，促进学生主动、和谐发展。

二、国家课程课题化实施的基本原则

1. 突出实践性和参与性

让每个学生参与其中，让学生在实践体验中感受知识的生成过程，体验知识的价值。

2. 体现选择性和自主性

国家课程的课题化处理应该更贴近学生实际，并且多样化呈现。

3. 突出学生的主体性

以学生喜欢的方式组织学习，激发学生兴趣，开发学生潜能，提高学生的综合实践能力。

4. 高中学段全学科全员参与

（略）

三、国家课程课题化实施的步骤

1. 成立国家课程课题化实施领导小组

成立由校长、专家、教师代表、家长代表和社区代表组成的国家课程课题化实施领导小组，制定相关条例和办法，建立课程的决策程序与内部课程监督机制。

2. 在自然科学领域进行试点

在自然科学领域进行试点，理化生学科均属于实验科学，在国家规定的实验课的基础上，选取一部分科学家的经典实验，以课题形式呈现，让学生像科学家一样经历科学发现的过程，从而在做中学，知行合一。将课题研究内容内化成知

识，研究过程内化成能力，从而提升学生的科学素养。

3. 研究成果推广到全学科领域

在自然科学领域试点的基础上，形成基本的操作模式，然后向社会科学领域、人文领域、艺术领域推广，最终实现高中学段全学科的课题化教学实施。

4. 优化实施模式，形成特色课程

各学科编写出课程方案，设计教学目标，选择教学内容和课堂教学组织形式等。每学期各学科都开设两节研究课，解决课题化教学中出现的问题，使本学科教学模式达到最优化。各学科每学期选择一个模块或单元设计一到两个课题，让学生通过课题研究的学习方式，探索、实践、体验学科的核心概念和原理，最终形成课题清单，形成我校的特色课程。

青岛三十九中（海大附中）项目式教学研究课管理办法

为深入推进我校项目式教学改革，鼓励广大教师以研究课的形式探索课程整合的方法和先进的课堂教学模式，促进教师专业化发展，推动我校教育教学水平全面提升，特制定本办法。

第一条　申请举行研究课的条件

举行学校研究课的教师要以研究课程整合、课堂教学改革为目的，具有自己一定的教学风格和特色，结合项目式教学形成规范、有效的课堂教学模式，学生满意度高，广大同行认可，且同时具备以下条件：

1. 1年以上教龄，有良好的师德、较强的事业心、较高的教学业务水平，能熟练使用电子白板等多媒体教学设备。

2. 举行过教研组内或集备组内公开课、研究课、汇报课等，具有定代表性，且评价优秀（教研组评价）。

3. 由本人或教研组提出申请，经年级负责人批准，并报课程中心备案。如果时间或名额有限，则需要课程中心进行选拔公示后再确定研究课人选。

4. 同一教师在一学年内可以重复举行研究课。

第二条　研究课数量要求

既要保证研究课的质量和效益，又要鼓励青年教师成长，在常态化教学过程中，各学科举行研究课的数量为：语文、数学、英语等学科每学期3～6节，物理、化学、生物学、思想政治、历史、地理等学科每学期2～4节，音乐、体育、美术、信息技术、通用技术、研究性学习、心理健康等学科每学期1～3节。如果学校有重大教育教学活动（如省级、国家级大型教育教学现场会等），可以鼓励教师增加研究课的数量。

第三条　举行研究课程序

举行研究课应当根据教研工作计划，严格按以下程序进行。

1. 个人或教研组申请。教师填写申请表，报年级或学校课程中心审批。

2. 课程中心审批通过后，集备组、教研组或北京师范大学专家指导备课，正式开课前进行组内听课交流、二次备课，提高课堂教学质量。

3. 正式举行研究课课堂展示。课程中心根据教研工作计划，组织教师在全校范围内举行课堂教学展示。要有研究课教案、评课过程记录（有听课代表签字）、评课意见。

第四条　研究课效果评估

研究课举行后，教师发展中心和各学科教研组要组织参加听课的全体教师对课堂教学进行评议。出课教师写出研究课反思。

第五条　研究课成果及其使用

1. 学校课程中心统一印制、统一编号、统一发放研究课证书。

2. 评优并推荐参加更高一级研究课或公开课展示。

3. 作为学校教师绩效考核评优加分项目。

第六条　本办法最终解释权归学校课程中心

附件4

青岛三十九中（海大附中）项目式教学学生管理及评价办法

为培养学生的核心素养、保障项目式教学工作的顺利实施，根据教育部颁发的《关于全面深化课程改革落实立德树人根本任务的意见》和《青岛第三十九中学十年发展规划》，特制定《青岛三十九中（海大附中）项目式教学学生管理及评价办法》。

一、指导思想

项目式教学主张真实情境中做中学、用中学，鼓励学生从尝试入手，强调学生的自主学习和主动参与，调动学生学习的主动性，突出学生的创造性思维，培养学生的动手能力、自学能力、社会参与能力和科学创新能力。因此，在项目式教学的学生管理中，应该重点关注学生的主动参与意识、小组合作意识和各种能力的提升等方面。

二、管理办法

根据项目式教学的特点对项目式教学中的学生管理分为三个不同的阶段：一是在课前对学生完成项目任务的过程中小组的组成、参与的态度、任务完成的质量、小组的合作等进行适时的指导和管理；二是在课堂上学生进行项目展示和交流阶段中的管理，包括对展示和讨论的流程、展示的形式、讨论的方式、小组展示的顺序和时间的分配等进行管理和预设；三是课后对项目式教学后学生的总结和反思进行指导和评估。

三、评价内容及方法

项目式教学学生评价分为过程性评价和终结性评价两种。其中过程性评价是对项目式教学过程中的课前参与和课堂展示两个阶段学生的表现进行评价。课前阶段的评价内容包括提供想法、信息来源、个人完成情况和小组合作等四项内容；评价的方法是组内成员之间的相互评价和自我评价，根据各项内容的完成情况分为优秀（3分）、良好（2分）和一般（1分）进行量化评价，评价结果填写到“课前项目任务完成评价表”（表格设计和内容见表1）；个人评价分数占课前任务参与和完成评价总分数的30%，组员评价计算平均分后按课前任务参与和完成评价总分数的70%计入。课堂展示阶段的评价内容有结论展示情况、论证的过程、对观众（同学）提问的回应和小组表现；评价方法是学习小组之间的相互评价和小组自我评价，根据各项内容的完成情况分为优秀（3分）、良好（2分）和一般（1分）进行量化评价，评价结果填写到“课堂项目展示评价表”（表格设计和内容见表2）；小组自评分数占课堂项目展示评价总分数的30%，其他小组评价计算平均分后按课堂项目展示评价总分数的70%计入。终结性评价是根据项目式教学的任务，依据项目成果和单元测试进行评价。项目成果是对学生完成项目任务制作的评价，单元测试是对学生在项目学习过程中知识掌握和能力培养的评价。

表1　课前项目任务完成评价表

评价内容	一般（1分）	良好（2分）	优秀（3分）	互评	自评
提供想法	在讨论期间不提供新的想法	在讨论期间提供新想法，但局限在较为狭窄的视角中	在讨论中提供了不同的和创造性的想法		
信息来源	收集的信息太少或收集的是无关的信息	收集的信息较多；其中一些可能不相关	收集了相关和充分的信息		
个人完成的情况	不能符合时间和质量方面的要求	部分符合时间和质量方面的要求	符合时间和质量方面的要求		
小组的合作	小组分工散乱，没有合作	小组分工较为有序，有一定合作	小组分工有序、合作紧密		
总分					

表2　课堂项目展示评价表

评价内容	一般（1分）	良好（2分）	优秀（3分）	小组互评	小组自评
结论展示	不清楚、烦琐	清楚，但略显烦琐	清楚、简洁		
论证过程	论证逻辑性差，让人跟不上推理思路	合乎逻辑的论证，有时让人跟不上思路	合乎逻辑地展示信息和结论，他人完全能跟上思路		
对观众提问的回应	规避	不能清楚回答	能清晰回答，且能够提出相关解决策略		
小组表现	同组同学也未能帮助发言的同学解决问题	同组同学帮助发言的同学解决了问题	发言的同学已经充分解决了问题		
总分					

山东省青岛第三十九中学项目式教学专家指导及接待方案

2017年9月起，北京师范大学与青岛市教育局和我校开展“基于项目式教学促进学生核心素养发展的课程整合及课堂教学改进实践研究”合作。项目合作历时六个学期，前后跨度四年（实际三年）。为保障合作期间指导活动的顺利进行，做好专家指导及接待工作，特制定此方案。

一、指导思想

高度重视、周密安排、热情接待、周到服务，为专家顺利开展课题项目指导创造条件。

二、组织机构

领导及工作小组

组　长：王振敏

副组长：付立国　李正本　肖锋

成　员：关在龙　李洪忠　曹锋　姜希明　刘翠　张树峰　高增贤
　　　　马国旗　武剑英

三、专家指导工作

专家指导工作由课程中心牵头，各教研组组长做好前期对接，具体工作流程如下。

1. 教研组根据学校整体推进计划与北京师范大学专家沟通内容，确定学期工作内容及到校指导时间。

2. 教研组负责协助教师将沟通情况通报研究室，协调办公室总务处做好接待。

3. 学科组与专家进行研讨、试讲，推进课题研究指导论文写作等专业活动。

4. 专家指导学科组推出有关教学研究成果。

5. 学科组提交学期项目式教学研究实践的总结。

四、专家接待工作

专家接待工作由学校办公室牵头，总务处配合，做好相关工作，具体工作流程如下。

1. 各学科教研组与北京师范大学确定好指导时间，将专家的航班信息、人数提前告知学校办公室。

2. 学校办公室根据专家信息，由政府采购指定购票公司统一购买机票，并将机票信息通过教研组反馈北京师范大学专家确认。火车票由北京师范大学专家自行购买，机票与发票需后期由教研组附上与北京师范大学合作协议、当天活动日程，走报销程序。

3. 学校办公室将专家人数与入住日期提供给总务处，总务处负责落实好专家公寓的数量、保洁及相关物品准备，提前准备好钥匙，并于专家来的前一天将钥匙交给学校负责接站的学科教师。

4. 学校办公室根据专家数量，统一安排接送站的时间与车辆，各学科教研组负责安排一名学科老师陪同接站。相关接送车辆信息，办公室在接送站前一天反馈给教研组。

5. 就餐为学校工作餐，由教研组相关老师直接带领专家到学校三楼教工餐厅签字就餐。

四 完善保障机制

1. 建设高素质教师队伍

为促进学校项目式教学专业化发展、高质量推进，学校组建了一支高水平的专兼职结合的项目式教学师资队伍。

（1）借助学校海洋教育的师资力量

中国海洋大学、中国科学院海洋研究所、农业农村部黄海水产研究所、自然资源部青岛海洋地质研究所、青岛海洋科技馆等驻青高校和研究机构40多位海洋专家学者成为学校创新人才培养阵营中最豪华的师资团队（图3-3-5）。学校建立院士办公室，由中国科学院郑守仪院士指导学生进行研究（图3-3-6）；招聘海洋专业博士生，带领学生开展海洋课题研究及实践活动。2011年招聘了以海洋生物为研究方向的曾两次参加南极科考的白晓歌博士（图3-3-7），2012年又引进了以海洋地质为研究方向的中国科学院海洋研究所王静博士，成立“博士工作室”，保证学生项目式课题研究的质量。之后，学校又在各大涉海科研院所的帮助下建立了流动的博士工作站（图3-3-8），由白晓歌博士担任站长，组织大约100名在读博士或在职博士指导学生进行项目式课题研究。学校独有的博士工作站在培养学生进行课题研究及项目式教学的必备能力方面起到了至关重要的作用。学校早在2014年就制定了详细的博士工作站章程（见附件），为项目式教学的开展提供了强有力的支持。

图3-3-5　40多位海洋研究机构的教授、研究员等专家成为我校海洋课程的特聘教师

图3-3-6　中国科学院郑守仪院士指导学生研究有孔虫

图3-3-7　两次参加南极科考的白晓歌博士

图3-3-8　白刚勋校长与中国海洋大学水产学院李祺院长签约组建博士工作站

青岛三十九中（海大附中）博士工作站章程

一、指导思想

2014年我校的海洋教育稳步推进发展，首届自主招生海洋班招生工作顺利开展，扩增至两个班。海洋实验室扩大规模，在海洋生物实验室的基础上，又投资

150万元建成了海洋化学实验室和海洋地质实验室。为使学校海洋特色教育水平能够满足学生需求，通过海洋实践类课程进一步提高学生对海洋的兴趣，培养学生善于思考、乐于探究、勤于动手的习惯，激发学生主动探索、创新的欲望和能力，最大限度地发挥海洋实验室的专业引领作用，探索构建中学与大学、科研院所联合育人的新模式，我们将充分依靠中国海洋大学、中国科学院海洋研究所等海洋教育实践基地，成立海洋博士工作站，聘请博士走进学校指导学生开展海洋教育、海洋课题研究等工作。

二、人员构成

聘请我校海洋教育实践基地的涉海高校及科研院所的优秀在职博士生。博士工作站站长由我校白晓歌博士担任。

三、主要职责

1. 博士工作站建立规范的工作机制。作为海洋教育课程体系的重要组成部分，博士工作站运行要每学期确保“四定一有”——定计划、定人员、定时间、定地点，有标志性成果。

2. 对我校海洋实验室的管理制度、管理规范化提出建设性意见。

3. 指导学生使用常规实验仪器。每年9至10月设定为实验技能培训期（每周周四下午4:20–6:10）。在此期间，每位博士需进我校海洋实验室至少一次对学生进行实验技能培训。每位博士先从海洋实验室仪器列表中选择1～2个熟悉的实验仪器，制定相关实验，现场操作，指导学生使用常规实验仪器。如在光学显微镜下观察各种藻的形态等。在此过程中，渗透基础实验技能的培养，规范学生的实验操作等，以达到让学生熟悉常规实验仪器，掌握基本实验技能、培养科学实验素养、提高海洋实验能力的目的。

4. 制定并指导学生进行课题研究。每位博士在站期间，在入站时需提供一个适合中学生的海洋课题，由学生组成课题小组（一个课题组一般由4～7名学生组成）后，需负责该小组课题方案的修改和完善、开题报告的撰写、整个课题研究过程中的解疑和指导，最后辅导课题成员完成结题报告（Word文档格式），形成标志性成果。

课题制定和完成可由以下两种方式相结合：让学生课题小组走进博士所在实验室，博士参与并指导学生完成课题研究；利用我校海洋实验室条件，部分工作可在我校海洋实验室指导学生完成。

为了保证学生课题完成的高效性和学生海洋兴趣的提升，从学生选题开始（每年6月初或11月初，具体由站长通知），在站期间的博士，需每两周到我校一次（计划定于周四下午4:20–6:10），对学生关于课题内容或其他需要解决的科学研究问题进行答疑。

5. 在实验活动期间，特别是存在安全隐患的实验，应当保证学生的安全。

6. 每学期至少参与一次学生的开题报告会和结题报告会。

四、填写表格

附件1：本附件所列是我校三个实验室的基本实验仪器。请在您所要为学生培训的实验仪器后填写相关信息，并将相应的小实验名称填写于表内。（略）

附件2：请您填写为学生设计的课题相关信息。（略）

备注：另有附件3是我校海洋实验室部分仪器图片，可供参考。（略）

（2）组建本校项目式教学教师团队

完善培养培训体系，做好培养培训规划，提高本校教师专业水平和教学能力。通过研修培训、学术交流、项目资助等方式，培养教育教学骨干。2017年8月，项目式教学研究与实践在学校全面展开，借助这个平台，学校形成了“高端引领 + 同伴互助 + 课堂实践 + 教学相长”的教师专业发展模式，涌现出了一批教育教学名师。

2. 保障经费投入

为了推进项目式教学顺利及深入开展，学校通过财政预算等途径，积极筹措资金，保障经费来源，确保课题研究、专家指导、教师培训、教学实践、交流研讨、产品研发等方面的经费支撑。目前，学校得到了国家海洋局、青岛市教育局、中国海洋大学、中国科学院海洋研究所等很多单位的资金支持。未来，学校拟与民办学校合作，输出项目式教学理念与经验，获得更多资金支持，还将广开渠道，努力争取更多社会支持，保障项目式教学各项活动的深入开展。

3. 保障设施建设

（1）校内硬件设施建设

一是建设学科功能教室。学科功能教室既是学习场所，也是学生实验、探究、开展项目活动的场所。

二是建设海洋生物实验室、海洋地质实验室、海洋化学实验室，筹备海洋物理实验室，大量专业实验仪器为学生进行项目式学习研究提供了有力的物质保障。在新校区，学校又新建了四个先进的海洋实验室、一个院士工作室、一个海洋生物科教馆（图3-3-9、图3-3-10）、一个海洋连线教室。

图3-3-9　海洋生物科教馆

图3-3-10　海洋生物标本

三是建立了项目式教学资料室和相关展厅，订购大量项目式学习专业类及科普类图书和杂志，供学生借阅；专门建设项目式教学成果展示大厅，定期更换展品等。

四是建设校内文体场馆和书画工作室，宋文京书画艺术工作室（图3-3-11）、徐殿平柔道馆（图3-3-12）、英语社团室、小剧场（图3-3-13）、体育馆（图3-3-14）、艺术楼（图3-3-15）等硬件设施，以保障项目式教学的顺利开展。

图3-3-11　宋文京书画艺术工作室启动仪式现场

图3-3-12　徐殿平柔道馆

图3-3-13　小剧场

图3-3-14　体育馆

图3-3-15　艺术楼

（2）拓展校外实践基地

学校与大学、科研机构和企业签订联合育人协议，充分利用这些机构专业实验室的硬软件设施。中国海洋大学、国家海洋局北海分局、中国科学院海洋研究所（图3-3-16）、自然资源部青岛海洋地质研究所（图3-3-17）、农业农村部黄海水产研究所（图3-3-18）、青岛海洋科技馆、青岛明月海藻集团（全球最大的海藻酸钠生产企业）等单位先后成为学校教育实践基地。几年来，学生们很多高水平、高质量的项目式研究课题就是在中国科学院海洋研究所、中国海洋大学等院所的重点实验室完成的。

图3-3-16　中国科学院海洋研究所成为我校海洋实践基地

图3-3-17　自然资源部青岛海洋地质研究所成为我校海洋实践基地

图3-3-18　农业农村部黄海水产研究所成为我校海洋实践基地

第 4 节　经验交流

借助高校力量改进课堂教学模式，学校在项目式教学推动学生核心素养发展、转变教师教学观念、提升教师科研素养和能力方面取得了显著成效，并对青岛市、山东省乃至全国的教学改进起到了引领和辐射作用。

一 省级会议引领全省项目式教学，课程整合和改进培养学生核心素养

1. 核心素养导向的学科课堂教学改进研究暨“山东—北京—福建”三地名师名校长交流活动

2017年12月，青岛三十九中成功举办“核心素养导向的学科课堂教学改进研究暨‘山东—北京—福建’三地名师名校长交流活动”。此次活动是由北京师范大学学科教育团队、山东省教育科学研究院、青岛市教育局主办，青岛三十九中承办，山东省、北京市、福建省三地的名师名校长参与的盛会。

在会议中，山东省教育科学研究院副院长李文军致辞（图3-4-1），对青岛三十九中“基于项目式教学促进学生核心素养发展的课程整合及课堂教学改进实践研究”的顺利推进及本次活动的举行表示祝贺，充分肯定了青岛三十九中为教学改革作出的努力，希望项目式教学落地生根，取得圆满成功。

图3-4-1　山东省教育科学研究院副院长李文军在会议中致辞

北京师范大学专家团队的项目式教学负责人王磊教授做“核心素养导向的学科教育创新发展——项目式教学走进课堂”主旨报告（图3-4-2）。报告内容从目前核心素养教学实践面临的现实挑战开始，到学科核心素养与关键能力的系统构成，再到项目式教学落地面临的问题，最后落脚到项目式教学的定位与特点。

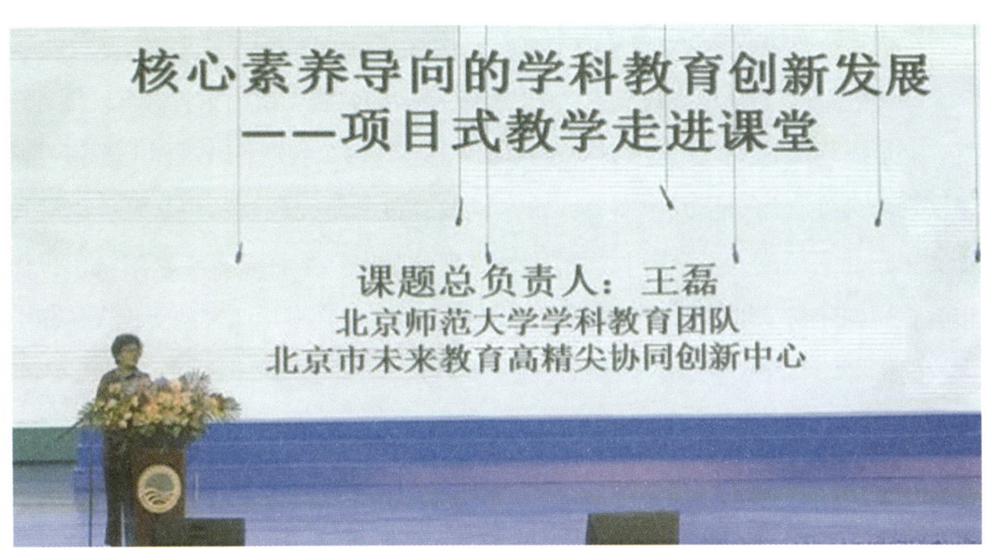

图3-4-2　北京师范大学专家团队王磊教授做主旨报告

交流活动的第二阶段，全体参会人员分学科观摩我校基于项目式教学促进核心素养发展的课堂教学改进阶段性成果展示。在九个分会场，青岛三十九中各学科两节项目式教学的课堂展示同时进行，盛况空前（图3-4-3）。随后，由来自北京和山东的名师进行说课展示，北京师范大学专家就展示课及说课进行点评。

图3-4-3　青岛三十九中各学科分会场的项目式教学课堂

2. 山东省项目式教学与教师专业发展现场会

2018年3月，为推广青岛三十九中的成功经验和做法，由山东省教育科学研究院、北京师范大学教育团队、青岛市教育局主办的山东省项目式教学与教师专业发展现场会在青岛三十九中举行。山东省教育科学研究院院长申培轩、副院长李文军，北京师范大学教务长郑国民及北京师范大学学科教育专家团队，青岛市教育局副局长王洪琪等到会指导，山东省各市区教育科学研究院负责人、高中学校校长、骨干教师等700多人参加。

在开幕式上，青岛市教育局副局长王洪琪、山东省教育科学研究院副院长李文军致辞，对青岛三十九中项目式教学研究的教学尝试和取得的成果给予充分肯定。北京师范大学项目式教学研究专家组组长王磊教授进行了“项目式教学与基于学科核心素养的课程实施”主题报告。

会议的第二阶段，全体参会人员分学科观摩青岛三十九中基于项目式教学促进核心素养发展的课堂教学改进第二阶段实践成果展示。九个学科分别以项目式教学新型课堂教学模式各举行了两节展示课，每个会场都有相关专家、教授、领导以及各中学教学骨干观摩、听课。

会议的第三阶段，北京师范大学物理学科指导专家罗莹副教授和历史学科指导专家郑林教授在学校小剧场进行了项目式教学实施经验分享。青岛三十九中物理学科丁宁、刘晓老师，历史学科马国旗老师，分别结合本学科课堂教学特点介绍了项目式教学落地实施的情况（图3-4-4）。在第二天的会议中，青岛三十九中党委书记逄淑萍做了题为《创新发展，搭建教师专业发展平台》的专题汇报，介绍了青岛三十九中近十年来，由海洋教育、分层选课走班、国家课程课题化到项目式教学改革发展历程，介绍了学校在课程改革实践中提升教师专业发展的成功经验。青岛三十九中教师代表刘翠、孙云霞、柳艳、王哲从教研组和个人的角度，介绍了项目式教学开展情况。最后青岛三十九中的学生代表分三组进行项目式学习及课题研究的成果展示，学生展示的项目让与会者真切地看到了项目式教学带给学生的变化。

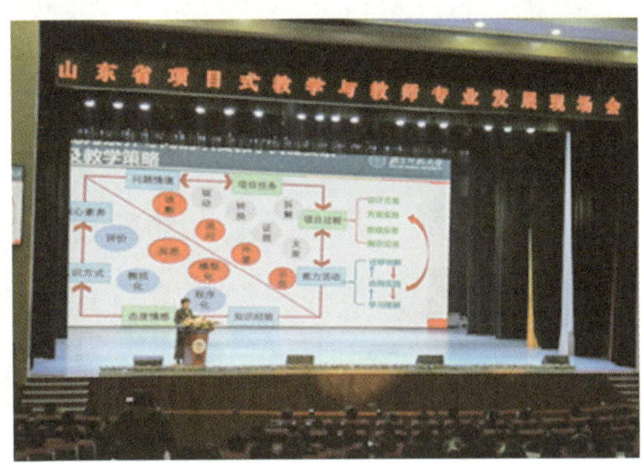

图3-4-4　现场会上专家指导与教师经验分享

3. 山东省STEM教育与项目式教学研讨会

图3-4-5　山东省STEM教育与项目式教学研讨会开幕仪式

2018年12月26日至28日，山东省STEM教育与项目式教学研讨会在青岛三十九中举行（图3-4-5）。中国教育科学研究院STEM研究中心主任助理刘志刚、北京师范大学教育学部部长助理王磊教授、山东省教育科学研究院办公室主任王秀玲、青岛市教育科学研究院副院长于立平等领导出席会议并讲话，山东省教育科学研究院办公室副主任赵亮、青岛三十九中课程中心主任王振敏主持会议。国内知名教育专家、学者、校长、教师代表等

500余人参加了本次研讨会。

会上，山东省STEM教育协同中心主任、山东省教育科学研究院信息技术教研员赵亮，中国教育科学研究院STEM研究中心主任助理刘志刚，教育部中小学校长培训项目组专家王立新，济南市历下区教育局艾伟，青岛三十九中党委书记逄淑萍，分别做了“2019年山东省STEM教育发展规划及工作部署”“中国教科院STEM教师能力等级标准与科技创新竞赛活动解读”“山东省STEM教育项目学校培育工程解读”“STEM与创客教育科教融合发展规划”“STEM教育理念下新高考改革的路径探索”主旨报告，对STEM教师培训及教师专业发展进行了深入剖析，展示了山东特色STEM教育生态系统的构建框架。

28日上午，北京师范大学教授、博士生导师、国家基础教育课程化学标准研制组组长王磊首先介绍了项目式教学走进学科和课堂的实践探索，随后青岛三十九中的九个学科分别推出两节项目式教学展示课（图3-4-6）。参会的领导、专家、教师们对青岛三十九中的课堂给予了高度评价。

图3-4-6　青岛三十九中各学科项目式教学展示课课堂

STEM教育作为新型的跨学科教育模式，不仅可以帮助学生冲破现有分学科教学的局限性，使学生学会多学科解决问题的方法；更重要的是提升学生解决真实问题的能力，培养创新思维和科学素养。本次研讨会上对STEM 教育的课程设置方式、师资培养模式和教育创新模式的探索，将极大地促进STEM教育在区域间的参与性、共享性和普及性，真正实现教育创新落地。

4. 山东省中小学海洋教育现场观摩活动

为贯彻落实习近平总书记建设海洋强国和加强海洋生态环境保护的重要指示，按照教育部和山东省教育厅要求，进一步推进中小学海洋教育全面深入实施，2019年6月21日，由山东省教育厅主办、青岛市教育局承办的山东省中小学海洋教育现场观摩活动在青岛三十九中成功举办。山东省教育厅一级巡视员张志勇，青岛市委教育工委常务副书记、市教育局局长、党组书记刘鹏照，青岛市教育局二级巡视员王洪琪，以及全省各市教育局有关负责人、中小学校长、教师代表共320余人参加活动。山东省教育厅基础教育处处长仲红波主持活动。

与会人员齐聚青岛三十九中海洋科技楼，参观青岛三十九中的海洋教育成果。从海洋展厅到文化连廊，从海洋养殖缸到南极连线教室，从院士实验室到海洋科教馆，一路走来，与会人员了解了青岛三十九中海洋教育的发展历程和研究成果。观摩活动在青岛三十九中海洋项目式教学课堂展示中开场。全体参会人员分学科观摩了在小剧场和教学楼同步进行的海洋项目式教学课堂展示，物理、化学、生物学、地理四个学科会场都有相关领导及各中学教学骨干观摩、听课（图3-4-7）。

图3-4-7　青岛三十九中丁宁老师的物理项目式教学课堂展示

青岛三十九中校长白刚勋做了题为“发展海洋教育　变革学习方式　推进创新人才培养”的专题汇报，介绍了青岛三十九中近十年来海洋教育发展历程，从建设师资力量、实践基地，到构建海洋校本课程体系、实施特色海洋课程，再到落地核心素养培养，总结了青岛三十九中在变革国家课程学习方式道路上的成功经验。青岛三十九中学生代表分组进行海洋研究课题的成果展示（图3-4-8），通过学生的成果展示，与会者切实感受到海洋课题研究对促进学生成长，提升学生科学素养的重要作用。

图3-4-8　学生进行海洋研究课题成果展示

山东省教育厅一级巡视员张志勇在讲话中指出，要深刻认识开展海洋教育的重要战略意义，在新时代、新起点上必须要有新的作为。开展海洋教育是建设海洋强国、实施海洋强省战略的需要，是落实立德树人教育的根本需要，也是学习借鉴国内外先进教育经验的需要。山东省海洋资源丰富，区位优势明显，有雄厚的海洋研究基础，海洋高层次人才众多，还有丰富的海洋教育教学改革实践经验以及丰富的海洋人文特色资源。他表示，青岛市发挥海洋资源和海洋科研优势，在特色学校打造、海洋学科联合育人、海洋教育实践活动、实践基地创建方面为山东省开展好海洋教育提供了示范引领。青岛三十九中海洋教育的实施经验十分宝贵，尤其在培养学生海洋科学探究能力和提高学生海洋素养方面，值得学习和借鉴。

5.“基于项目式教学促进学生核心素养发展的课程整合及课堂教学改进实践研究”阶段总结会

2019年10月19日，由青岛市教育局和北京师范大学主办，山东省教育科学研究院指导，青岛三十九中承办的“基于项目式教学促进学生核心素养发展的课程整合及课堂教学改进实践研究”阶段总结会在青岛三十九中高中校区举行。北京师范大学专家团队、青岛市名校长名师工作室成员、青岛市教育科学研究院各学科教研员、兄弟学校教师代表、青岛三十九中初高中全体教师、市北分校全体教师等约600人参与会议。

上午，全体与会人员在小剧场聆听项目式教学阶段性成果汇报和专家报告。

图3-4-9　青岛市教育科学研究院院长柴清林在会议上讲话

青岛市教育科学研究院院长柴清林出席会议并讲话（图3-4-9）。他指出，在前沿的教育理念引领下，北京师范大学、青岛市教育局和青岛三十九中三方共同合作探索以项目式教学促进学生核心素养发展的创新人才培养方式，有利于集合优势育人资源，构建优良的教育生态和育人环境，形成教学相长、全面发展、持续繁荣的育人有机体，并在区域间发挥引领示范和辐射带动作用，促进教育高质量发展。山东省教育科学研究院领导始终高度关注青岛三十九中项目式教学的开展情况，多次进行教学指导并组织召开现场会。

山东省教育科学研究院办公室副主任赵亮莅临会议现场并致辞（图3-4-10）。他对青岛三十九中在项目式教学中所取得的成就给予了充分肯定，对青岛三十九中的改革创新精神给予了高度评价。他从2019年度山东省基础教育教学改革重点项目的实施角度，介绍了项目式教学的发展和推进情况，指明项目式学习是课程的深度改革，使教与学的方式发生了根本性变化，山东省教育科学研究院将向全

图3-4-10 山东省教育科学研究院办公室副主任赵亮在会议上致辞

图3-4-11 青岛三十九中校长白刚勋做报告

省推广青岛三十九中项目式教学的优秀经验。

接着，青岛三十九中校长白刚勋做题为“开展项目式教学，发展学生核心素养”的报告（图3-4-11）。白校长从青岛三十九中项目式教学的缘起、探索实践、教学成效、思考体会等角度对青岛三十九中项目式教学的发展做了详细介绍。他列举了翔实的数据和典型的事例，从项目式教学对学生的发展作用、对教师的发展作用、对学校的发展作用等角度进行了阐述，展现出项目式教学对于促进学生核心素养培养和教师专业发展的重大意义。青岛三十九中所进行的项目式教学课堂教学探索，极大地提升了学生解决问题的能力，培养了学生的创新思维，实现了学科核心素养的落地，让课程成为立德树人的载体。项目式教学提升了教师的专业素养，提升了教师将国家课程校本化的实施能力，更提升了我校的整体办学水平和竞争能力，助推我校高端发展，促使青岛三十九中大踏步地向全国一流特色名校目标迈进。

随后，青岛三十九中英语、语文、历史、思想政治、地理、数学、物理、生物学、化学等学科教师代表相继从本学科项目式教学课程体系的构建、项目式教学模式的探索、项目式教学案例的积累、项目式教学评价的实施等角度进行项目式教学阶段性成果汇报（图3-4-12）。项目设计遍地开花，教学实践硕果累累，项目式教学逐渐成为青岛三十九中的常规课堂模式，并逐渐走向内涵式发展。每个学科阶段成果汇报完毕后，都由北京师范大学的专家进行点评。专家们字字珠玑的点评也给予了在座教师深刻启发，全体教师要从观念上牢固树立培养学生学科核心素养的意识，在有效的学习探究和解决问题的活动中，帮助学生整合学科知识、发展关键能力、塑造思维品质、提升学习效率、内化文化修养。

图3-4-12　青岛三十九中各学科项目式教学阶段性成果汇报

作为会议的重要内容之一，北京师范大学学科教育团队负责人王磊教授做了重要报告。王磊教授对青岛三十九中的项目式教学实践研究给予了高度的评价，并对青岛三十九中的项目式教学特点做了凝练概括：青岛三十九中全学科实施项目式教学，依托专家指导，基于国家课程设计开发系列项目；以研究性学习为基础，结合海洋教育特色开展项目式教学；各学科形成具有学科特色的项目式教学模式、策略和方法；大项目与微项目结合，分学科项目与跨学科科目多元融合等。同时，王磊教授结合新课标的具体要求，对项目式教学设计的项目目标、问题、活动、素材、评价等要素进行了具体阐释，列举了诸多典型案例。她的报告鞭辟入里、深入浅出，既有高端理念引领，又有实操策略分析，对于教师提升教学理念、拓展教学视野、把握课程改革方向等具有极强的指导意义。

下午，各学科分组进行高端备课和项目式教学推进研讨（图3-4-13）。北京师范大学学科教育团队的专家们对相应学科组项目式教学进行了高端备课指导，他们关注课标学情，提出优化建议，向大家展示了如何进行科学合理的备课。此外，基于落实学科核心素养、提高课堂教学实效的现实需要，专家们还不同程度地进行了“三新”背景下的单元备课及课例教学指导、促进核心素养发展和关键能力提升的作业与评价、基于学科能力提升的主题教学改进以及论文撰写、成果梳理等多方面的精细指导。与会教师受益匪浅，满载而归。

图3-4-13　英语学科高端备课和项目式教学推进研讨

6. 山东省教育学会项目式学习研究专业委员会成立大会暨项目式学习观摩活动

2019年10月28日，为进一步推进项目式学习研究持续发展，扩大实验研究范围，提升研究质量，形成高品质课程资源，由山东省教育学会主办、青岛三十九中承办的山东省教育学会项目式学习研究专业委员会成立大会于我校召开。

青岛市教育科学研究院副院长、青岛市项目式教学专业委员会副理事长孙刚在会上致辞。孙院长指出，项目式学习是集中关注于某一学科的中心概念和原理，旨在把学生融入有意义的任务完成过程中，让学生积极深度学习，自主进行知识建构，在真实的情境中自主生成知识，以培养探索、创新能力为最高成就目标，最终提升学生核心素养和关键能力的一种高效学习模式。两年来，青岛三十九中与北京师范大学合作的项目式学习项目，使项目式学习深深植根于各学科教学实践，成为基础教育新常态和教育新生态，对提高学生核心素养起到了非常积极的作用，对青岛市甚至山东省都起到了非常大的辐射作用。

山东省教育科学研究院副院长、山东省教育学会副会长李文军在会上致辞。他认为，山东省项目式学习研究专业委员会的成立，标志着山东省教育教学与时俱进，站在了全国教育改革的前沿。青岛三十九中着眼创新人才培养，通过海洋教育课题化，实施国家课程校本化，在山东省乃至全国产生很大影响。青岛三十九中实施项目式学习，是多年来山东省高中开展素质教育中盛开的一朵非常耀眼的、令人骄傲的鲜花。青岛三十九中依据自己的地域特色和学校的社会资源，开拓海洋教育，探索实施了富有特色的项目式学习，不仅有效地推动了学生学科核心素养的发展，而且促使教师教育观念得到转变，科研素养和能力得到了显著提升。同时，青岛三十九中积极发挥辐射带动作用，先后两次召开了全省教育教学研讨会，给全省乃至全国提供了很好的借鉴经验。他希望青岛三十九中作为基础教育改革的排头兵，能充分利用自身优势，由高中向初中、小学延伸，进行多学段学习模式探索，总结实践案例，组建项目式学习发展体系。山东省项目式学习研究专业委员会的成立，为山东推进教育教学改革，为全面建设新时代现代化强省奠定了基础。

全国模范教师、山东省特级教师、青岛三十九中化学教研组组长刘翠老师做了化学项目式学习专题培训报告（图3-4-14）。刘翠老师从化学学科项目式学习课程体系、项目式学习模式、项目式学习案例、项目式学习评价四个方面做了具体阐释。青岛三十九中数学学科、历史学科分别做了项目式学习成果汇报。与会教师听取报告之后，对青岛三十九中项目式学习取得的累累硕果赞叹不已。

图3-4-14　刘翠老师做化学项目式学习专题培训报告

上午第三节课，青岛三十九中各学科同步开设了项目式学习展示课：语文组倪蕴佳老师的“留存在心底的照片——《项脊轩志》挚爱亲情的细节描写”，数学组谷佳文老师的“苏老师买房记——数列在实际生活中的应用”，英语组王笛老师的“After 20 years”，物理组宁文文老师的“设计制作欧姆表”，化学组赵洪红老师的“工业废气合成甲醇方案的确定——反应条件的选择与优化”，生物组王文斐老师的“景观池塘优化设计——生态系统的物质循环”，政治组赵乙丹老师的“滴滴发展大事记——用对立统一的观点看问题”，地理组晁凯悦老师的“‘寒露种麦正当时’——锋面天气”。这些展示课精彩纷呈，给参会教师带来了一场项目式教学的盛宴。

下午，在各学科教研组组长的主持下，各学科教研员、骨干教师及其他参与听课的专家、教师就展示课做了精细的评课（图3-4-15）。与会人员对上午听到的展示课表示非常震撼，惊叹“课竟然可以这么上”。青岛市语文教研员杨富华对青岛三十九中语文学科的项目式教学探索和实践给予了很高评价。她说：“青岛三十九中做的项目式学习，确实走在了全市的前列。倪老师的课依据实际情境展开，让学习真实发生。自然，生动，感人。”数学教研员李现勇评价道：“谷老师这节课从生活中的购房问题入手，结合数列的相关知识，研究了‘等额本息’‘等额本金’两种还款模式，充分培养了学生的数学建模、数据分析等核心素养。”

图3-4-15　化学项目式教学评课现场

同时，在学校行政楼四楼会议室内举行了山东省教育学会项目式学习研究专业委员会工作会议（图3-4-16）。会议由山东省教育科学研究院副院长李文军主持。会议审议并通过了《山东省项目式学习研究专业委员会章程》，审议并通过了山东省项目式学习研究专业委员会机构及成员名单。会议还组织研究了山东省项目式学习研究专业委员会年度计划任务。山东省教育科学研究院办公室副主任赵亮对年度计划任务进行了分解，各位会员明确了自己的目标及下一步努力的方向。同时，会员们纷纷表示，将积极研究探索项目式学习这种学习方式，学习青岛三十九中的这种探索精神。青岛三十九中校长白刚勋表示，青岛三十九中愿意和各位会员一起探索项目式学习，分享我们的做法，这也是青岛三十九中的一份责任与义务。

图3-4-16　山东省教育学会项目式学习研究专业委员会工作会议

项目式教学的创新模式不仅能让学生在深度学习的过程中具备真实的、面向未来的思维与能力，更能真正改善教育的生态环境，凸显育人成效。青岛三十九中牵手大学联合育人，两年六次省级会议积极推进项目式教学实践研究。专家云集共话教育，理念落地引领方向，其必能点燃更多教育自信的火种，为教育开创融合创新的宏图。

二 学校层面积极推广，项目式教学如丸走坂

1. 全省普通高中校长培训，白刚勋校长做专题讲座

2019年6月25日至27日，为深化高中教育改革，提高校长专业能力，山东省教育厅在泰安举办全省普通高中校长素质教育专题培训班，青岛三十九中白刚勋校长做专题讲座（图3-4-17）。

图3-4-17　白刚勋校长在全省校长培训上做专题讲座

这次培训活动正值《国务院办公厅关于新时代推进普通高中育人方式改革的指导意见》颁布之际，全省572名校长齐聚一堂，围绕山东省推进普通高中多样化发展政策体系、学校管理能力建设、普通高中新课程的理念与实践、普通高中新课程方案设计与实施等内容接受培训。山东省教育厅一级巡视员张志勇做了题为“我省推进普通高中多样化发展政策体系（含新高考高中改革发展新思路）”专题报告。青岛三十九中校长白刚勋做了主题为“开展项目式教学，发展学生核心素养”的专题讲座，青岛三十九中物理老师丁宁的“高中物理基于项目式教学促进学生核心素养发展的教学改进实践”作为典型案例进行了展示。白校长的讲座引起了与会领导、专家、各位校长的共鸣，得到了大家的高度评价。活动主持人、山东省教育厅基础教育处处长仲红波在主持词中强调，青岛三十九中的项

目式学习要向山东省全省推广。项目式学习不仅提高了学生的文化课成绩，而且提升了学生核心素养。这是对青岛三十九中人才培养方式的充分肯定。

2.《教育家》杂志与我校合作，全面报道我校项目式教学

2019年7月9日至10日，《教育家》杂志社主编王湘蓉一行三人在青岛市教育科学研究院院长柴清林的陪同下来青岛三十九中进行项目式教学调研活动，校长白刚勋接待了几位领导、专家，党委书记逄淑萍、校务委员王振敏、教师发展中心主任付立金及青岛三十九中部分教师代表参与有关活动（图3-4-18）。

图3-4-18　《教育家》杂志与青岛三十九中开展深度合作

领导、专家首先与教师代表进行交流座谈活动。青岛三十九中邢瑞斌、丁宁、王哲、倪蕴佳、赵绍梅五位老师分别从化学、物理、思想政治、语文、地理学科角度阐述了项目式教学实践中的感悟和思考。王振敏委员对青岛三十九中开展的项目式教学实践情况进行了详细说明，逄淑萍书记全面介绍了学校发展情况，与会专家还参观了青岛三十九中海洋教育成就展。

活动过程中，领导、专家对青岛三十九中教育教学成就给予高度评价。柴清林院长认为青岛三十九中的项目式教学是基于新课标要求和教学现实需求应运而生的教学尝试，是以核心素养为导向的学科教学创新。他对青岛三十九中高考成绩全面认可。他认为青岛三十九中的海洋教育和项目式教学是素质教育的典范，为全面落实核心素养找到了有效路径，是青岛市教育改革的先行者。柴清林院长

是项目式教学研究的专家，他简要介绍了项目式教学的起源及在我国的发展情况，并对青岛三十九中的改革发展提出了前瞻性建议。

王湘蓉主编对青岛三十九中项目式教学取得的成就给予充分肯定。她认为，青岛三十九中的项目式教学促进了教育教学质量的提高，给全国的中小学教育教学方式和学生学习方式质的转变提供了可复制的样板。她还认为，青岛三十九中的高升学率是绿色升学率，表示《教育家》杂志将全面报道青岛三十九中的项目式教学，并在学术探究方面与青岛三十九中深度合作。

3. 青岛三十九中在山东省第二届STEM教育高峰论坛暨中澳STEAM课程交流研讨会上进行经验交流

2019年7月12日至13日，山东省第二届STEM教育高峰论坛暨中澳STEAM课程交流研讨会在济南高新区举行。本届论坛的主题是“共研・共享・共生——构建山东省STEM教育新生态”，由山东省教育科学研究院主办。山东省教育科学研究院副院长李文军、济南市教育局有关领导及西澳洲JW教育集团董事长杰罗德・戴恩・德怀尔出席开幕式并致辞，国内外知名专家、学者、校长、教师代表，中央及驻鲁媒体等600余人参加了本次论坛。

王振敏委员代表青岛三十九中，以“从跨学科到学科渗透——基于海洋特色的STEM教育落地核心素养发展”为题介绍青岛三十九中推进STEM教育的经验（图3-4-19）。王振敏委员全面介绍了青岛三十九中STEM教育的发展历程及取

图3-4-19　王振敏委员介绍我校STEM教育经验

得的经验。他首先概述了青岛三十九中基于海洋教育特色发展STEM教育的情况，重点介绍跨学科的海洋课题研究情况及取得的成效。之后，王振敏委员介绍了青岛三十九中推进学科课题化、项目化研究与实践的情况。随后，以山东省海洋教育现场观摩活动中邢瑞斌老师展示的化学公开课“海上桥梁防腐方案建议书的设计——海水中金属的腐蚀与防护”为例，说明学科渗透的项目式教学的设计与实施，让与会嘉宾感受到了高中项目式教学课堂的魅力，感受到了STEM教育与学科学习、课堂教学的有机融合。

青岛三十九中依据全面育人观和“做中学”教育理论，立足学校实际和青岛地区特色，因地制宜配置教育资源，顺应时代要求创新教育教学方式，创造性地以发展海洋特色教育为载体，以项目式教学为抓手，推进STEM教育，提升学生的核心素养，所取得的教育教学的累累硕果，给与会专家、学者、校长、教师留下深刻印象。

4. 青岛三十九中参加第三届中国STEM教育发展大会，项目式教学案例入选《STEM教育这样做》一书

2019年10月18日至21日，第三届中国STEM教育发展大会在西安举行。本届大会由中国教育科学研究院、陕西省教育厅、西安市教育局和西安高新技术产业开发区管理委员会联合主办，由陕西省教育科学研究院、西安市教育科学研究所、西安高新区教育局承办。青岛三十九中校务委员王振敏、项目式教学研究室主任张树峰、海洋教育研究室白晓歌博士参会学习。

中国教育科学研究院STEM教育研究中心在本届STEM教育大会上发布《STEM教育这样做》一书。该书围绕近年来STEM教育热点话题，回应了“STEM教育怎么看、怎样做”的关键问题，是中国近几年推进STEM教育经验的首次系统性总结，也是当前我国最有代表性的STEM教育实践案例的汇总呈现。青岛三十九中教师柳艳、张树峰、王振敏撰写的项目式教学案例“果酒制作”入选其中。

会议期间，“中国STEM教育2029创新行动计划”第二批课题开题会议召开，青岛三十九中校务委员王振敏代表学校进行了答辩。青岛三十九中课题“普通高中STEM+学科项目式教学实践与研究”顺利通过开题论证。

青岛三十九中卓有成效的“海洋特色教育”以及引领核心素养落地的学科“项目式教学”的教育理念和STEM教育是完全一致的。青岛三十九中必将在

STEM教育的研究和实践中扎实推进，培养学生核心素养，为学生的终身发展奠定坚实的基础。

5. 青岛三十九中召开山东省基础教育教学改革项目课题开题报告会

2019年10月28日下午，青岛三十九中召开山东省基础教育教学改革项目课题开题报告会，课题名称为“普通高中国家课程项目式学习的实践与研究”。青岛市教育科学研究院教研员魏清泉、杨富华、范蕴涵和乔艳冰等担任课题评审专家。青岛三十九中校长白刚勋、党委书记逄淑萍、校务委员李洪忠、教师发展中心主任付立金、传统文化研究室主任梁龙开、项目式教学研究室主任张树峰等领导参与此次开题报告会（图3-4-20）。

图3-4-20　山东省基础教育教学改革项目课题开题报告会

首先，课题负责人白刚勋校长做开题报告。他主要从项目目标、项目内容、项目方法、项目组织、项目分工、项目进度、经费分配、预期成果等八个方面做了具体汇报。白校长强调，在项目进度的“理论学习与实践探索”阶段，青岛三十九中已经做出了相关的探索，各学科在北京师范大学专家指导下进行高端备课、试讲点评，取得了丰硕的阶段性成果。在“实践研究与理论提升”阶段，青岛三十九中各学科都是有实践、有体验、有感受的，但基于理论层面进行灵活研究，对教师来说还是较大的挑战，这也是青岛三十九中下一步的重点研究目标。在“深入实施与经验推广”阶段，目前青岛三十九中已经在交叉进行推广，包括学校内部推广和区域间推广。特别值得一提的是，青岛市教育科学研究院的各位专家对于区域间推广给予了大力支持和帮助。此外，青岛市项目式教学与研究专业委员会和山东省教育学会项目式学习研究专业委员会的成立，使得青岛三十九中项目式教学的优秀经验得以在青岛市、山东省乃至全国范围内辐射。独行快，众行远。青岛三十九中项目课题的经费支持离不开山东省教育厅的战略决策，离不开青岛市教育局的鼎力相助。有了如此强有力的后盾，再加上北京师范大学专家的高端引领，青岛三十九中的试点工作才能实现可持续推进，学校发展之路才能走得又快又远，项目式教学的成效才能得以辐射推广。在项目式教学的预期成果上，青岛三十九中认真践行与北京师范大学的合作协议，在项目式教学模式、教学案例和评价方案等方面已取得丰硕成果。

白校长的报告提纲挈领，丰富翔实，对青岛三十九中国家课程项目式教学的实践与研究做了精准阐释，受到在座专家的一致好评。青岛市教育科学研究院教研员魏清泉就报告内容提出了宝贵的指导意见：一是该课题选题立足于学校实际，开展项目式教学的实践研究，有助于学校新课程改革的落实，为学生未来的健康发展和核心素养的落实奠定坚实的基础，符合国家新课程改革的立德树人的根本要求，具有研究的价值和实践的意义；二是课题研究目标很明确，研究的内容很具体，研究方法很得当，以行动研究为主，包含经验总结和个案研究，能够保证课题研究的有效推进；三是课题研究计划比较全面，下一阶段希望学校进一步完善课题研究计划，定期开展各项活动，及时整理研究的过程性材料，并进一步推广；四是预期成果进一步多样化，除了计划中的论文、专著等，还应有教师的录像课集锦，并创建网站面向全国在线推广。

最后，专家们就项目式教学的本质问题达成了共识，认为项目式教学和研究性学习有区别也有联系，项目式教学的本质还是在课堂。专家们一致同意开题并签字，相信有教研员们的支持和课题组成员的努力，青岛三十九中教师们的理论素养会不断提升，学校的项目式教学定能再结硕果。

6. 青岛三十九中在教育部全国中小学名校长领航班成员赴四川凉山支教活动中开设公开课

2019年11月27日至29日，教育部全国中小学名校长领航班成员赴四川凉山支教活动在凉山州西昌市举行。青岛三十九中校长白刚勋作为全国中小学名校长领航工程培养人选，带领青岛三十九中骨干教师赴西昌二中参加了支教活动，在慰问青岛援川支教教师的同时，通过座谈交流及开设公开课等方式，分享了青岛三十九中项目式教学改革经验，给凉山带来了全新的教育理念。

西昌二中与青岛三十九中教学工作座谈会（图3-4-21）也在活动期间召开。西昌二中校长曾光福从学校历史沿革、师资力量、学生情况、校园环境、未来规划等方面介绍了学校的基本情况。青岛三十九中校长白刚勋介绍了我校的办学思想以及教育理念，重点交流了学校艺术和海洋特色教育以及项目式教学改革的开展情况及成果。在座谈会最后，两校还签订了友好学校协议书，推进了两校交流的常态化进行。

图3-4-21　西昌二中与青岛三十九中教学工作座谈会

为了本次公开课的顺利进行，青岛三十九中姜希明和张天效两位送课教师克服了两地教材及学生地域差异等困难，结合西昌当地的教材与学情，按照项目式教学的思路，两位老师提前做好课程设计及教学器材的准备，并与学生进行课前交流，布置了项目内容的课前准备工作。公开课上，教育部全国中小学名校长领航班成员以及西昌当地的学科教师参加了课堂观摩，青岛三十九中两位送课教师通过项目式教学的方式，让学生在团体合作、主动学习、深入体悟中顺利达到了课堂预设目标。

课后，青岛三十九中物理教研组组长姜希明、地理教研组组长武剑英，结合课程的设计、实施、评价以及师生的互动情况，对这两节公开课进行了分析与点评，并介绍了各学科在北京师范大学专家指导下开展项目式教学的情况。通过交流，与会的教育部专家与全国名校长对于青岛三十九中项目式教学的开展予以充分认可与高度评价。凉山地区的观摩教师也纷纷表示本次公开课带给了他们教育思想与理念的全新冲击，也希望今后能够与青岛三十九中的教师们有更多学习交流的机会，进而让项目式教学也能更多地走进凉山的课堂。

三　多学科走出校门播撒项目式教学之种，与更多学校携手打造教育未来

1. 数学组项目式教学经验交流活动

（1）初中数学组在青岛市教研活动中以项目式引领教学，推进课程整合

2018年6月20日，青岛市初中数学学科教研活动在青岛三十九中举行，来自青岛市初中的数学教师代表、数学教学改革基地校的领导及教师近百人参加了本次活动。

在本次活动中，青岛三十九中数学组丁培培老师开设了“生活中的‘一次模型’”公开课（图3-4-22）。丁老师在认真钻研了项目式教学理论后，在青岛三十九中初中校区进行了尝试。本节课从微信、QQ、共享单车及滴滴打车这些常用的手机软件入手，提出这些软件有一共同特点，就是能随时定位两个对象之间的距离。丁老师根据学生拍摄的校园操场上的常见场景，从函数图象和表达式等方面对两个对象之间的距离进行了清晰、准确的描述，并且合理构建了三个“一次模型”，综合运用了一元一次不等式、一元一次方程与一次函数的知识对问题进行求解。

图3-4-22　丁培培老师项目式教学课堂

课后，参加教研活动的教师代表开展了热烈的研讨，从五个方面对这节课进

行了评价：一是这节课是一节综合实践课，范例不多，丁老师能从生活实际出发，课题引入自然，教学目标清晰，问题设置合理且紧扣中考考点；二是丁老师的教学基本功扎实，能紧紧抓住课堂中学生的问题生成，让学生在解决问题的过程中体会到收获学习成果的喜悦；三是整节课的问题设置虽有难度，但合情合理；四是学生通过小组合作，突破重重难点，解决各种问题，深刻体会到华罗庚先生的名言"数无形时少直观，形少数时难入微，数形结合百般好，隔离分家万事休"的意义；五是学生半数左右积极参与发言或板书结论，参与度高。

（2）高中数学组教师在国际会议中展示项目式教学风采

2019年6月28日至30日，北京师范大学教育学部数学教育国际联合研究项目启动仪式暨第七届数学课堂教学研究国际论坛在北京师范大学顺利召开，青岛三十九中高中数学组共六位教师应邀参加了此次论坛。

本次论坛为来自世界各地的参与者提供了分享的平台，共设有四个分会场。孙云霞老师代表青岛三十九中在"中国课堂教学实验"会场做了题为"基于核心素养落地的数学项目式教学实践"的报告（图3-4-23）。孙老师从项目式教学落地、教学研究促进项目式教学、项目式教学实践课例、项目式教学前景展望等几个方面全方位地介绍了青岛三十九中数学组项目式教学的成果；其中，项目式教学实践课例是以微视频的形式，生动形象地展示出数学组的探索历程，获得了在座专家的一致认可。在会议中，青岛三十九中各位教师积极与来自世界各地的数学教育工作者们探讨数学课堂教学，促进了青岛三十九中数学课堂教学的国际融合与发展。

图3-4-23　孙云霞老师做数学项目式教学实践报告

本次数学课堂教学研究国际论坛的主题是分享和讨论STEM教育整合中的创新实践和研究计划，以支持所有学生的数学学习。实践也充分证明了项目式教学是具有国际前瞻性的教育模式，必将成为未来教育的主流。

2. 化学组项目式教学经验交流活动

（1）青岛三十九中受邀参加大城市教科院联盟年会，项目式教学走进深圳

2018年12月8日，由大城市教科院联盟主办、深圳市教育科学研究院承办的“创新时代的学习方式变革”教育论坛在深圳召开。论坛围绕脑科学与学习方式变革、项目式学习、课程形态变革、STEAM与创客式学习、教育创新人才培养等主题展开研讨。

图3-4-24　宋立栋老师公开课现场

8日下午，在深圳第二高级中学的报告厅，青岛三十九中宋立栋老师以“联合办厂——基于硫酸工业项目的元素化合物学习模型建构”为主题为项目式教学分会场的嘉宾呈现了一堂精彩的项目式教学展示课（图3-4-24）。宋老师以“如果你是硫酸厂厂长，你是否选择与铁厂联合办厂”为切入点，问题一提出就激发了深圳第二高级中学学生的激烈讨论，同意与不同意的两方展开激烈的辩论，引发学生关注生产、关注环保、关注真实工业问题；紧接着从学生提出的问题开始，一步步设问、探究、讨论，通过小组合作、实验验证的方式，在问题解决中一步步地构建起含硫物质的转化模型。在课堂教学最后，有的学生说：“思维碰撞以后能出来这么多好玩的东西，我觉得研究化学真是一个特别有趣的过程。”还有的学生说：“从化学理论应用到生活中是件很复杂的事情，也是很奇妙的事情。”学生对此项目研讨呈现出的热情也感染了听课的专家、教师，这节课获得了他们的一致好评。

课后，武汉市教育科学研究院院长李碧武及深圳市教育科学研究院院长李桂娟分别对展示课进行了点评，对宋老师展示出的教学智慧、呈现的项目式教学各

个要素以及学生表现出的思维活跃度都给予了高度的评价。宋老师的项目式教学展示课向山东省外的专家展现了青岛三十九中项目式教学的成果，展现了青岛三十九中教师的风采。

（2）青岛三十九中项目式教学成果走进山东省高中化学教学研讨会

2019年3月23日至24日，山东省高中化学教学研讨会于泰安顺利举行，北京师范大学王磊教授、北京海淀教师进修学校支瑶校长及来自全省各地市的高中化学教研员和400余名骨干教师齐聚一堂，在新高考、新课程、新教材等方面进行了学术交流。青岛三十九中高中化学组一行五人参与了此次教学研讨会，刘翠老师作为特邀专家对青岛三十九中高中化学组参与新课标研究、新教材适用过程中实践落实项目式教学的情况做了专题报告，得到与会专家、教师的好评（图3-4-25）。

图3-4-25　刘翠老师在研讨会上做专题报告

在会上，泰安市基础教研室副主任齐玉和、济南市教育科学研究院化学教研员盛连蔚及青岛三十九中刘翠老师分别从化学教研、高三化学备考及新课标下项目式教学等几个角度做了专题讲座。其中，刘翠老师通过以“学科核心素养下的项目式教学”为题的报告，介绍了青岛三十九中项目式教学研究的缘起、现状及未来发展规划，着重介绍了青岛三十九中高中化学组在海洋校本课程、研究性学习过程中的实践、反思和提升，并借助与北京师范大学王磊教授团队合作项目式教学研究的东风，研究新课标、落实新课标、实践项目式，内容之丰富、成果之丰硕引发了与会嘉宾的强烈兴趣。

3. 英语组项目式教学经验交流活动——新教材与项目式的融合

2019年11月22日，在青岛二中举行的青岛市高一新教材培训暨教学研讨会上，青岛三十九中英语组教师王笛开展了一节生动有趣的项目式教学展示课（图3-4-26），受到青岛二中师生的赞赏，也得到外研社版高中英语教材主编张连仲教授、英语教研员张晓玲老师的高度评价，这是青岛三十九中开展项目式教学的成果。在白刚勋校长以及各位领导的支持下，教研组组长曹锋老师带领英语组进行了多次磨课，各位老师给予指导和帮助，集思广益，确保了这次同课异构的展示课能够充分展示青岛三十九中的教学特色。走在教育教学改革前列的青岛三十九中教师不断探索教学新模式，改变以教师为主体的传统教育思想，让学生走上台来展示他们的语言和思想，用更加多样和高效的方法让学生进入一个享受英语学习的过程，提高他们的英语学科能力，培养具有中国情怀、国际视野和跨文化沟通能力的社会主义合格建设者和可靠接班人。

图3-4-26　王笛老师研讨会展示课现场

4. 政治组项目式教学经验交流活动——项目式教学走进西海岸

为总结展示2018年春季学期中学思想政治学科能力改进系列项目成果，2018年6月23日至25日，北京师范大学李晓东教授牵头在山东省青岛市西海岸新区召开中学思想政治学科能力改进年度总结观摩（18年夏季）学术研讨会，各省、市专家纷纷参会。

会议的主要内容是汇报北京师范大学思想政治学科能力学期总结、北京师范大学未来教育高精尖中心思想政治学科建设进展、初高中思想政治学科能力改进成果及反思、初中道德与法治现场课的观摩与研讨等工作。青岛三十九中政治组刘锋、王馨、刁丽丽三位老师应邀到会。会上，刘锋、王馨两位老师分别进行了题为“让生活融入课堂　让教学回归生活”“寻觅课堂的真谛——核心素养下项目式教学初探”的汇报，与会人员分享了青岛三十九中在项目式教学过程中课堂改革的成果、收获与反思（图3-4-27）。

图3-4-27　刘锋老师进行专题汇报

青岛三十九中通过多年探索实践培养学生核心素养的项目式教学研究体系，带动了学校教育教学改革与创新，形成了鲜明的办学特色和生机勃发的高中课程改革模式。这一模式对其他普通高中教育教学改革具有普遍的借鉴意义。

基于项目式学习的课堂教学探索是青岛三十九中的改革方向，分享经验、交流思想、推广做法是青岛三十九中的社会责任。面对未来，面对挑战，青岛三十九中将坚守教育初心，牢记育人使命，用最好的教育成就学生最好的未来。正如北京师范大学副校长陈丽所说，“在新一轮教育教学改革中，青岛三十九中确实值得期待。青岛三十九中在学生核心素养方面的探索，将不仅仅服务于青岛三十九中的学生，还将会成为全国基础教育改革的标杆”。

参考文献

[1]［美］巴克教育研究所. 项目学习教师指南——21世纪的中学教学法［M］. 任伟译. 北京：教育科学出版社，2008.

[2]王磊. 基于学生核心素养的化学学科能力研究［M］. 北京：北京师范大学出版社. 2018.

[3]吴晓红，刘万毅，李文婷. 化学师范生项目化学习的设计与实践［M］. 北京：冶金工业出版社，2016.

[4]［美］伯曼. 多元智能与项目学习［M］. 夏惠贤等译. 北京：中国轻工业出版社，2004.

[5]胡红杏. 项目式学习：培养学生核心素养的课堂教学活动［J］. 兰州大学学报（社会科学版），2017（6）：165-172.

[6]王淑娟. 美国中小学项目式学习：问题、改进与借鉴［J］. 基础教育课程，2019（11）：70-78.

[7]刘育东. 国外项目学习的历史沿革及发展趋势［J］. 教育理论与实践，2019（19）：60-64.

[8]沈又纲. 国外PBL课程模式介绍［J］. 中医教育，1994（4）：45-46.

[9]刘廷明. 社区医学课开展PBL学法的探讨［J］. 西北医学教育，1996（4）：201-202.

[10]洪长礼. 项目教学法的培训效果初探［J］. 管理与效益，1998（4）：42.

[11]经贸委培训司. "项目教学法"——一种有益的尝试［J］. 中国培训，1999（12）：45.

[12]杨延. 国外职教的教学方法［J］. 职教论坛，2000（10）：62.

[13]张彦通. 英国高等教育"能力教育宣言"与"基于行动的学习"模式［J］. 比较教育研究，2000（1）：11-16.

[14]刘运生. 项目学习——信息时代重要的学习方式［J］. 中国教育学刊，2002（1）：36-38.

[15]刘景福，钟志贤. 基于项目的学习（PBL）模式研究［J］. 外国教育研究，2002（11）：18-22.

[16]李志河，张丽梅. 近十年我国项目式学习研究综述［J］. 中国教育信息化，2017（16）：52-55.

[17]刘育东. 我国项目学习研究：问题与趋势［J］. 苏州大学学报（哲学社会科学版），2010（4）：182-187.

[18]张文兰，张思琦. 混合式学习环境下国家课程项目式重构研究［J］. 中小学信息技术教育，2017（11）：41-44.

[19]周振宇. 项目学习：内涵、特征与意义［J］. 江苏教育研究，2019（10）：40-45.

[20] 马宁，赵若辰，张舒然. 项目式学习：背景、类型与核心环节[J]. 中小学数字化教学，2018(5)：24-27.

[21] 许先锋. 项目学习“唐宋比较研究”的理论与实践——谈项目学习在中学历史教学中的应用[J]. 历史教学，2003(3)：57-61.

[22] 孙伟红，张红阳. 高中历史项目式学习的课堂实践[J]. 中学历史教学，2019(12)：29-31.

[23] 陈尚宝. 聚焦未来教育 探索项目式学习范式[J]. 基础教育参考，2018(9)：3-7.

[24] 张潆心，刘芳. 高中历史课中应用PBL教学模式的思考[J]. 科教导刊，2016(6)：140-141.

[25] 夏雪梅. 在学科中进行项目化学习：学生视角[J]. 全球教育展望，2019(2)：83-94.

[26] 阮祥兵. 项目式学习教学策略运用初探[J]. 课程教育研究，2018(46)：10.

[27] 田红彩. 基于学科素养的“初中历史项目式学习”实施策略——以“北洋金融街的变迁”项目式学习为例[J]. 天津师范大学学报(基础教育版)，2018(2)：37-42.

[28] 易小爱，朱留华. 互联网背景下项目式学习模式构建研究[J]. 科技视界，2019(8)：43-45.

[29] 赵辉. 浅谈项目式学习下的教师跨学科教研策略[J].基础教育参考，2017(6)：44-46.

[30] 核心素养研究课题组. 中国学生发展核心素养[J]. 中国教育学刊，2016(10)：1-3.

[31] 中华人民共和国教育部. 普通高中课程标准(2017年版2020年修订)[S]. 北京：人民教育出版社，2020.

[32] 尹后庆. 项目化学习是一个改变学习的生动实践[J]. 上海教育，2018(34)：15.

[33] 白刚勋. 大教育视野下的特色课程构建——海洋教育的开发实施[M]. 重庆：西南师范大学出版社，2014.

[34] 教育部考试中心. 中国高考评价体系[S]. 北京：人民教育出版社，2019.

[35] 米俊魁. 情境教学法理论探讨[J]. 教学研究与实验，1990(3)：24-28.